Lebensweltgestaltung junger Frauen mit türkischem Migrationshintergrund in der dritten Generation

Sevnur Bülbül-Emanet

Lebensweltgestaltung junger Frauen mit türkischem Migrations- hintergrund in der dritten Generation

„Mama, erzähl mir neue Sachen, deine sind schon veraltet"

 Springer VS

Sevnur Bülbül-Emanet
Hamburg, Deutschland

Dissertation Leuphana Universität Lüneburg, 2013 u.d.T.: Sevnur Bülbül-Emanet: „Mama, erzähl mir neue Sachen, deine sind schon veraltet". Über die sinnhafte Lebensweltgestaltung von Mädchen und jungen Frauen der dritten Generation mit türkischem Migrationshintergrund in Deutschland

ISBN 978-3-658-08376-2   ISBN 978-3-658-08377-9 (eBook)
DOI 10.1007/978-3-658-08377-9

Die Deutsche Nationalbibliothek verzeichnet diese Publikation in der Deutschen Nationalbibliografie; detaillierte bibliografische Daten sind im Internet über http://dnb.d-nb.de abrufbar.

Springer VS

Gedruckt auf säurefreiem und chlorfrei gebleichtem Papier

Springer Fachmedien Wiesbaden ist Teil der Fachverlagsgruppe Springer Science+Business Media
(www.springer.com)

Danksagung

Besonderem Dank verpflichtet bin ich meinem Doktorvater Prof. Dr. Hans-Joachim Plewig für seine Unterstützung und Betreuung während des gesamten Promotionsstudiums. Außerdem danke ich Prof. Dr. Mathias von Saldern für die Begutachtung der Arbeit. Weiterhin danke ich ganz besonders Prof. Dr. Andreas Zick für das Interesse an meiner Arbeit und seine wertvollen Anregungen und Hinweise.

Ein sehr spezieller Dank geht an meine Freundin Antje Kohlschied für ihre moralische Unterstützung und die Bereitschaft, meine Arbeit mit großem Interesse zu lesen und zu diskutieren.

Meinen wundervollen Söhnen Batuhan und Alp Ensar sowie meinen lieben Eltern Nezaket und Seref danke ich für ihr Verständnis, ihre Geduld, ihre moralische Unterstützung und ihren Glauben an mich. Ohne ihre Fürsorge, den mir gewährten Freiraum und die Unterstützung, auf die ich mich immer verlassen konnte, wäre diese Arbeit nicht entstanden.

Es war nicht einfach, die Mädchen und jungen Frauen für ein Interview zu gewinnen. Deshalb möchte ich mich in tiefer Anerkennung bei meinen Interviewpartnerinnen für ihr Vertrauen und die Bereitschaft bedanken, mich an ihrer Lebenswelt teilhaben zu lassen.

Den größten Dank aber schulde ich meinem Mann Kenan, der mich über die Jahre liebevoll in allem unterstützt und viel Geduld aufgebracht hat. Ihm, unseren beiden Söhnen Batuhan und Alp Ensar und meinem Bruder Onur widme ich diese Arbeit.

Sevnur Bülbül-Emanet

Inhaltsverzeichnis

Einleitung

Kopftuchzwang für Frauen, Zwangsverheiratungen, sogenannte Ehrenmorde an jungen Frauen, Integrationsunwilligkeit, Kulturkonflikt und muslimisch-religiöse Lebensorientierung – diese und andere Schlagwörter bestimmen häufig das stereotype Bild von Migrantenfamilien aus muslimisch geprägten Kulturen und sind Anlass für öffentliche Diskussionen über eine unzureichende Integration und drohende Parallelgesellschaften.

Dieses vorherrschende Bild veranlasste die deutsche Migrationsforschung dazu, sich im Zuge der Neuorientierung und Intensivierung der Debatten nicht nur den Konzepten räumlicher Mobilität zuzuwenden,[1] sondern sich dezidiert auch mit Fragen der Niederlassung von Migranten und mit Vorstellungen über Integration zu befassen. Ein Großteil der Forschungsarbeiten in den 1990er-Jahren konzentrierte sich auf die „Geschichte einzelner Zuwanderergruppen" oder die erste und zweite Zuwanderergeneration und vernachlässigte damit die Wechselwirkungen mit den bereits sesshaften Gruppen und dem langfristigen Prozess der Annäherung zur Mehrheitsgesellschaft, den Alltagserfahrungen und sozialen Beziehungen. Es dominierten oftmals Beobachtungen, die

„auf ein Scheitern der Integration hinzudeuten schienen"[2].

Die Frage, welche Merkmale, Verhaltensweisen, Norm- und Wertvorstellungen für eine „erfolgreiche" Integration von der Mehrheitsgesellschaft zugrunde gelegt werden, lässt sich nicht ohne Weiteres beantworten, da es darauf ankommt, welcher Begriff von „Integration" vorausgesetzt wird. Die theoretische Begriffsdefinition von „Integration" ist

„umfassend und reicht von wissenschaftlich-theoretischen Debatten im sozial- und wirtschaftswissenschaftlichen Bereich bis hin zu gesellschaftspolitischer Ausrichtung"[3].

---

1   Vgl. Pries 2001: 53 f.
2   Hoerder/Lucassen, J./Lucassen, L. 2007: 46 f.
3   Aigner 2013: 153.

Der eingeführte Begriff verweist auf ein vielschichtiges und mehrdimensionales Phänomen, zu dem es unterschiedliche Auslegungen und Interpretationen gibt.[4] Eine einheitliche Definition ist demzufolge nicht möglich. „Soziale Integration" wird als Anpassung an das Normengefüge und den Lebensstil einer Gesellschaft oder Gruppe verstanden.[5] Dieser Arbeit liegt ein soziologischer Integrationsbegriff zugrunde, der Randgruppen und Minderheiten einer Gesellschaft in den Mittelpunkt stellt,

> „[...] wobei abweichende Verhaltensweisen und -orientierungen zugunsten einer Assimilation nach und nach aufgegeben werden. Diese Erwartung bestimmt in Einwanderungsgesellschaften das Selbstverständnis als Schmelztiegel"[6].

Im Mittelpunkt der oben angeführten Zuschreibungen stehen insbesondere türkische Familien, die mittlerweile in der dritten und sogar vierten Generation[7] in Deutschland leben und nicht mehr beabsichtigen, in das Land ihrer Vorfahren zurückzukehren. Türkische Migranten gelten als diejenige ethnische Minderheit, die unter den Arbeitsmigranten die größte kulturelle Distanz zu den Deutschen aufweisen.[8]

Bereits in den 1970er-Jahren wird in Untersuchungen auf die „Andersartigkeit" von Migrantenfamilien hingewiesen. Die auf Autorität ausgerichteten patriarchalischen Strukturen der Migrantenfamilien seien für die Lebensweise in einem Industriestaat nicht funktional. Die Mädchen und jungen Frauen seien vor allem von Abhängigkeit und Unterdrückung betroffen. Bei einem Fehlverhalten könnten die Reaktionen der Eltern bis zum Äußersten gehen, indem eine Zwangsverheiratung erfolge oder mit der Tötung der Tochter gedroht werde.[9] Die vermeintliche Andersartigkeit der Familien- und Lebenssituation und die fremde Religionszugehörigkeit gelten als typische Merkmale für die fehlende Integrationsbereitschaft der Migrantenfamilien.

In den 1990er-Jahren geben Heitmeyer, Müller und Schröder hingegen zu bedenken, dass türkische Familien sehr heterogen sind und Sozialisationsprozesse in zwei Kulturen erfolgreich verlaufen können.[10] Solche Erkenntnisse bleiben in der öffentlichen Wahrnehmung unbeachtet, da in den Medien häufig ein sehr einseitiges Bild über das Leben von türkischen Familien wiedergegeben wird. Eine andere Perspektive beschreibt Stuart Hall:

---

4   Vgl. Münch 1995: 5 ff.; Neumann 2009: 263.
5   Vgl. Iben 2002: 488.
6   Iben 1997: 492.
7   Als „dritte Generation" werden die Enkelkinder und als „vierte Generation" die Urenkel der ersten Einwanderergeneration bezeichnet.
8   Vgl. Nauck 2004: 234.
9   Vgl. Beinzger/Kallert/Kolmer 1995: 16.
10   Vgl. Heitmeyer/Müller/Schröder 1997: 69.

„Wer zwischen den Kulturen aufwuchs und lernen musste, mit verschiedenen Identitäten zu leben und verschiedene kulturelle Sprachen zu sprechen, dem bietet sich die Chance der Übersetzung, des Brücken-Bauens."[11]

In diesem Zusammenhang stellt sich die Frage, wie die anhaltende Stigmatisierung durch die Mehrheitsgesellschaft gegenüber türkischen Familien zu erklären ist. Immerhin wachsen mittlerweile Kinder der dritten und sogar vierten Generation mit türkischem Migrationshintergrund in Deutschland auf. Die Gruppe der Kinder und Jugendlichen mit Migrationshintergrund war bisher nur unzureichend ein Thema für empirische Untersuchungen. Hinsichtlich der Lebenssituation und -orientierung von Kindern und Jugendlichen mit Migrationshintergrund verweisen Boos-Nünning und Karakasoglu auf zahlreiche Lücken in der Forschung. In erheblichem Umfang fehlen immer noch geschlechtsspezifische Differenzierungen[12] und eine

> „ethniebezogene Forschungsperspektive bei der Analyse des gesellschaftlichen Wandels und der Entwicklung von Lebensbedingungen innerhalb der inzwischen multikulturell gestalteten deutschen Gesellschaft"[13].

Forschungsarbeiten sollten daher die Aufmerksamkeit auf die unmittelbare Lebenssituation richten und die zu untersuchenden Migrantenfamilien sollten nach sozialem Status, Zugehörigkeit zu einer Generation oder anderen sozialen Merkmalen untersucht werden. Erst unter diesen Voraussetzungen sind differenzierte Erkenntnisse über Entwicklungsverläufe von Migrantenfamilien möglich.

Die vorliegende Untersuchung beschäftigt sich mit der Lebensweltgestaltung von Mädchen und jungen Frauen der dritten Generation mit türkischem Migrationshintergrund in Deutschland. Dabei liegt der Erkenntnisschwerpunkt auf aktuellen gesellschaftlichen Stereotypen gegenüber Menschen mit türkischem Migrationshintergrund und beschäftigt sich mit dem Konzept der Integration. Die Studie bietet Einblicke in lebensweltliche Beziehungen und Einstellungen zu institutionellen Verhältnissen in Bezug auf Mädchen und jungen Frauen mit türkischem Migrationshintergrund. Dabei geht es um die Wechselwirkung personaler wie sozialer Faktoren und um die soziale Identität.

In dieser Arbeit wird von der Annahme ausgegangen, dass die Angehörigen der „dritten Generation" ganz andere Vorstellungen über Familie, Religionszugehörigkeit, berufliche Sozialisation und Geschlechterverhältnisse verinnerlicht haben als die vorhergehenden Generationen.

---

11   Hall 1994: 6.
12   Vgl. Boos-Nünning/Karakasoglu 2006: 15.
13   Bednarz-Braun/Heß-Meining 2004: 245.

In Bezug auf den Begriff „dritte Generation" besteht ein terminologisches Problem. Eine eindeutige definitorische Einordnung ist schwierig, da die Verwendung weitgehend als ein feststehendes Attribut für die in Deutschland geborenen Kinder ausländischer Eltern erfolgt. Die Angehörigen der „zweiten Generation", die in Deutschland geboren wurden und geblieben sind, besitzen mittlerweile überwiegend die deutsche Staatsangehörigkeit. Es bedarf daher einer Klärung des Begriffs „zweite Generation", weil im Hinblick auf lebensweltliche Sozialisationspraxen und systemfunktionale Handlungsanforderungen andere Bedingungen typisch sind als für die „dritte Generation".

Ausländer der „zweiten Generation" gelten als „Einwanderer", sind während ihrer Kindheit mit ihren Familien eingewandert oder in Deutschland geboren. Die Angehörigen dieser Generation haben ihre schulische Ausbildung teilweise in ihrem Herkunftsland begonnen und später in Deutschland fortgesetzt und abgeschlossen. Ihre Sozialisation ist daher in wesentlich größerem Umfang als bei der ersten Generation von den Erfahrungen mit der deutschen Kultur geprägt.

Die „dritte Generation" kennt das Heimatland der Eltern und Großeltern oft nur noch aus Erzählungen, als Urlaubsort oder von gelegentlichen Verwandtenbesuchen, die aber stets nur einen kleinen Ausschnitt lebensweltlicher Sozialisationspraxen und systemfunktionaler Handlungsanforderungen geben. Lebensweltliche Sozialisationspraxen bilden im weitesten Sinne die Privatsphäre ab, die von Ansprüchen und Zuweisungen der Familien, der ethnisch geprägten Freundschaften und Peergroups gekennzeichnet ist. Systemfunktionale Handlungsanforderungen verlangen dagegen eine Anpassung an die Bedürfnisse der Mehrheitsgesellschaft, indem sich die Migranten entsprechende Verhaltensweisen in der Arbeitswelt und Lebensstile im öffentlichen Raum sowie Wert- und Normenvorstellungen aneignen. Diesen Spagat muss die „dritte Generation" bewältigen, die weder zur formalrechtlich zugewiesenen, aber soziologisch irreführenden Gruppe der „Ausländer" noch zur Gruppe der „Einwanderer" gehört, da dieser Personenkreis aufgrund der Sozialisation in Deutschland über keinerlei persönliche Wanderungsgeschichte verfügt.[14]

Döbert kann bereits 1999 in einer Studie über Migrantinnen insbesondere mit türkischem Hintergrund nachweisen, dass zwischen den Generationen einige Unterschiede in Bezug auf soziale Herkunft, tatsächliche religiöse Orientierung, Generationszugehörigkeit und Bildungssituation bestehen. Infolge der oben beschriebenen vermeintlichen Integrationsschwierigkeiten rücken vor allem Mädchen und junge Frauen mit türkischem Migrationshintergrund in den Blickpunkt der Öffentlichkeit, da sie im Spannungsfeld von lebensweltlichen Sozialisations-

---

14   Vgl. Santel 2000: 9.

praxen der Herkunftsfamilie (traditionell geschlechtsspezifische Erziehung) und systemfunktionalen Handlungsanforderungen (schulische, berufliche Leistungsan-forderungen, gesellschaftliche Anpassungsleistungen) aufwachsen. Infolgedessen

> „lassen sich die Verhaltensmuster der ersten, zweiten und der dritten Generation nur bedingt miteinander vergleichen"[15].

In der politischen Diskussion spielen die Unterschiede zwischen den Generationen und auch die soziale Heterogenität innerhalb der Gruppe der türkischen Migranten keine Rolle. Dieser über die Medien vermittelte Eindruck spiegelt nicht den Stand der Fachdiskussion wider, die anhand von empirischen Befunden zu ganz anderen Erkenntnissen gelangt.

Folglich stellt sich die Frage, weshalb nach wie vor ein sehr einheitliches Bild über Migranten mit türkischem Hintergrund in der öffentlichen Wahrnehmung herrscht. Die Medien bedienen sich dieser „Gleichmacherei" insbesondere auch gegenüber Mädchen und jungen Frauen der dritten Generation mit türkischem Migrationshintergrund.

Die geschlechtsspezifische Erziehung der Mädchen und jungen Frauen gelte oft als Auslöser für familiale Konflikte und sei an kulturell vorgegebene Rollen-erwartungen geknüpft, die sich wiederum an traditionellen Wert- und Normvorstel-lungen orientierten. Die These von konfliktbehafteten Generationenbeziehungen und die systemfunktionalen Handlungsmaximen können zu gesellschaftlichen Exklusionsprozessen mit entsprechenden Statuszuschreibungen, sei es in Form verweigerter Anerkennung, defizitärer Kompetenzen oder einer zugeschriebenen „Opferrolle", führen. Diese Zuschreibungsprozesse berücksichtigen nicht die unterschiedlichen Herkunftsbedingungen der Familien und damit zusammenhän-gende unterschiedliche Lebenswelten, die einen erheblichen Einfluss auf die Ent-wicklung der Mädchen und jungen Frauen haben können, sodass Sozialisations-prozesse nicht gleichförmig bzw. identisch verlaufen.

Diese Ansicht vertritt auch Nauck in seiner Studie über Familien in verschie-denen Kulturen. Er verweist auf die unterschiedlichen Migrationsbiografien und damit zusammenhängend auf die familialen Entwicklungskontexte der Jugend-lichen.[16] Einige Mädchen und junge Frauen wachsen in traditionell orientierten Familien auf, andere dagegen in modern orientierten. Die ökonomischen, sozialen und kulturellen Bedingungen, in denen Mädchen und junge Frauen mit türki-schem Migrationshintergrund aufwachsen, können sich in ihren Anforderungen und Möglichkeiten erheblich unterscheiden und gewähren damit unterschiedliche

---

15   Döbert 1999: 290.
16   Vgl. Nauck 1997: 101.

Entwicklungsbedingungen. Einerseits werden Entwicklungen von Sozialisationsbedingungen bestimmt und andererseits bauen Kinder in verschiedenen Kulturen
eigene Denk- und Handlungsmuster auf, die ihre Beziehung zur eigenen sozialen
Umwelt unterschiedlich strukturieren.[17]

Damit steht die Fragestellung im Mittelpunkt, wie sich im Spannungsfeld
lebensweltlicher Handlungsanforderungen der Herkunftsfamilie und systemfunktionaler Handlungsanforderungen der Mehrheitsgesellschaft Sozialisationspraxen
konstituieren und wie sich individuelle und soziale Einflussgrößen wechselseitig
verstärken oder ausschließen. Ebenfalls ist der Frage nachzugehen, welche sozialen und kulturellen Zusammenhänge für die eigene Identität bedeutsam sind,
worin sich das subjektive Zugehörigkeitsgefühl zeigt und wie diese Bedingungen
die Lebensweltaneignung der Mädchen und jungen Frauen mit türkischem
Migrationshintergrund beeinflussen.

Die Arbeit gibt Einblicke in lebensweltliche Beziehungen und Einstellungen
zu institutionellen Verhältnissen. Schließlich wird damit auch das Ziel verfolgt,
einen Beitrag zur aktuellen Diskussion über Mädchen und junge Frauen mit
türkischem Migrationshintergrund zu leisten.

Dieser Forschungsarbeit liegt folgende Annahme zugrunde: Mädchen und
junge Frauen mit türkischem Migrationshintergrund der dritten Generation erfahren in ihren Familien oftmals wenig Verständnis im Hinblick auf die Wider-
sprüche zwischen lebensweltlichen Sozialisationspraxen und systemfunktionalen
Handlungsanforderungen. Aufgrund der geringen Anerkennung in der Mehrheitsgesellschaft entwickeln sie spezifische Formen der Integration persönlicher An-
teile und privater wie öffentlicher Anforderungen.

Analog zur Fragestellung ist die Arbeit wie folgt aufgebaut: In Kapitel 1 geht
es um die Frage, wie Mädchen und junge Frauen mit türkischem Migrationshintergrund der dritten Generation in der politischen Diskussion und in der
Forschung wahrgenommen werden. In dieser Hinsicht besteht eine erhebliche
Diskrepanz, die im Jahr 2010 mit der Veröffentlichung des Buchs „Deutschland
schafft sich ab. Wie wir unser Land aufs Spiel setzen" von Thilo Sarrazin eine
erneute Bestätigung erfuhr. Angesichts der Fülle werden zum Forschungsstand
lediglich die Studien berücksichtigt, die die dritte Generation seit 2000 als Zielgruppe untersucht haben. Die Trennung der Generationszugehörigkeit ist für diese
Arbeit von Bedeutung, weil sich seit der Wanderungsbewegung der ersten Generation bis in die Gegenwart aufenthaltsrechtliche Restriktionen, kulturelle Anpassungsleistungen, soziale und ökonomische Bedingungen sowie der Zugang zu
Bildungsinstitutionen verändert haben. Aufgrund der unterschiedlichen Voraus-

---

17   Vgl. Trommsdorff 1995: 9.

setzungen ist es methodisch schwierig, unterschiedliche Generationen miteinander zu vergleichen, weil jede Generation über andere biografische Bedingungen verfügt. Die vorliegende Untersuchung beruht auf drei theoretischen Perspektiven. In Kapitel 2 wird auf Grundlage der wissenssoziologischen Erkenntnistheorie analysiert, wie Subjekte ihre Wirklichkeit konstruieren und ihre Alltagswelt erleben und deuten und unter welchen Bedingungen die Lebensweltaneignung stattfindet. Aus der sozialisationstheoretischen Perspektive wird zu zeigen sein, wie sich die Sozialisation in Familie, Schule, Gesellschaft und Peergroup in den vielfältigen Formen der Beziehungsgestaltung zeigt und welche Bedeutung dieser Prozess für die Lebensweltaneignung hat. Aus der ungleichheitstheoretischen Perspektive wird das Alltagsleben der Mädchen und jungen Frauen zu rekonstruieren sein im Hinblick auf die gesamte Lebenserfahrung, Produktionen von Normalität und Abweichung, Ungleichheitsstrukturen und Abgrenzung sowie diskriminierende Ausschließungspraktiken.

Bezugspunkt für die theoriegeleitete Analyse ist in Kapitel 3 ein Teilbereich der Lebenswelt von Mädchen und jungen Frauen mit türkischem Migrationshintergrund der dritten Generation. Die Untersuchung basiert auf zehn narrativen Interviews, die von der Verfasserin im Zeitraum Mai bis September 2009 durchgeführt wurden. Die Mädchen und jungen Frauen haben die Relevanzstrukturen für die erhobenen empirischen Daten selbst festgelegt, da in den Interviews keine inhaltlichen Vorgaben gemacht wurden. Mit dem Anspruch dieser Arbeit, sich von den Alltagswelten der Mädchen und jungen Frauen belehren zu lassen, wurde darauf geachtet, dass die Expertinnen die Themen ihrer Lebenswelt selbst vorgaben.

In den Kapiteln 4, 5 und 6 folgt die Auswertung der Interviews. Es wird herausgearbeitet, wie sich Sozialisation in Familie, Peergroup, Schule und Gesellschaft für die Mädchen und jungen Frauen auf die Lebensweltaneignung auswirkt und unter welchen sozialen Bedingungen sich diese Aneignung vollzieht.

Ausgangspunkt für die empirische Untersuchung sind in Kapitel 4 die Familienbeziehungen, die den Orientierungsrahmen für die Lebensweltaneignung der Mädchen und jungen Frauen bilden. Neben den Eltern als Hüter der primären Sozialisation sind ebenfalls Geschwister- und weitere Verwandtschaftsbeziehungen bedeutende Instanzen. Weiterhin geht es um die Frage, wie Religion den Alltag der Mädchen und jungen Frauen bestimmt.

In Kapitel 5 wird analysiert, wie die Mädchen und jungen Frauen sich selbst wahrnehmen und wie sie sich von anderen Individuen wahrgenommen fühlen. Diesbezüglich wird zwischen Freundschaften innerhalb und außerhalb des eigenen Kulturkreises unterschieden. Alltagserfahrungen und -wahrnehmungen gegen-

über der Mehrheitsgesellschaft sind häufig von Ausgrenzungs- und Fremdheitsgefühlen geprägt. Es soll aufgezeigt werden, wie die Mädchen und jungen Frauen
aufgestaute Aggressionen, Enttäuschungserfahrungen und das Gefühl des Aus-
gegrenztseins im Alltag bewältigen.

Kapitel 6 bildet die Synthese aus den zuvor ausgearbeiteten Erkenntnissen,
indem die individuellen Lebensentwürfe der Mädchen und jungen Frauen analysiert werden. Im Mittelpunkt der Interviews stehen das Streben nach sozialem
Aufstieg durch Bildung sowie Partnerschafts- und Heiratsvorstellungen, die sich
teilweise deutlich von den Vorstellungen der Eltern unterscheiden. Allen Interviews ist gemein, dass die Mädchen und jungen Frauen andere Lebensentwürfe
entwickeln als die Elterngeneration und sich als eine neue Generationenpersönlichkeit wahrnehmen. Infolgedessen haben sich auch die emotionalen Beziehungen zur Türkei, die Heimat der Vorfahren, grundlegend verändert.

1. Mädchen und junge Frauen der dritten Generation mit türkischem Migrationshintergrund im politischen und wissenschaftlichen Diskurs

„Deutschland ist kein Einwanderungsland" Diese Selbstbeschreibung und -diagnose war über viele Jahrzehnte ein Dogma, das von politischer und regierungsamtlicher Seite, aber auch von breiten Teilen der deutschen Gesellschaft als unverrückbar angesehen wurde. Ein Blick in die Geschichte zeigt, dass sich diese Selbstbeschreibung als „Lebenslüge"[18] erweist, dass Deutschland bereits unmittelbar nach dem Zweiten Weltkrieg

„eine Drehscheibe gewaltiger transnationaler und interner Migrationen"[19]

war. Verantwortlich für die Zuwanderung waren die territoriale Neuordnung Europas, die systematische Vertreibung von Menschen aus Osteuropa sowie die Aufnahme heimatloser Flüchtlinge und ehemaliger Zwangsarbeiter der Kriegswirtschaft („Displaced Persons") .

„Die allermeisten dieser Migranten wurden nicht als Migranten oder Auslander angesehen und registriert, weil sie aufgrund des Jus Sanguinis-Prinzips als Deutsche klassifiziert wurden."[20]

Diese Voraussetzung war für beide Seiten von Vorteil: In der deutschen Bevölkerung stieß die Aufnahme der Migranten auf eine breite Akzeptanz, sodass die Integration nicht von gesellschaftlichen Konflikten begleitet war. Aufgrund des Arbeitskräftemangels, der sich bereits Mitte der 1950er-Jahre in der westdeutschen Wirtschaft bemerkbar machte, schloss die damalige Bundesregierung Anwerbeabkommen mit einigen südeuropäischen (z. B. Italien 1955, Spanien und Griechenland 1960, Türkei 1961, Portugal 1964) und nordafrikanischen (z. B. Marokko 1963, Tunesien 1965) Staaten. Ein Rotationsprinzip sollte dafür sorgen, dass die zugewanderten Arbeitskräfte nach zwei Jahren wieder in ihr Heimatland zurückkehrten. Diese Regelung setzte gewaltige Migrationsströme in Bewegung. In der

---

18   Vgl. Pries 2012: 215.
19   Bade 2000: 299.
20   Pries 2012: 216.

Bundesrepublik Deutschland vollzog sich daher in den 1960er-Jahren nicht nur eine Zuwanderung von jährlich über 300.000 Menschen, sondern auch eine fast ebenso umfangreiche Rückkehr von sogenannten Gastarbeitern in die jeweiligen Heimatländer. Gemessen an der Gesamtzahl der Gastarbeiter fiel der Wanderungsüberschuss eher gering aus. Von der Öffentlichkeit wird heute kaum wahrgenommen, dass es seit 1960 immer wieder längere Phasen gab, in denen ein vorübergehender Wanderungsverlust zu verzeichnen war.[21] Die größte Gruppe von Gastarbeitern, die Deutschland als Lebensmittelpunkt wählte, kam jedoch aus der Türkei.

1.1   Entwicklung der Arbeitsmigration

Mit dem Anwerbeabkommen von 1961 mit der Türkei wurden zunehmend türkische Gastarbeiter für den deutschen Arbeitsmarkt angeworben. Sie dienten als nützlicher Ersatz für die fehlenden deutschen Arbeitskräfte, die für den Aufbau der deutschen Wirtschaft in der Nachkriegszeit benötigt wurden.[22]

> „Solange die wirtschaftlichen Verhältnisse mit einem wirtschaftlichen Fortschritt gekoppelt waren, solange konnte auch die Ausländerfrage weitgehend als eine Aufgabe der staatlichen und wirtschaftlichen Kontrolle behandelt werden, ohne daß sie sich zu einer Bedrohung für die Gruppen der deutschen Gesellschaft entwickelten, die ebenfalls an dem Fortschritt der Wirtschaft partizipieren konnte."[23]

In Politik und Wirtschaft dominierte damals die Überzeugung, dass jene ausländischen Arbeiter wieder in ihre Heimatländer zurückkehren würden, sollten sie irgendwann nicht mehr benötigt werden. Eine Wendung nahm die Einstellung gegenüber den ausländischen Arbeitskräften, als die Bundesregierung sich aufgrund steigender Arbeitslosigkeit und wirtschaftlicher Rezession im Jahr 1973 dafür entschied, einen Anwerbestopp zu verhängen. Unter diesen Bedingungen war relativ klar, dass eine Rückkehrperspektive für die meisten Gastarbeiter unrealistisch war. Soweit es die Einkommens- und Wohnsituation zuließ, holten einige Gastarbeiter ihre Familien nach, die sie in den Jahren zuvor in der Türkei zurücklassen mussten.[24] Infolge der schwierigen Arbeitsbedingungen und der problembelasteten Wohnungssituation mussten die meisten Kinder dennoch weiterhin bei ihren Familien und Verwandten in der Türkei bleiben. Die Gastarbeiter wurden vor allem in Bereichen beschäftigt, die von arbeitsintensiven und körperlich belasten-

---

21   Vgl. mit einer Übersicht zum Wanderungssaldo Pries 2012: 217.
22   Vgl. Friedrich 1982: 15.
23   Friedrich 1982: 15.
24   Vgl. Beck-Gernsheim 2007: 90.

den Tätigkeiten gekennzeichnet waren. Es wurden ungelernte Hilfsarbeiter angeworben, die Arbeitsbedingungen waren schlecht und die Löhne relativ niedrig.
Viele Arbeiter waren extremen gesundheitlichen Belastungen ausgesetzt und nahmen Tätigkeiten auf, die für deutsche Arbeitskräfte nicht erstrebenswert waren.[25]

> „Daß Ausländer in den Betrieben in der Regel die unattraktivsten, schmutzigsten Arbeitsplätze
> haben, ist bekannt und unbestritten. Alle Untersuchungen bestätigen es, unsere eigene Befragung
> auch. Es sind Arbeitsplätze, die geringe Qualifikation erfordern, einen hohen Grad an Routine
> aufweisen, monoton und oft mit hohem Unfallrisiko verbunden sind. Es sind zudem Arbeits-
> plätze, die den untersten Lohngruppen zugeordnet werden und am stärksten von Rationalisie-
> rungsmaßnahmen bedroht sind. Es sind Arbeitsplätze, die Deutsche verschmähen und die ohne
> Ausländer schwer zu besetzen wären."[26]

Auch in anderer Hinsicht war die Lebenssituation der Gastarbeiter von Benachteiligung, Diskriminierung und Willkür gekennzeichnet. Es gab von der deutschen
Gesellschaft kaum Angebote, eine Teilhabe am kulturellen und sozialen Leben zu
fördern und somit eine Integration zu unterstützen. Sie wohnten in ungenügend
ausgestatteten und beengten, aber teuren Unterkünften. Teilweise lebten sie in Ge-
meinschaftsunterkünften, die gesetzlichen Mindestanforderungen in Bezug auf
baulichen Zustand, sanitäre Ausstattung und Belegungsdichte nicht erfüllten.[27]

> „Die zu zahlenden Mieten liegen deutlich über den Mieten, die deutsche Arbeiter für vergleich-
> baren Wohnraum zahlen müssen. In den Großstädten leben sie in problembelasteten Altbau-
> wohnquartieren, in Sanierungs- und Sanierungsverdachtgebieten, sie sind häufig der Profitsucht
> von kühlen Vermietern hilflos ausgeliefert. Häufig genießen sie keinen besonderen Mieterschutz,
> entsprechend haben die meisten keine Hilfe, um sich gegen unseriöse Geschäftspraktiken zur
> Wehr zu setzen. Aus Angst vor Kündigungen, die die Ausweisung zur Folge haben können, wenn
> sie nicht über einen festen Wohnsitz verfügen, finden sie sich oft mit den Verhältnissen ab."[28]

Diese schwierigen Umstände hielten die meisten Gastarbeiter vorerst davon ab,
ihre Familien nachzuholen. Viele türkische Gastarbeiter nahmen diese Belastung
und Trennung gerade im Hinblick auf das Wohlergehen ihrer Familien und das
Streben nach materieller Sicherheit und sozialem Aufstieg bei einer möglichen
späteren Rückkehr in die Türkei auf sich.

Aufgrund ihrer niedrigen sozialen Stellung und der ökonomischen Belastungen
gekoppelt mit ständiger Stigmatisierung beschränkten sie die sozialen Kontakte
vorwiegend auf Landsleute am Arbeitsplatz, mit der Konsequenz, dass sie nur
die nötigsten deutschen Sprachkenntnisse erwarben.

---

25   Vgl. Friedrich 1982: 13.
26   Just 1989: 11.
27   Vgl. Friedrich 1982: 14.
28   Friedrich 1982: 14.

„Das Vorurteil, daß die Gastarbeiter an einer Integration gar nicht wirklich interessiert wären, findet angesichts der geringen Integrationschancen durch sie eine gewisse Bestätigung, und damit schließt sich ein Zirkel."[29]

Mit der Absicht der Gastarbeiter, in Deutschland zu bleiben, wurde eine soziale Konfliktdynamik in der deutschen Gesellschaft institutionalisiert, die nach dem Prinzip der Unterscheidung von Fremd- und Eigengruppe operiert.

„Besonders stark ausgeprägt war die gesellschaftliche Ausgrenzung und die soziologisch-pädagogische Problemanalyse im Fall der Arbeitsmigranten aus der Türkei. Zum einen wurde ihre Niederlassung und Einwanderung eben nicht, wie im Falle der Italiener, Spanier, Griechen oder Portugiesen, als zwangsläufiger Bestandteil der weitgehend akzeptierten europäischen Integration wahrgenommen; zum anderen kamen sie aus einem Land, dessen Gesellschaft und Kultur [...] von der islamischen Religion und Kultur geprägt waren und sind."[30]

Die gesellschaftlichen Verhältnisse, die komplizierten politischen und ökonomischen Verflechtungen, die Grenzen und die objektiven Zwänge ihrer Lebenswelt nahmen die Gastarbeiter als einengend und bedrohlich wahr.[31] Diese erlebte soziale und ökonomische Bedrohung verunsicherte viele Gastarbeiter, die ihre Zukunft daher eher in der Türkei sahen als in einer Gesellschaft, von der sie annehmen mussten, dass ihnen die soziale Anerkennung und Teilhabe versagt bleiben würde. Allerdings schien eine Rückkehr durch den Nachzug der Kinder aus der Türkei und weiterer Kinder, die in Deutschland geboren wurden, immer unwahrscheinlicher. Aufgrund dieser veränderten Perspektiven rückte eine Rückkehr mit den Jahren immer mehr in den Hintergrund.

„Vom Gastarbeiter zur Ausländerfamilie – als diese Entwicklung ins allgemeine Bewußtsein geriet, wurde bald ein Chor der besorgt fragenden Stimmen vernehmbar, und dies aus durchaus unterschiedlichen politischen Lagern. Es setzte die Diskussion um das ‚arme Ausländerkind' ein, das vorrangig als Opfer ins Blickfeld geriet, als Symbol einer falschen oder fehlenden Migrationspolitik. Ob Gesundheit, ob Wohnen, ob Familie, ob Schule, Kinder aus Migrantenfamilien waren demnach allseits von Mißständen, Defiziten, Mängeln umzingelt und davon gezeichnet. Sie waren ohne Heimat, ohne Sprache, ohne inneren Halt, kurzum in einer ausweglosen Lage gefangen."[32]

Diese politische Diskussion, die mit unterschiedlicher Intensität bis heute anhält,[33] wurde durch die kulturell und religiös geprägte Lebensweise, die nicht an die

---

29   Friedrich 1982: 15.
30   Hunn 2005: 10.
31   Vgl. Friedrich 1982: 16.
32   Beck-Gernsheim 2007: 90 f.
33   In Zusammenarbeit mit Grube und Reich veröffentlichte Boos-Nünning 1990 eine annotierte Bibliografie von Publikationen zur Thematik der türkischen Migration in deutschsprachigen Veröffentlichungen von 1961 bis 1984.

Norm- und Wertvorstellungen der Mehrheitsgesellschaft angepasst war, in Gang gesetzt. Infolgedessen befasste sich auch die Wissenschaft mit Migranten und ihren Denk-, Handlungs- und Lebensweisen. Insbesondere wurden in den 1990er-Jahren Studien zu Mädchen mit türkischem Migrationshintergrund durchgeführt, die zu Erkenntnissen kamen,

> „die dem weit verbreiteten, stereotypen Bild türkischer Mädchen in der Literatur widersprechen, das sie zu unselbstständigen Opfern patriarchaler Familienstrukturen macht, die psychisch an den sich widersprechenden Anforderungen der Außenwelt und des Elternhauses zerbrechen"[34].

Diese Deutungen sind von einem stereotypen Bild von Migrationsfamilien bestimmt, das seinen Ursprung in frühen Studien zu den eingewanderten Gastarbeiterfamilien hat. In der frühen ausländerpädagogischen Literatur ging es vor allem um die vermeintlich fehlende Integrationsbereitschaft.[35] Die Diskussion um den Migrantenstatus und den vermeintlich damit einhergehenden Kulturkonflikt, das Integrationsproblem und die religiöse Orientierung der zweiten Generation setzt sich in der dritten Generation fort.

> „Trotz zahlreicher werdender Beiträge, die Kritik an der herkömmlichen Darstellungsweise von Familien mit Migrationshintergrund üben, halten sich die Klischees und Stereotype [...] hartnäckig."[36]

Der kurze Abriss über die Entwicklung der Gastarbeitermigration seit den späten 1950er-Jahren zeigt, dass sich die Familienstrukturen mit jeder neuen Generation verändert haben und insofern nicht von einem homogenen Bild der Migranten ausgegangen werden kann. Ein weiterer Befund ist die Diskrepanz zwischen einer von der politischen Diskussion geprägten Außenperspektive und einer wissenschaftlichen Fachdiskussion, die aus der Innenperspektive die Denk-, Lebens- und Handlungsweisen der Migranten in den Blick nimmt und zu anderen Erkenntnissen gelangt. Nach wie vor dominieren jedoch eindimensionale Standpunkte und Meinungen die gesellschaftliche Wahrnehmung, sodass eine Annäherung an die Lebenswelt der türkischen Migranten bis in die Gegenwart schwierig geblieben ist. Infolgedessen fällt es vielen Deutschen noch immer schwer, anzuerkennen, dass Deutschland ein Einwanderungsland ist, dessen Wohlstand ohne die Leistungen der Arbeitsmigranten aus der Türkei nicht möglich gewesen wäre. Diese und andere Fakten werden jedoch häufig durch ein Bedrohungspotenzial ersetzt, was anhand der Debatte um das Buch von Thilo Sarrazin dargestellt werden soll.

---

34 Boos-Nünning/Karakasoglu 2006: 23.
35 Vgl. Boos-Nünning/Karakasoglu 2006: 23.
36 Boos-Nünning/Otyakmaz 2000: 26.

1.2   Der Diskurs über Migration und Integration in Deutschland

Kein anderes Sachbuch hat in den vergangenen Jahrzehnten eine derart hohe Aufmerksamkeit in der deutschen Öffentlichkeit erfahren wie „Deutschland schafft sich ab. Wie wir unser Land aufs Spiel setzen" von Thilo Sarrazin. Mit diesem Buch wurden bereits überwunden geglaubte Stereotypisierungen, Vorurteile und Bedrohungsszenarien vor allem im Zusammenhang mit türkischen Migranten wieder diskursfähig. Dies war unter anderem möglich, weil der Autor seine weitreichenden Erkenntnisse als „wissenschaftlich belegt" rechtfertigte und sich daher als Experte in der Fachdiskussion präsentierte. Die Thesen sind jedoch noch aus einem anderen Grund für diese Arbeit von Bedeutung, da sich der Autor an mehreren Stellen explizit mit Mädchen und jungen Frauen mit türkischem Migrationshintergrund der dritten Generation beschäftigt. Schon in diesen Passagen beschränkt er sich auf sehr allgemeine Aussagen, ohne beispielsweise eine religiöse und ethnische Trennung der türkischen Gemeinschaft vorzunehmen.

> „Türken als Gruppe wird allgemein die Religion Islam zugeschrieben, auch wenn die Bevölkerung der Türkei ebenso wie die türkischen Einwanderer in Deutschland ein breites Spektrum an Religionszugehörigkeiten aufweisen."[37]

Dazu schreibt Hilal Sezgin:

> „Viele politisch links stehende Türken und Kurden kamen hierher, weil sie von den politisch-ideologischen Kämpfen in der Heimat fast zerrieben wurden. All diese Menschen, ihre Kinder und Kindeskinder gelten jetzt als Muslime. Meine sturzatheistische Zahnärztin ist in den Augen ihrer Patienten eine Muslimin. Jeder kurdischstämmige Freund, der sich einst über meinen Silberschmuck in Form von Fatimas Hand lustig machte, läuft heute unter Muslim. Auch Sarrazin übrigens interessiert sich eigentlich nur für zwei Bevölkerungsgruppen: für die muslimischen Migranten und die gleichsam ‚echten' Deutschen, nämlich die ohne Migrationshintergrund."[38]

Die Zugehörigkeit zu einer anderen Religion gilt schlechthin als ein deutliches Merkmal, mit dem kulturelle Differenz kenntlich gemacht wird.[39] Diesbezüglich steht seit einigen Jahren zunehmend die gesellschaftliche Rolle von muslimischen Mädchen und Frauen im Mittelpunkt des politischen und medialen Interesses. In der deutschen Gesellschaft, in der sich die Rolle der Frau in den vergangenen Jahrzehnten zugunsten von Emanzipation, Gleichberechtigung sowie ökonomischer und sozialer Selbstständigkeit verschoben hat, gelten muslimische Mädchen und Frauen schlechthin eher als Opfer denn als gleichberechtigte Individuen in einer

---

37   Kleinert 2004: 68.
38   Sezgin 2011: 47 f.
39   Vgl. Kleinert 2004: 68.

von patriarchalen Strukturen dominierten Gesellschaft. Inwieweit diese Annahme auf muslimische Mädchen und junge Frauen mit türkischem Migrationshintergrund zutrifft, soll in dieser Arbeit mithilfe von qualitativen Interviews überprüft werden. Das Ziel dieser Arbeit ist unter anderem, die Thesen von Thilo Sarrazin in Bezug auf muslimische Mädchen und junge Frauen der dritten Generation mit türkischem Migrationshintergrund zu prüfen. An mehreren Textstellen beziehen sich Sarrazins stereotypisierende Zuschreibungen auf die dritte Generation von Mädchen und jungen Frauen mit türkischem Migrationshintergrund.

> „Rätsel gibt auch auf, warum die Fortschritte in der zweiten und dritten Generation, soweit sie überhaupt auftreten, bei muslimischen Migranten deutlich geringer sind als bei anderen Gruppen mit Migrationshintergrund."[40]

Solche Aussagen belegen, dass Diskriminierungen als Grund für mangelhafte Erfolge der muslimischen Migranten im Bildungs- und Beschäftigungssystem ausscheiden. Zu einem anderen Ergebnis kommt Diefenbach bei ihrer Untersuchung von Kindern und Jugendlichen aus Migrantenfamilien im deutschen Bildungssystem. Diefenbach[41] verweist auf eine Vielzahl von Nachteilen gegenüber Kindern und Jugendlichen, sowohl in der vorschulischen institutionellen Betreuung als auch in den Bereichen der Primar- und Sekundarschulbildung:

> „Weil im hierarchisch gegliederten Schulsystem Deutschlands Nachteile zu einem früheren Zeitpunkt bzw. auf früheren Stufen der Bildungskarriere die Ausgangspositionen zu späteren Zeitpunkten bzw. an späteren Schwellen in der Bildungskarriere deutlich verschlechtern und Wechsel zwischen Schulformen nur eingeschränkt möglich, riskant und in vielerlei Hinsicht aufwendig sind, es sich hier also um eine historische Kontingenz handelt, ist es nicht verwunderlich, dass sich Nachteile ausländischer Schüler gegenüber deutschen Schülern gleichermaßen bei der vorschulischen institutionellen Betreuung, im Primarschulbereich und im Bereich der Sekundarschulbildung feststellen lassen. Im Verlauf ihrer Bildungskarriere werden ausländische Schüler von deutschen Schülern immer stärker getrennt, so dass im Ergebnis eine ethnische Differenzierung entsteht, und zwar insofern als ausländische Schüler und deutsche Schüler zumindest teilweise parallele Schülerschaften darstellen mit jeweils deutlich häufiger von den einen als von den anderen besuchten Schultypen oder Typen von Klassen (z. B. Regel- oder Förderklassen) und erreichten Abschlüssen und dementsprechend mit jeweils mehr oder weniger binnenethnischen, zumindest aber nach dem Merkmal ‚Deutsch' – ‚Nicht Deutsch' getrennten Milieus. Insofern muss man das deutsche Bildungssystem als [...] ethnisch segmentiert bezeichnen."[42]

Im Umkehrschluss könnte aus dieser Erkenntnis abgeleitet werden, dass der Bildungserfolg von Kindern und Jugendlichen mit Migrationshintergrund im deutschen Schulsystem mehr mit Vorurteilen und Ungleichheit erschwert wird als der

---

40 Sarrazin 2010: 287.
41 Vgl. Diefenbach 2008: 76.
42 Diefenbach 2008: 77.

gleichaltriger deutscher Schüler, wie die Untersuchung von Gomolla und Radtke[43] bestätigt. Die geringe Präsenz der Kinder und Jugendlichen mit Migrationshintergrund auf Gymnasien könnte darauf zurückzuführen sein, dass schwierigere Zugangskriterien für den Übergang in die Sekundarstufe bestehen. Weiterhin kommen Gomolla und Radtke zu dem Ergebnis:

> „Auch wenn Schülerinnen mit Deutsch als Zweitsprache vom ersten Schuljahr an in der Grundschule waren und gute Leistungen aufweisen, wird ihr Scheitern auf dem Gymnasium vielfach aufgrund sprachlicher Schwächen antizipiert. Dies kann in der Übergangssituation zu niedrigeren Leistungserwartungen führen sowie zu Übergangsempfehlungen, die niedriger angesetzt sind, als es den Noten entsprechen würde."[44]

Empirische Befunde belegen, dass Kinder und Jugendliche mit Migrationshintergrund im deutschen Bildungssystem in hohem Maße benachteiligt sind.[45] Diese Benachteiligung setzt bereits mit dem Eintritt in die Grundschule ein. Denn für Migrantenkinder besteht ein erhöhtes Risiko, in den Schulkindergarten zurückgestuft zu werden. Diese Zurückstufung wird damit begründet, dass der Förderbedarf vor dem Eintritt in die erste Regelklasse einerseits aufgrund sprachlicher Defizite und andererseits aufgrund fehlender oder zu geringer Betreuung im Kindergarten besteht.[46]

> „Betrachtet man die Entscheidungspraktiken unter dem Gesichtspunkt der direkten oder indirekten Diskriminierung ist zunächst die Zuordnung von Migrantenkindern in separate Förderklassen (bzw. Vorbereitungs- oder Auffangklassen) als eine Form wohlmeinender direkter Diskriminierung auszumachen, die auf die individuelle Förderung abzielt. Besonders in Grundschulen ohne Förderklassen werden Migrantenkinder ersatzweise jedoch auch ausdrücklich zum Deutschlernen in den Schulkindergarten zurückgestellt. Diese Zurückstellung ist ebenfalls eine Form direkter Diskriminierung, da der Schulkindergarten rechtlich nicht zum Spracherwerb vorgesehen ist."[47]

Diese Ergebnisse weisen darauf hin, dass es von den Verantwortlichen der Bildungspolitik und den Bildungsinstitutionen versäumt wird, sich systematisch an die migrationsbedingte sprachliche und kulturelle Pluralisierung anzupassen.

Ebenfalls weist Auernheimer darauf hin, dass die pädagogischen und schulorganisatorischen Handlungen und der Grad der professionellen Reflexion der Lehrer zu diskriminierenden Praktiken führen.[48] Konträr zu diesen empirischen Befunden steht die Behauptung Sarrazins, der das Problem der Mädchen und

---

43   Vgl. Gomolla/Radtke 2009.
44   Gomolla/Radtke 2009: 234.
45   Vgl. Lütje-Klose 2009: 29; Gomolla/Radtke 2009; Diefenbach 2008; Auernheimer 2006.
46   Vgl. Auernheimer 2006: 91.
47   Auernheimer 2006: 91.
48   Vgl. Auernheimer 2006: 96 f.

jungen Frauen allein in einer Unterdrückung innerhalb familiärer Strukturen fest-
macht, die sich wiederum in äußerlichen Merkmalen wie dem Tragen eines Kopftuchs zeige:

> „[...] der soziale Druck auf Mädchen und Frauen, ein Kopftuch zu tragen, sich zu verhüllen und
> traditionell zu kleiden, stieg, und die optische Abgrenzung von der Mehrheitsgesellschaft trat
> immer deutlicher hervor."[49]

Diese Behauptung ist wissenschaftlich ebenfalls nicht belegt. Im Einzelfall mag
seine Annahme zutreffen, jedoch gibt es auch andere Motive für das Tragen
eines Kopftuchs. Die Frage nach den Ursachen und Motiven für das Bekenntnis
zum Kopftuch gilt per se als ein Unterdrückungssymbol und Differenzierungsmerkmal. Allerdings ist zu berücksichtigen, dass das Kopftuch nichts anderes ist
als eine Kopfbedeckung, die erst im Zuge der Diskussion um vermeintliche Inte-
grationsprobleme von Muslimen in die westliche Gesellschaft zu einem politischen
Symbol geworden ist. Die Auflehnung gegen die vermeintliche Überlegenheit
der westlichen Kultur, ein Ausdruck von Selbstbestimmtheit und ein Symbol für
die Unabhängigkeit gegenüber der Mehrheitsgesellschaft könnten bei jungen
Musliminnen durchaus Motive für das Tragen eines Kopftuchs sein.

> „Also lasst uns bitte selbst entscheiden, ob wir ein Tuch über unseren Bikini oder lieber um
> unsere Haare wickeln. Wenn wir uns unter einem langen schwarzen Gewand sicher fühlen,
> können wir gern über unsere Gründe reden, aber wir möchten keine Zwangsentkleidung!"[50]

Außerdem sei angemerkt, dass allein die Zugehörigkeit zu einer muslimisch geprägten Kultur noch nichts über das persönliche Verhältnis zum Islam und zur
religiösen Orientierung aussagt. Halit Öztürk stellt in seiner Studie über Lebenswelten muslimischer Jugendlicher in Deutschland fest:

> „Dieses Verständnis kann sich ebenso in traditioneller Volksreligiosität, der Zugehörigkeit zu
> mystischen Strömungen, der straffen Orientierung an den Glaubensinhalten unter Einhaltung
> oder Nichteinhaltung der alltäglichen religiösen Grundpflichten, der beharrlichen Ablehnung des
> Islam oder der Zugehörigkeit zu religiös-politischen Gruppierungen ausdrücken."[51]

Das Verhältnis zur Religion ist ebenso vielfältig wie der alltägliche Umgang mit
religiösen Vorschriften durch die Mädchen und jungen Frauen der dritten
Generation mit türkischem Migrationshintergrund (vgl. Abschnitt 4.4). In diesem
Zusammenhang lautet eine weitere These Sarrazins:

---

49 Sarrazin 2010: 265.
50 El Masrar 2011: 33.
51 Öztürk 2007: 88.

„Eine starke muslimisch-religiöse Orientierung scheint den Integrations- und Leistungswillen eher zu bremsen."[52]

Eine solche Einschätzung deutet eine vermeintlich mangelnde Integration einseitig als Problem der Migranten und nicht als Defizit der Mehrheitsgesellschaft.

Als Beleg für diese und ähnliche Thesen werden vergleichende statistische Berechnungen über den schulischen Bildungserfolg von deutschen Jugendlichen und Jugendlichen mit muslimischem Hintergrund angeführt. Das Integrationsproblem soll vor allem mit Daten zum Ausbildungsgrad und Schulerfolg von Jugendlichen mit muslimischem und insbesondere türkischem Migrationshintergrund belegt werden.[53] Die Grundlage für solche Aussagen ist der Mikrozensus 2007, „Bevölkerung und Erwerbstätigkeit von Menschen mit Migrationshintergrund"[54], der mit eigenen Berechnungen ergänzt wird. Die ermittelten Prozentangaben aus den Rohdaten dieser Quelle halten einer Überprüfung jedoch nicht stand. Anhand der erhobenen Daten lassen sich die behaupteten Ergebnisse nicht nachvollziehen. Eine Nachfrage beim Statistischen Bundesamt in Wiesbaden ergab, dass sich Sarrazins Ergebnisse nicht aus den erhobenen Primärdaten ableiten lassen. Für die von Sarrazin angeführten Ergebnisse hätte eine ausführlichere mathematische Berechnung offengelegt werden müssen. Für die politische Diskussion haben diese Ergebnisse weitreichende Folgen, da sie als wahr angenommen werden und als Begründung dienen, weshalb Menschen mit muslimischem Migrationshintergrund im Bildungsbereich und in Bezug auf eine soziale Integration, insbesondere türkischer Migranten, scheitern würden. Institutionelle Diskriminierung[55] und soziale Ausgrenzungserfahrungen, die sich in Forschungsarbeiten nachweisen lassen, bleiben in der Diskussion unberücksichtigt. Aus der Sicht dieses Kritikers ist ein Scheitern von Menschen mit muslimischem Migrationshintergrund selbstverschuldet, unumgänglich und vorherbestimmt.[56] Ein anderes Bild zeichnet Hans-Jürgen von Wensierski über Kinder mit muslimischem Migrationshintergrund:

---

52   Sarrazin 2010: 286.
53   Sarrazin stellt fest, dass 30 % der muslimischen Migranten über keinen Schulabschluss verfügen und nur 14 % die allgemeine Hochschulreife schaffen würden. Darunter hätten 27 % der Migranten mit türkischem Hintergrund keinen Schulabschluss und nur 8 % die allgemeine Hochschulreife. Bei Personen ohne Migrationserfahrung hätten nur 9 % keinen Abschluss und 12 % würden das Abitur schaffen. Außerdem stellt Sarrazin fest, dass Menschen mit muslimischem Migrationshintergrund in Bezug auf Bildungsabschlüsse weit hinter den gleichaltrigen Deutschen lägen. Die gleichaltrigen Deutschen verfügten dagegen mit Anteilen von 1,6 % über keinen Abschluss und 34 % über Abitur. Diese methodischen Unklarheiten entbehren nicht einer gewissen Ironie, weil Thilo Sarrazin in einem Fernsehinterview betonte, dass er zwar nichts von Migrationsforschung verstehe, aber umso mehr von Statistik.
54   Vgl. Statistisches Bundesamt (2009) Mikrozensus 2007: 236 f.
55   Vgl. Gomolla/Radtke 2009.
56   Vgl. Sarrazin 2010.

„Sieht man sich diese Befunde zu den Bildungsverläufen junger Muslime (v. a. Türken) in Deutschland an, dann finden sich kaum Hinweise darauf, dass es die Religion ist, die in besonderer Weise die Bildungschancen dieser Gruppe bestimmt."[57]

Eine muslimisch-religiöse Orientierung per se als Hindernis für den Integrations- und Leistungswillen ohne wissenschaftliche Auseinandersetzung zu erklären, bleibt im ideologischen Bereich haften und führt zu weiteren Stigmatisierungen von Migranten. Mit derartigen Zuschreibungen und Zuweisungen werden Differenzen zwischen den Menschen mit türkischem Migrationshintergrund und der Mehrheitsgesellschaft konstruiert.

„Prinzipiell kann jede Differenz zwischen Gruppen von Menschen zu einem Merkmal werden, mit dem Fremdheit sozial gekennzeichnet wird."[58]

Derartige Zuschreibungen gegenüber muslimischen Migranten bestimmen die Konstruktion des Eigenen und können zu einer Abgrenzung gegenüber der Mehrheitsgesellschaft führen; nicht wegen der eigenen Ablehnung eines jeweiligen Dazugehörens, sondern wegen der Zuschreibung von Fremdheit und Andersartigkeit.

„Diese Tatsache ist allerdings nicht zuletzt der Zurückweisung und Diskriminierung durch Deutsche geschuldet, die von Türken besonders ausgeprägt wahrgenommen wird."[59]

Dieses Phänomen gilt insbesondere für die gesellschaftliche Rolle von Mädchen und jungen Frauen türkischer Herkunft der dritten Generation als Migrantinnen. Auch wenn die dritte Generation über keinerlei Migrationserfahrung verfügt, haften ihnen der Migrantinnenstatus wie bereits den Eltern der zweiten Generation[60] und insbesondere die damit einhergehenden Belastungsfaktoren an:

„Das Bild von dem zerrissenen Menschen, der mit zwei Kulturen aufzuwachsen hat, haftet dem gesellschaftlich konstruierten Bild des Gastarbeiterkindes an. Dies lebt scheinbar immer zwischen zwei Welten. Die bisherige Fokussierung der wissenschaftlichen Forschung auf den Belastungsaspekt bei Migrantenjugendlichen hat das vorprogrammierte Scheitern beim Aufbau einer ausbalancierten bikulturellen Identität quasi zur voraussagbaren Folge dieses Prozesses werden lassen. Erfolgreichen Ausbalancierungen und kreativen Selbstentwürfen unter Immigrantenjugendlichen wurde bisher kaum Aufmerksamkeit gewidmet. Ihre individuelle Integration und ihr reflexiver Umgang mit der Ambivalenz von ,Zugehörigkeit und Anderssein' sind meistens stereotypisierenden kollektiven Erklärungsmustern der Orientierung von Migranten zum Opfer gefallen."[61]

---

57 Wensierski 2007: 59.
58 Kleinert 2004: 77.
59 Kleinert 2004: 69.
60 Vgl. Hummrich 2003: 268.
61 Badawia/Hamburger/Hummrich 2003: 10.

Diesbezüglich stellt sich die Frage, zu welchem Ergebnis neuere Studien in Bezug auf die Lebensweltaneignung von Mädchen und jungen Frauen der dritten Generation mit türkischem Migrationshintergrund kommen.

Bei der Durchsicht der Veröffentlichungen wird deutlich, dass zahlreiche Lücken hinsichtlich eines empirisch fundierten Wissens über die Lebenssituation und die Lebensweltorientierung von Kindern und Jugendlichen der dritten Generation mit türkischem Migrationshintergrund bestehen.[62] Dieser Befund bestätigt sich bei der Suche nach Veröffentlichungen über die hier fokussierte Gruppe.

> „Innerhalb der allgemeinen Jugendforschung stellen junge Muslime nach wie vor eine vernachlässigte Zielgruppe dar. Das hängt offenbar mit dem vorherrschenden analytischen Blick auf diese Gruppe zusammen, die entweder von der Migrationsforschung als Teil der Migrantenpopulation in Deutschland identifiziert oder aber unter einer eher religionssoziologischen Perspektive auf ihre religiösen Orientierungen und Konzepte hin untersucht wird."[63]

Einige qualitative Studien ohne eine geschlechts- und generationenspezifische Differenzierung befassen sich mit dem Bereich „Religiosität von jungen Muslimen in Deutschland". Unterschiedliche Begriffe zur Bezeichnung der Mädchen und jungen Frauen mit türkischem Migrationshintergrund, wie beispielsweise „junge Muslime" oder „Jugendliche mit türkischem Migrationshintergrund", verweisen nicht zwangsläufig auf die dritte Generation, auch wenn die Studien nach 2000 veröffentlicht wurden.

Die empirische Jugendforschung weist in Bezug auf muslimische Mädchen und junge Frauen erhebliche Defizite auf.[64] Die aktuelle Forschungslage in Bezug auf junge Musliminnen in Schule und Bildung bewertet Bukow bereits im Jahr 2007:

> „Eine sachadäquate Forschung steht hier erst am Anfang. Im Augenblick müssen knappe Hinweise genügen, [...] Angesichts eines seit langem heterogenen Bildungsfeldes wird man sicherlich ganz anders und völlig neu ansetzen müssen."[65]

Die überwiegend quantitativen Befragungen sind nur bedingt vergleichbar, da sich die Migrationsbiografien und Untersuchungsdesigns erheblich voneinander unterscheiden.

Im Jahr 2005 veröffentlichten Boos-Nünning und Karakasoglu die Untersuchung „Viele Welten leben", die sich anhand vollstandardisierter Fragebögen mit Migrationsbiografien, sozialen Rahmenbedingungen des Aufwachsens, Rolle

---

62   Vgl. Boos-Nünning/Karakasoglu 2006: 15.
63   Wensierski 2007: 55.
64   Vgl. Öztürk 2007: 23.
65   Bukow 2007: 128.

und Bedeutung der Familie und Erziehung, Freizeit und Freundschaft, Bildung und Ausbildung, Partnerschaft und Geschlechterrollen, Körperbewusstsein, Sexualität und religiösen Einstellungen beschäftigt. Bei dieser Mehrthemenuntersuchung wurden insgesamt 950 unverheiratete Mädchen und junge Frauen im Alter von 15 bis 21 Jahren mit griechischem, italienischem, jugoslawischem und türkischem Migrationshintergrund befragt.[66] Diese Studie bezieht auch das Thema Lebensweltaneignung mit ein. Es ist jedoch davon auszugehen, dass die dritte Generation nicht ausschließlich erfasst wurde, weil es sich um Mädchen und junge Frauen mit türkischem Migrationshintergrund handelt, die zum größten Teil (83 %) ununterbrochen in Deutschland gelebt haben und deren Eltern möglicherweise nicht der zweiten Generation angehören. Aufschlussreich wären die Ausschlusskriterien für die übrigen 17 % der Mädchen und jungen Frauen.

Angesichts der sozialstrukturellen Lebensveränderung innerhalb der zweiten und dritten Generation ist es für die vorliegende Arbeit von Bedeutung, eine Unterscheidung vorzunehmen, nicht zuletzt auch deshalb, weil die Interviewpartnerinnen auf die Relevanz der Generationentrennung mehrfach hinweisen. Auf die Veränderungen zwischen der ersten und zweiten Generation muslimischer Migranten in Deutschland macht bereits Nökel aufmerksam. Die zweite Generation sei relativ unabhängig von der religiösen Einstellung ihrer Eltern; in Abgrenzung dazu hätte sie eigene Lebensentwürfe entwickelt, die in bewusster Weise den Islam und zugleich das Selbstverständnis als deutscher Staatsbürger integrieren.[67]

Dieses Ergebnis kann als ein Beispiel dienen, dass sich die zweite Generation bereits von den traditionellen Rollenerwartungen der Elterngeneration gelöst und „eigene" Lebensentwürfe entwickelt hat, in die sich aus der türkischen und deutschen Kultur bestimmte Elemente integrieren lassen, die für sie selbst annehmbar erscheinen und mit ihrem Lebensalltag in Einklang gebracht werden können. Infolgedessen ist erst recht bei der dritten Generation von einer veränderten Lebensweltorientierung auszugehen.

Darüber hinaus zeigen sich zunehmend Bildungserfolge der zweiten Generation, weil die Bildungsambitionen mittlerweile immer häufiger von den Eltern unterstützt und von der zweiten Generation umgesetzt werden. Zu diesem Ergebnis kommt Niehaus in der Analyse zu Bildungserfolgen bei türkischstämmigen Migranten der zweiten Generation.[68] Es ist davon auszugehen, dass die Hinwendung zu Bildung beziehungsweise der Erwerb von Bildungsabschlüssen der zweiten Generation die Bildungsorientierung der dritten Generation erheblich beeinflusst.

---

66 Vgl. Boos-Nünning/Karakasoglu 2006: 66.
67 Vgl. Nökel 2007: 135.
68 Vgl. Niehaus 2008: 30.

Die Bildungsdispositionen werden von Generation zu Generation weitergegeben.[69] Es kann angenommen werden, dass für Migranten, deren Vorfahren nur über ein niedriges Bildungsniveau verfügen, Bildung erst über mehrere Generationen eine Bedeutung erlangt und als Möglichkeit für sozialen Aufstieg wahrgenommen wird.

Das Streben nach höheren Bildungsabschlüssen kann ebenfalls als ein Differenzierungsmerkmal im Vergleich zur zweiten Generationen angesehen werden.

> „Eine genauere Betrachtung der Beziehungen zwischen den Generationen steht in der Migrationsforschung jedoch weitgehend aus."[70]

Eine Differenzierung zwischen den Generationen ist für diese Arbeit von erheblicher Bedeutung, um die generationenspezifische Lebenssituation der Mädchen und jungen Frauen mit türkischem Migrationshintergrund analysieren zu können. Auch wenn in einigen Veröffentlichungen beispielsweise der Begriff „junge Muslime" genutzt wird, der eher generationentheoretisch gefasst wird und eine gemeinsame generationenspezifische Lagerung Jugendlicher und junger Erwachsener der zweiten und dritten Generation kennzeichnet,[71] erscheint eine gemeinsame Erfassung der zweiten und dritten Generation im Hinblick auf die Beziehungen zwischen den Generationen und die erkenntnisleitende Fragestellung der vorliegenden Arbeit nicht sinnvoll.

Mit der Differenzierung in Bezug auf die Generationen bleibt die Bezugnahme auf die aktuelle Forschung zu Mädchen und jungen Frauen der dritten Generation mit türkischem Migrationshintergrund schwierig. Lediglich eine Diplomarbeit befasst sich mit Lebenswelten türkischer Migrantinnen der dritten Generation am Beispiel von Bildungsaufsteigerinnen. Die Autorin, Gölbol, kommt in den qualitativen Interviews zu dem Ergebnis, dass sich die befragten Frauen mit ihren höheren Bildungskarrieren von ihrem familiären Umfeld abheben. Die Bildungsambitionen werden demnach durch den eigenen Bildungswillen und durch hohe elterliche Bildungsaspiration gesteuert und gestärkt. Für die interviewten Frauen bedeutet eine höhere Bildung finanzielle Sicherheit und zugleich eine Möglichkeit zu Selbstverwirklichung und ökonomischer Unabhängigkeit.[72]

Gölbol stellt fest, dass sich trotz der unterschiedlichen Erziehungsziele in Bezug auf die Bildungsambitionen Gemeinsamkeiten in den Familien erkennen lassen. Türkische Eltern verfügen über Bildungsaspirationen und unterstützen

---

69   Vgl. Bremer 2007: 197.
70   Hummrich 2003: 268.
71   Vgl. Wensierski 2007: 9.
72   Vgl. Gölbol 2007: 165.

folglich ihre Töchter auf dem Weg zu einer höheren Bildung. Für die Eltern bedeutet Bildung, dass ihren Kindern ein einfacheres und besseres Leben offensteht. Deshalb sind für eine erfolgreiche Bildungskarriere die eigene Motivation der Frauen und die Bildungsambitionen der Eltern von Bedeutung. Darüber hinaus ist zu erkennen, dass die Norm- und Wertvorstellungen der Eltern mit denen der Töchter kollidieren. Die Frauen sind nicht passiv, sondern streben nach Autonomie und Selbstverwirklichung, das heißt, sie entwickeln eigene Lebensentwürfe, die nicht an traditionellen Erwartungen der Eltern und Familien gebunden sind. Auch wenn diese Lebensentwürfe mögliche Konfliktrisiken mit den Eltern in sich bergen, vermittelt die Familie ein hohes Maß an Sicherheit und emotionalem Rückhalt für die interviewten Frauen.[73]

Es bedarf im Folgenden einer Auseinandersetzung mit theoretischen Erklärungsansätzen zur individuellen Entwicklung und Alltagsweltgestaltung, um sich der Lebensweltaneignung der für diese Untersuchung interviewten Mädchen und jungen Frauen annähern zu können.

---

73 Vgl. Gölbol 2007: 161 f.

2. Theoretische Erklärungsansätze zur individuellen Entwicklung und Lebensweltaneignung

Um zu analysieren, wie sich Alltagswirklichkeiten aus der Beziehung zwischen individuellen und gesellschaftlichen Bedingungen konstruieren, wird der empirische Teil aus drei theoretischen Perspektiven geprüft:

- Wissenssoziologie
- Sozialisationstheorie
- ungleichheitstheoretische Perspektive.

Mithilfe der wissenssoziologischen Perspektive lässt sich beschreiben, wie sich die Alltagwirklichkeit der Mädchen und jungen Frauen konstruiert und wie sie durch die Selbstauslegung des eigenen Handlungsentwurfs einen Wirklichkeitscharakter erhält. Zugleich bieten sozialisationstheoretische Erkenntnisse einen geeigneten Bezugsrahmen zur Erklärung individueller Entwicklungsprozesse der Mädchen und jungen Frauen. Aus der ungleichheitstheoretischen Perspektive wird erarbeitet, welche gesellschaftsstrukturellen Bedingungen für die persönliche Entwicklung und für individuelle Konstruktionen von Selbst- und Fremdwahrnehmung bedeutsam sind. Um die Bedingung der Wahrnehmung zu beschreiben, bedarf es einer Einführung, unter welchen Bedingungen das Bild des anderen determiniert wird und wie diese Bedingungen die individuelle Wahrnehmung prägen.

2.1 Reflexiver Bedeutungszusammenhang von gesellschaftsstrukturellen Bedingungen und individuellen Konstruktionen

Georg Simmel schrieb in dem Aufsatz „Exkurs über den Fremden" von 1908:

> „Der Fremde ist nicht der Wanderer, der heute kommt und morgen geht, sondern der Gast, der heute kommt und morgen bleibt..".[74]

---

74 Simmel 1992: 9.

Der Gast aus der Türkei, der bis heute geblieben ist, lebt schon seit mehreren Generationen in Deutschland. Man sollte meinen, er sei damit ein Teil dieser Gesellschaft geworden. Vor diesem Hintergrund scheint die Frage berechtigt zu sein: Ist der Fremde, der geblieben ist, nach Generationen immer noch ein Fremder, oder fühlt er sich nur fremd? Der Begriff „fremd" wird in der deutschen Sprache mehrdeutig verwendet.

> „Zunächst wird er, wie in anderen Sprachen auch, auf alle möglichen Objekte angewendet, auf Personen (,der oder die Fremde'), auf Objekte oder Ereignisse (,das Fremde') sowie auf räumliche Entitäten (,die Fremde'). Mit dem Begriff werden jedoch auch unterschiedliche Bedeutungen verbunden: Erstens kann er im Sinne von ,weit weg' verwendet werden, damit bezeichnet er einen räumlichen Aspekt. Zum zweiten kann der Begriff im Sinne von ,unvertraut' oder ,unbekannt' verwendet werden; dann bezieht er sich auf den Aspekt der Art, der Andersartigkeit. Zum dritten kann er im Sinne von ,nicht eigen' und damit ,nicht zugehörig' verwendet werden, bezieht sich also auf den Aspekt des Besitzes, des Ein- und Ausschlusses."[75]

Diesbezüglich ist „fremd" eine unklare Zugehörigkeitserfahrung, die das Resultat von Selbst- und Fremdwahrnehmung ist und ein Zugehörigkeitsverständnis bildet. Die Konstruktion des Fremden ist die unumgängliche Kehrseite der Konstruktion des Eigenen, wie auch die Theorie sozialer Identität zeigt, dass die Aufwertung des Eigenen und die Abwertung des Fremden häufig unmittelbar miteinander verbunden sind.[76]

Für Jugendliche stellt sich die Frage nach der Zugehörigkeit nicht nur in der Phase der Identitätsentwicklung und in der Bezugnahme auf soziale Gruppen und Räume während der Adoleszenz. Sie ist auch bedeutsam in Verbindung mit gesellschaftlicher Integration, das heißt, wie sich Jugendliche in die Gesellschaft, in der sie leben, hineinentwickeln. Für die Zugehörigkeit sind mehrere Kontexte von Bedeutung:

> „[...] nationalstaatlich gefasste Gesellschaften, internationale und globale Orientierungen, ebenso wie lokale und regionale Bezugspunkte, der familiäre Herkunftskontext, das heißt die Familie und deren soziale und kulturelle Bezüge, Institutionen wie Schule und Betrieb, die Peer-Group, informelle Cliquen und jugendkulturelle Szene im lokalen, globalisierten oder virtuellen Raum, Sport- oder Kultur-Vereine, religiöse Einrichtungen, politische Gruppierungen."[77]

Vor diesem Hintergrund sollen die individuellen Zugehörigkeitserfahrungen und deren Bedeutung im Gesamtzusammenhang der Alltagsweltgestaltung erfragt und die Reflexion der Selbst- und Fremdwahrnehmung der Mädchen und jungen

---

75   Kleinert 2004: 157.
76   Vgl. Kleinert 2004: 157.
77   Riegel/Geisen 2007: 7.

Frauen in der Auseinandersetzung des Zusammenlebens in der Gesellschaft analysiert werden. Die Fremdwahrnehmung kann die Akzeptanz von Migranten in der Mehrheitsgesellschaft erschweren, wie folgendes Zitat verdeutlicht:

> „Zum Beispiel erzählt sie [die Journalistin Canan Topcu, S. B.-E.] von der wechselseitigen Ahnungslosigkeit im Verhältnis zwischen Deutschen und Türken, von ihrem Ärger über die einen wie über die anderen, und wie sie jede Gruppe gegenüber der je anderen verteidigt. Sie schildert, wie sie viele Szenen gewissermaßen doppelt wahrnimmt, dass sie je nach Situation den einen oder den anderen Blickwinkel einnimmt, dazwischen wechselt, sich mal mit den Türken identifiziert, mal mit den Deutschen. All dies beschreibt sie anschaulich, selbstbewusst, provokant und temperamentvoll, nicht zuletzt mit einer Prise Selbstironie. Doch was macht die Zeitung daraus? Sie kommentiert in einer hervorgehobenen Schrift, die Autorin schildere als ‚Grenzgängerin' die Gefühle der Zerrissenheit, die sie als Deutsch-Türkin empfindet."[78]

Offensichtlich wird die sinnhafte Gestaltung des bikulturellen Alltags mit seinen differierenden und vielfältigen Seiten durch die Medien zu einer invariablen Persönlichkeitskrise interpretiert, aus der es kein Entkommen zu geben scheint.[79]

> „Die Medien sind heute integrierter Bestandteil der Wirklichkeit oder, wenn man so will, produzieren Wirklichkeitseffekte, indem sie eine mediale Sichtweise der Realität kreieren, die zur Schaffung der Wirklichkeit, die zu beschreiben sie vorgibt, beiträgt."[80]

Die einseitige Problematisierung von bikulturellen Lebenswelten und die mangelnde Reflexion über Migranten ist insbesondere Spiegel einer Diskussion, die die Auseinandersetzung mit den Themen „Stigmatisierung" und „Ausgrenzung" vernachlässigt. Nicht zuletzt blendet sie den Wunsch nach Anerkennung, einer klaren sozialen Positionierung und, daraus folgend, ein gleichberechtigter Bestandteil der Gesellschaft zu sein, aus.

> „Sie werden auch als Migrantinnen der zweiten oder dritten Generation bezeichnet. Obwohl sie in Deutschland aufgewachsen sind und dort ihren derzeitigen Lebensmittelpunkt sehen, werden sie nicht selbstverständlich als der deutschen Gesellschaft zugehörig betrachtet. Hinsichtlich ihrer Lebenssituation befinden sie sich in einem Spannungsfeld von Ausgrenzung und Integration."[81]

Die einseitige Betrachtungsweise, mit der türkische Migranten in der Regel von der Mehrheitsgesellschaft wahrgenommen werden, könnte zur Folge haben, dass sich eine derartige Diskussion negativ auf das Selbstbild auswirkt, den Wunsch nach Zugehörigkeit und Anerkennung durch die Gesellschaft erheblich einschränkt und gleichzeitig die Lebenschancen behindert.

---

78   Beck-Gernsheim 2007: 158 f.
79   Vgl. Beck-Gernsheim 2007: 158.
80   Bourdieu 1993: 65.
81   Riegel 2004: 23.

Dahrendorf versteht unter „Lebenschancen" einen sozialstrukturell vorgegebenen Möglichkeitsspielraum des individuellen Handelns. Die Lebenschancen seien direkt mit typischen sozialen Positionen bzw. Klassen verknüpft. Er fasst sie als eine Funktion von zwei sozialstrukturell bestimmbaren Komponenten, den Optionen, zusammen, die wiederum aus zwei weiteren Komponenten bestehen, Anrechten und Angeboten.[82] Anrechte besitzen eine normative Qualität, indem sie Grenzen zwischen Zugehörigkeit und Nichtzugehörigkeit zu einem sozialen Verband ziehen. Einen sozialen Verband versteht Dahrendorf als eine soziokulturelle Verwurzelung der Menschen, die als Wegweiser durch die Welt der Angebote dient. Das Wechselspiel dieser beiden Dimensionen der Sozialstruktur bestimmt die Lebenschancen.[83] Optionen können an unterschiedliche Erwartungshaltungen geknüpft sein, die von den Akteuren aus unterschiedlichen Perspektiven an den Inhaber dieser Position herangetragen werden.

„Handlungen, die den einen gegenüber opportun erscheinen, können relevanten anderen gegenüber hochproblematisch sein – und dies auch dann, wenn der Akteur zu rollenkonformem Verhalten bereit ist."[84]

So könnte sich beispielsweise ein Mädchen mit türkischem Migrationshintergrund zu den systemfunktionalen Rollenerwartungen konform verhalten, jedoch aufgrund seiner „anders" geprägten kulturellen und religiösen Lebenswelt trotzdem auf eine ablehnende Haltung der Gesellschaft stoßen.

„Werden Menschen verschiedener, einander fremder Kulturen miteinander konfrontiert, so werden sie zunächst in einen Zustand des Irritiertseins versetzt. Sie sind sich fremd. Das Fremdartige, das Unbekannte des Anderen ruft Angst hervor. Die exotische Erscheinung des Fremden, sein ungewohntes Verhalten, seine unverständliche Sprache und nicht zuletzt seine unbekannte Herkunft lassen es unmöglich erscheinen, ihn mit Kategorien der eigenen Kultur als vertraute Erscheinung zu klassifizieren."[85]

Es ist aber genauso denkbar, dass die systemfunktionalen Rollenerwartungen der Gesellschaft internalisiert werden, sodass diese Menschen die traditionellen Rollenerwartungen der Elterngeneration infrage stellen und sich zu unabhängigen Persönlichkeiten entwickeln. Trotz ihres rollenkonformen Verhaltens sind Konflikte mit den Eltern dennoch nicht ausgeschlossen. Ein Verhalten kann in der einen Gesellschaft verboten, in der anderen gestattet sein, wie beispielsweise der Wunsch nach einer Partnerschaft ohne einen Trauschein. Dieser Wunsch der

---

82   Vgl. Dahrendorf 1979.
83   Vgl. Niedenzu 2007: 177.
84   Pfadenhauer 1999: 268.
85   Loycke 1992: 104.

Mädchen und jungen Frauen mag bei den Eltern auf Ablehnung und Widerstand stoßen, in der Gesellschaft jedoch als Unabhängigkeit oder als fortschrittlich angesehen werden.

So hängen Wünsche und Entscheidungen der Migranten erst einmal von den Optionen ab, die die Gesellschaft anbietet.[86] In diesem Spannungsfeld in der stets vorgegebenen Alltagswelt müssen Migranten eine eigene Sichtweise für die eigene Lebenswelt entwickeln,[87] mit unterschiedlichen Erwartungshaltungen, Regeln, Verpflichtungen und Lebensbedingungen, die wenig Freiheit und Raum für individuelle Entscheidungen zu bieten scheinen.

Die jeweiligen Lebensentwürfe, die Migranten in der Auseinandersetzung mit ihrem biografischen Hintergrund ausbilden, sind ein Resultat ihrer lebensgeschichtlich erworbenen familialen und soziostrukturellen Ressourcen.[88] Zum Ausdruck kommt nicht nur der individuelle Lebensentwurf des Handelnden, sondern auch das Endprodukt des riesigen Gefüges einer Gesellschaft, das die Handelnden mit konstituieren.

> „Die Gesellschaft ist eine subjektive Wirklichkeit: sie wird vom Einzelnen in Besitz genommen, wie sie von ihm Besitz ergreift."[89]

In jedem Fall konstruiert der Mensch seine Wirklichkeit, die von ihm begriffen und gedeutet wird und ihm sinnhaft erscheint, nicht losgelöst von der ihn umgebenen Welt.

> „Man ist nicht bloß ein einzelner Mensch, man gehört einem Ganzen an, und auf das Ganze haben wir beständig Rücksicht zu nehmen, wir sind durchaus abhängig von ihm [...] Im Zusammenleben mit den Menschen hat sich ein Etwas herausgebildet, das nun mal da ist und nach dessen Paragraphen wir uns gewöhnt haben, alles zu beurteilen, die anderen und uns selbst. Und dagegen zu verstoßen geht nicht; die Gesellschaft verachtet uns."[90]

So lässt sich feststellen, dass die Lebensweltgestaltung von einem gesellschaftsstrukturellen Bedingungszusammenhang geprägt ist und sich dann darin eine scheinbar weit verbreitete gesellschaftliche Ignoranz gegenüber Migrantinnen, deren Bedürfnissen und Interessen widerspiegelt.[91]

---

86   Vgl. Niedenzu 2007: 177.
87   Vgl. Grathoff 1995: 93.
88   Vgl. Günther 2009: 123.
89   Berger/Luckmann 2007: 21.
90   Fontane 2004: 290 f.
91   Vgl. Riegel 2004: 37.

„Doch kann kein Zweifel daran bestehen, daß der Umgang einer Gesellschaft mit ihren Fremden ein Indikator für ihre Achtung der Würde des Menschen und die Glaubwürdigkeit des von ihr propagierten Demokratieverständnisses ist."[92]

Die Beziehung zwischen gesellschaftlichen und individuellen Bedingungen, die für die Lebensweltaneignung der Mädchen und jungen Frauen von Bedeutung sind, wird im Folgenden analysiert. Der Prozess der Lebensweltaneignung des Individuums

„[...] erfüllt die wichtigste Notwendigkeit und verkörpert das wichtigste ontogenetische Entwicklungsprinzip des Menschen: Er reproduziert die historisch gebildeten Eigenschaften und Fähigkeiten der menschlichen Art in den Eigenschaften und Fähigkeiten des Individuums"[93].

Die Lebensweltaneignung des Individuums erfolgt im ständigen Wechselspiel zwischen der Auseinandersetzung mit seiner Umwelt und der Aneignung der gegenständlichen und symbolischen Kultur.[94] Der Platz, den die Gesellschaft dem Individuum zuweist, bestimmt die Möglichkeiten, wie es sich die Wirklichkeit anzueignen hat, und er entscheidet auch über die Möglichkeit seiner Anpassung, die Entwicklung der menschlichen Natur, der Fähigkeiten und Eigenschaften.[95]

Für die Analyse der Lebensweltaneignungsprozesse der Mädchen und jungen Frauen wird die wissenssoziologische Perspektive herangezogen. Es wird analysiert, unter welchen Bedingungen sich die soziale Wirklichkeit der Mädchen und jungen Frauen mit türkischem Migrationshintergrund konstruiert und das Wissen darum internalisiert und institutionalisiert wird.

2.2   Wissenssoziologische Perspektive

Der Begriff „Wissen" steht für die Gewissheit, dass Phänomene wirklich sind und bestimmbare Eigenschaften haben, der Begriff „Wirklichkeit" für die Eigenschaft von Phänomenen, die ungeachtet menschlichen Wollens vorhanden sind.[96] Die Wissenssoziologen Peter Ludwig Berger und Thomas Luckmann, die auf die soziologische Phänomenologie von Alfred Schütz[97] zurückgreifen, untersuchen, wie sich Wissen in der Gesellschaft entwickelt, wie es vermittelt und bewahrt wird.

---

92   Loycke 1992: 108.
93   Leontjew 1980: 286.
94   Vgl. Deinet/Krisch 2002: 133.
95   Vgl. Leontjew 1980: 287.
96   Vgl. Berger/Luckmann 2007: 1.
97   Vgl. Schütz 1993.

Berger und Luckmann beschreiben die Wissenssoziologie als eine soziologisch-empirische Disziplin, die auf die phänomenologische Philosophie zurückgreift. Deshalb sprechen sie nicht von einer „phänomenologischen Soziologie", sondern von einer „phänomenologisch orientierten Soziologie".[98]

Schütz, Begründer der soziologischen Phänomenologie, knüpft mit seinem Ansatz an Edmund Husserls[99] phänomenologische Methode an, insbesondere an die Lebensweltanalyse. Der Begriff der Lebenswelt wurde von Edmund Husserl in bewusster Abgrenzung zum einseitig objektivierenden, rational-quantifizierenden Weltbild der Naturwissenschaften geprägt.[100] Mit dem Begriff „Lebenswelt" beschreibt er die Gegebenheiten der bloßen Wahrnehmungswelt, das selbstverständlich Vorausgesetzte, die vorwissenschaftliche Basis.

Schütz, der Husserls phänomenologische Methode auch in die Soziologie einführte, verbindet mit der Intersubjektivität den Lebensweltbegriff und führt die phänomenologische Betrachtungsweise mit den Elementen der sogenannten pragmatischen amerikanischen Wissenssoziologie zusammen.[101]

> „Das Ziel der Phänomenologie ist die genaue Beschreibung des Aufbaus von Bewußtseinsgegenständen und Bewußtseinsleistungen verschiedener Art. Das Verfahren wird als Konstitutionsanalyse bezeichnet. Dabei bedient sie sich der Methode der Ausklammerung, durch welche sie stufenweise reduziert, was sich im Bewußtsein konstituiert."[102]

Schütz (1993) analysiert die Fundierung des Fremdverstehens durch Akte der Selbstauslegung und verknüpft Sinnzusammenhang und Handlung. Dabei geht es nicht nur um die Verbindung von Wissen und Gesellschaft als zwei eigenständige Größen, sondern um die Verknüpfung von Wissen und Handeln. Für Schütz bilden Sinn und Handeln eine untrennbare Einheit, die der Wirklichkeit zugrunde liegt und Ausgangspunkt für den sinnhaften „Aufbau der sozialen Welt" ist.[103]

---

98   Vgl. Berger/Luckmann 2007.
99   Die Methode von Husserl ist eine geisteswissenschaftliche Philosophie, die er „Wesensschau" nennt. Dabei trennt er die Wesenssphäre von der Wirklichkeit und unterscheidet zwischen äußerlich-zufälligen und „wesentlichen" Eigenschaften. Husserl interessiert nicht das Erfahrungswissen, sondern nur die Wesenserkenntnis. Dabei spielt die Intersubjektivität eine zentrale Rolle. Er beschäftigt sich mit der Frage, wie das eigene mit einem anderen Bewusstsein verbunden ist. Die Welterfahrung eines Individuums ist untrennbar mit der Gemeinschaftserfahrung verbunden. Damit grenzt sich Husserl von anderen Denkrichtungen ab, die um 1900 entwickelt wurden. Er fordert von der Philosophie, vorschnelle Weltdeutungen zu vermeiden und sich bei der analytischen Betrachtung der Dinge an das zu halten, was dem Bewusstsein unmittelbar als wesentlich erscheint (vgl. Hillmann: 1994).
100   Vgl. Hillmann 1994: 477.
101   Vgl. Knoblauch 2005: 141.
102   Luckmann 1992: 25.
103   Vgl. Knoblauch 2005: 142.

„Wir alle erleben im schlichten Dahinleben unsere Handlungen als sinnvoll und sind in natürlicher Weltanschauung davon überzeugt, daß auch andere ihr Handeln als sinnvoll erleben, und zwar in genau der gleichen Weise sinnvoll, wie wir selbst ein solches Handeln erleben würden. Wir sind weiters davon überzeugt, daß unsere Deutung dieses Sinnes fremden Handelns im Großen und Ganzen zutrifft."[104]

Schütz interessiert sich für den Entwurf des Handelnden und die Ungebundenheit des Bewusstseins im Erfahren der sozialen Welt. Er richtet sein Augenmerk auf die Konstitution des subjektiven Sinns und fragt, wie der Akteur selbst Sinn erzeugt und erfährt. Denn dem wissenschaftlichen Beobachter ist der subjektive Sinn einer Handlung, wie ihn der Handelnde selbst erfährt, nicht zugänglich und das eigene Wissen ist nicht identisch mit dem des Akteurs. Dieses Wissen könnte

„[...] nur in einem eigenen Erleben und in einer Serie reflexiver Blickwendungen auf dieses eigene Erleben bestehen. Hierbei müßte der Beobachter die einzelnen Erlebnisse, und zwar die Urimpressionen, die reflexiven Akte, die aktiven Spontaneitäten, die Phantasieerlebnisse usw. in der gleichen Reihenfolge und mit den gleichen Höfen von Protentionen und Retentionen in seinem (des Beobachters) Bewußtsein vorfinden. Mehr noch: der Beobachter müßte dazu fähig sein, auch alle vorvergangenen Erlebnisse des Beobachteten in freier Reproduktion zu durchlaufen, er müßte also dieselben Erlebnisse in ihrer Totalität, und zwar in ihrer gleichen Abfolge erlebt und in gleicher Weise Zuwendungen zu ihnen vollzogen haben, wie der Beobachtete selbst"[105].

Mit dieser Feststellung macht Schütz deutlich, dass die Erfassung fremder Erlebnisse, also die Erlebnisse anderer, nicht selbstverständlich für andere zugänglich zu sein scheint. Damit macht er auf das Problem des Fremdverstehens des Wissenschaftlers aufmerksam. Schütz untersucht detailliert die Bedingungen und Prinzipien, die diese Erzeugung eines intersubjektiven Sinns leiten. Die Sinngebung ist für ihn eine grundlegende menschliche Bewusstseinsleistung, die von eigenen Relevanzsystemen abhängt. Das heißt für den Bewusstseinsstrom des Menschen: Wenn

„[...] ich wohlumschriebene Erlebnisse, also Erfahrungen, über ihre Aktualität hinaus reflexiv erfasse, werden sie erinnerungsfähig, auf ihre Konstitution hin befragbar, sinnvoll"[106]..

Bestimmte Erfahrungen und Erlebnisse hängen vom subjektiven, gesellschaftlich geprägten Relevanzsystem und vom subjektiven Wissensvorrat ab, die der Mensch in seinem Alltag erfährt.

„Der Alltag ist jeder Bereich der Wirklichkeit, in dem uns natürliche und gesellschaftliche Gegebenheiten als die Bedingung unseres Lebens unmittelbar begegnen, als Vorgegebenheiten,

---

104 Schütz 1993: 17.
105 Schütz 1993: 139.
106 Schütz/Luckmann 1984: 13.

mit denen wir fertig zu werden versuchen müssen. Wir müssen in der Lebenswelt des Alltags handeln, wenn wir uns am Leben erhalten wollen."[107]

Der Alltag, der als wesentlicher Bereich menschlicher Praxis gilt, wird in Anlehnung an die Schütz'sche Sozialphänomenologie durch Berger und Luckmann als eine Theorie gesehen, die sich durch das den Menschen vergesellschaftende Alltagswelt- oder Jedermannswissen ergänzt.[108]

„Die gesellschaftliche Konstruktion der Wirklichkeit" von Berger und Luckmann[109] gilt als Bezugsrahmen dessen, was die moderne Wissenssoziologie ausdrückt.

„Jenseits von Ideologie und jenseits von Erkenntniskritik und Methodologie entwerfen die Autoren Wissenssoziologie als eine Theorie, die sich auf die den Menschen vergesellschaftende Alltagswelt richtet."[110]

Aus dieser Perspektive steht die Wirklichkeit eines jeden Individuums im Mittelpunkt der soziologischen Analyse. Die Wissenssoziologie untersucht nicht, wie Luhmann bemängelt, die gesellschaftsstrukturellen Bedingungen der Sinnkonstitution,[111] sondern das, was in einer Gesellschaft als „Wahrheit" definiert wird. Damit bemüht sie sich um die Erschließung der Seinsverbundenheit des Denkens genauso wie um die Beziehung zwischen Bewusstseinsstrukturen und institutionellen Strukturen. Dabei geht es darum, den Weg nachzuzeichnen, wie soziale Wirklichkeiten konstruiert werden, wie Menschen „gesellschaftliche Wirklichkeit" erzeugen und das Wissen internalisieren, institutionalisieren und diesen Konstruktionsprozess durch die Weitergabe an neue Generationen aufrechterhalten. Der Wissensbereich

„[...] wird im Laufe der Sozialisation als objektive Wahrheit gelernt und damit als subjektive Wirklichkeit internalisiert. Umgekehrt hat diese Wirklichkeit die Kraft, das Individuum zu prägen"[112].

Für die Vermittlung von Wissen ist die Sprache das wichtigste Zeichensystem der Gesellschaft. Das System der Sprache birgt unterschiedliche Codierungen und kennzeichnet die jeweilige Sozialgemeinschaft.[113] Bereits bei Schütz wird die Sprache als das wichtigste Reservoir gesellschaftlich verfügbarer Typisierungen und damit als substanzielle Form des Wissensvorrats dargelegt. Das Bewusstsein

---

107 Schütz/Luckmann 1984: 11.
108 Vgl. Maasen 2009: 34.
109 Vgl. Berger/Luckmann 2007.
110 Maasen 2009: 34.
111 Vgl. Luhmann 1980: 12 f.
112 Berger/Luckmann 2007: 71.
113 Vgl. Berger/Luckmann 2007: 24 f.

ist nach Berger und Luckmann die Voraussetzung für das soziale Handeln und für das Wissen bedeutsam. Wissensbereiche, die umfassende Traditionsbestände für Lebensführungsstile darstellen, werden durch gesellschaftliche Wirklichkeit in und durch kommunikatives Handeln gebildet, erhalten und übermittelt.

„Der Vorgang der Kommunikation ist wesentlich an die Anzeige des Sinnes gebunden, die in der Ausbildung von Zeichen – als typisierten Trägern von Sinn – ihren Ausdruck findet."[114]

Jedes Wissen im individuellen Bewusstsein ist nicht selbst erworben, sondern von anderen vermittelt. Die Wissensvermittlung findet nicht nur durch Sprache statt, sondern auch durch Ausdrucks- und Nachahmungsbewegungen, Begrüßungs-regeln, Ehrerbietungen, Gesten usw. Diese Zeichen bilden die Formen der Wissensvermittlung. Bourdieu beschreibt das erworbene Wissen als das persönliche Merkmal eines Akteurs, das seine Identität ausmacht.[115] Deshalb wird die Sprache der Alltagswelt als ein wesentliches Element zur Vermittlung von Wissen gesehen.

„Vor allem anderen ist die Alltagswelt Leben mit und mittels der Sprache, die ich mit den Mitmenschen gemein habe. Das Verständnis des Phänomens Sprache ist also entscheidend für das Verständnis der Wirklichkeit der Alltagswelt."[116]

Die verbale Kommunikation wird als ein zentraler Prozess der Wissensvermittlung betrachtet, weil sie all jene Wissenselemente enthält, die in der Sprache verfestigt sind.[117] Das verfügbare Wissen der Menschen, so Schütz, sei „sozial abgeleitet".

„In der Sprache der Gesellschaft werden wir groß. Über sie werden uns die normalen Typisierungen vermittelt. Deshalb gehe ich auch ganz selbstverständlich davon aus, daß bis zum Beweis des Gegenteils meine Typisierung der Typisierung entspricht, die die anderen vornehmen."[118]

Aus der dialektischen Interaktion entsteht gesellschaftliche Wirklichkeit, in deren Verlauf es zu einer Institutionalisierung kommt, sobald Habitualisierungen[119] menschlicher Tätigkeiten durch Typen von Handelnden wechselseitig geformt werden.

„Die Wirklichkeit der Alltagswelt verfügt über Typisierungen, mit deren Hilfe ich den Anderen erfassen und behandeln kann."[120]

---

114 Knoblauch 2005: 150.
115 Vgl. Bourdieu 2001: 112 f.
116 Berger/Luckmann 2007: 39.
117 Vgl. Knoblauch 2005: 173.
118 Abels 1998: 76.
119 Vgl. Bourdieu 1997.
120 Berger/Luckmann 2007: 33.

Menschliches Verhalten wird von solchen Typisierungen geleitet, die verhindern können, sich auf das Neue einzulassen und dem anderen gegenüber eine wertfreie Haltung einzunehmen. Die eigene Wahrnehmung und Einstellung wird durch die in der Gegenwart gebildete Typisierung reflektiert. Deshalb müssen Typisierungen immer revidiert und modifiziert werden.

> „Wenn Typisierungen jedoch nicht auf diese oder ähnliche Weise infrage gestellt werden, so halten sie sich bis auf weiteres und bestimmen mein Verhalten in der jeweiligen Situation."[121]

Sol vorgenommene Typisierungen bilden sich zu einer Institution heraus.[122]

> „Institutionen sind nun etwas, das seine eigene Wirklichkeit hat, eine Wirklichkeit, die dem Menschen als äußeres, zwingendes Faktum gegenübersteht."[123]

Wenn ein Bereich menschlicher Aktivität institutionalisiert ist, bedeutet das, dass er unter Kontrolle steht. Institutionen als Kontrollinstanzen konstituieren sich in Kollektiven[124] und bilden sich dort aus, wo verschiedene Akteure einem sich wiederholenden Handlungsproblem begegnen, das sie routinemäßig lösen.[125] Aus der dialektischen Interaktion, die aus Vergegenständlichung, Entäußerung und Verinnerlichung entsteht, wird gesellschaftliche Wirklichkeit hervorgebracht.

> „Als Produkt tätiger Selbstentäußerung stehen sie [Vergegenständlichung, Entäußerung und Verinnerlichung, S. B.-E.] dem Menschen vergegenständlicht gegenüber, werden nicht als hergestellte durchschaut, und üben unmittelbar normativen Zwang aus. Die Sozialisation sorgt für die Verinnerlichung der Normen."[126]

Bei der Wissenssoziologie geht es weniger um die Suche nach den Ursachen und Wirkungen sozialer Wirklichkeiten als darum, wie Menschen Wirklichkeit erzeugen und reproduzieren. Denn dieser Prozess wird als etwas Dynamisches angesehen, das ständig durch das Handeln der Individuen und durch deren darauf bezogene Interpretation und ihr Wissen produziert und reproduziert wird.[127] Es wird gefragt, inwieweit ein bestimmtes Wissen um einen Sachverhalt mit einem anderen Sachverhalt oder eher mit der Bedeutung dieses Sachverhalts für die Menschen, die von ihm wissen, zusammenhängt.

---

121 Berger/Luckmann 2007: 33.
122 Vgl. Berger/Luckmann 2007: 58 f.
123 Berger/Luckmann 2007: 62.
124 Vgl. Berger/Luckmann 2007: 58 f.
125 Vgl. Knoblauch 2005: 159.
126 Maasen 2009: 35.
127 Vgl. Berger/Luckmann 2007: 26.

Das übermittelte Wissen, das durch die Vorfahren als ein Erbe übertragen wird, kann, ohne dass dieses Wissenselement im eigenen Bewusstsein konstruiert wurde, einen Wirklichkeitscharakter für das Bewusstsein haben, an dem Individuen den eigenen Alltag orientieren und einen Sinnzusammenhang herstellen. Die Alltagswelt wird als ein Subuniversum begriffen,

> „[...] das erlebt, erfahren und erlitten wird. Sie ist aber auch eine Wirklichkeit, die im Tun bewältigt wird, und die Wirklichkeit, in welcher – und an welcher – unser Tun scheitert"[128].

Die Wirklichkeit stellt sich der Alltagswelt als absolut dar, da unter den vielen Wirklichkeiten vorrangig die Alltagswelt eine Berechtigung findet, die als die „oberste" Wirklichkeit zu bezeichnen ist. Die Anpassung des Bewusstseins ist in der Alltagswelt am stärksten, das heißt, die Alltagswelt zeigt sich im Bewusstsein in der massivsten, intensivsten und aufdringlichsten Weise.[129] In der menschlichen, vergesellschaftenden Alltagswelt, die in der dialektischen Interaktion durch Entäußerung, Vergegenständlichung und Verinnerlichung hervorgebracht wird, sorgt die Sozialisation für die Verinnerlichung der Normen.[130]

2.3   Sozialisation und individuelle Entwicklung

Ein Thema der Soziologie ist die Vermittlung von Gesellschaft und Individuum, die als „Sozialisation" bezeichnet wird.[131] Der Begriff „Sozialisation" stammt von dem französischen Soziologen Emil Durkheim (1973), der mit diesem Begriff den Einfluss der gesellschaftlichen Bedingungen auf die Entwicklung der heranwachsenden Menschen kennzeichnete.[132] Durkheim beschreibt diesen Prozess als „socialisation methodique", in dem der Mensch nach dem Bild seiner Gesellschaft geformt wird.[133]

> „Der Mensch, den die Erziehung in uns verwirklichen muss, ist nicht der Mensch, den die Natur gemacht hat, sondern der Mensch, wie ihn die Gesellschaft haben will; und sie will ihn so haben, wie ihn ihre innere Ökonomie braucht. Der Beweis liegt in der Art, wie sich unser Begriff des Menschen je nach den Gesellschaften geändert hat [...] Jede ein wenig bedeutende Veränderung

---

128 Schütz/Luckmann 1984: 11.
129 Vgl. Berger/Luckmann 2007: 24.
130 Vgl. Maasen 2009: 35.
131 Vgl. Abels/König 2010: 9.
132 Vgl. Zimmermann 2003: 10.
133 Vgl. Abels/König 2010: 10.

in der Organisation einer Gesellschaft hat als Folge eine gleichwertige Veränderung in der Idee, die sich der Mensch von sich selbst macht [...] Unser pädagogisches Ideal ist, jetzt wie in der Vergangenheit, bis in die Einzelheiten das Werk der Gesellschaft."[134]

Die Sozialisationstheorie beschreibt nach Durkheim die Zurichtung des Individuums für die Gesellschaft. Es scheint nicht selbstverständlich zu sein, dass sich das Individuum von selbst an die Werte und Normen der Gesellschaft anpasst. Umgekehrt zeigt sich hinter dieser Erklärung auch die Skepsis der Gesellschaft, ob sich das Individuum ohne Zurichtung im allgemein akzeptierten Sinne verhalten kann.

„Danach verinnerlichen wir die Werte und Normen einer Gesellschaft so sehr, dass wir sie zum Antrieb des eigenen Denkens und Handelns machen. Was wir über uns selbst denken und wie wir gegenüber den Anderen handeln, bewegt sich gewissermaßen im Rahmen dessen, was die Gesellschaft allen ihren Mitgliedern empfiehlt, abverlangt."[135]

Für die Annäherung an die individuellen Lebensentwürfe der im Rahmen der vorliegenden Untersuchung interviewten Mädchen und jungen Frauen bedarf es der Klärung von Sozialisationsvorgängen. Dies ist nicht nur hinsichtlich der Fragestellung erforderlich, wie das Individuum innerhalb des Familien- und Gesellschaftssystem sozialisiert wird, sondern auch in Bezug auf die Frage, warum Menschen, die nicht unmittelbar zu demselben Gesellschafts- und Kulturkreis angehören, andere Lebensformen internalisieren.

Jeder Mensch wird innerhalb seines Familiensystems, Kulturkreises und der Gesellschaft, der er angehört, sozialisiert, die vielfältige Lebensentwürfe und Lebensorientierung garantieren. In diesem Zusammenhang spielen mehrere Faktoren eine zentrale Rolle, unter anderem die gesellschaftlichen Bedingungen und die soziale Position der Familie. Die Lebensentwürfe, die ein Mensch in der Auseinandersetzung mit seiner individuellen Biografie entwickelt, sind das Resultat seiner lebensgeschichtlich erworbenen familialen und soziostrukturellen persönlichen Ressourcen.[136] Das ist ein wesentlicher Aspekt von Sozialisation. Das Neugeborene, dessen Persönlichkeit sich erst in der sozialen Umwelt entwickelt, muss auf das gesellschaftliche Leben vorbereitet, vergesellschaftet, das heißt sozialisiert werden. Damit wird auf die soziale Bedingtheit der Persönlichkeitsentwicklung[137] hingewiesen, die es zu erörtern gilt.

---

134 Durkheim 1973: 44 f.
135 Abels/König 2010: 10.
136 Vgl. Günther 2009: 123.
137 Vgl. Zimmermann 2003: 13.

Der Sozialisationsbegriff enthält eine Mehrdeutigkeit, die bis heute zu Missverständnissen im sozialisationstheoretischen Diskurs führt.[138] Der Begriff „Sozialisation" ist

> „[...] ein wissenschaftliches Konstrukt, das in beschreibender und analytischer Absicht einen nicht unmittelbar beobachtbaren Ausschnitt der Realität bezeichnet"[139].

Es existiert eine Vielzahl von sozialisationstheoretischen Ansätzen,[140] die sich in ihren wissenschaftlichen Aussagen erheblich voneinander unterscheiden.[141] Eine mögliche Definition von „Sozialisation" geht auf Grundmann zurück, der die interaktions- und gesellschaftszentrierte Sichtweise skizziert. Mit „Sozialisation" werden

> „[...] all jene Prozesse beschrieben, durch die der Einzelne über die Beziehung zu seinen Mitmenschen sowie über das Verständnis seiner selbst relativ dauerhaft Verhaltensweisen erwirbt, die ihn dazu befähigen, am sozialen Leben teilzuhaben und an dessen Entwicklung mitzuwirken [...] Die Bezugnahme von Akteuren vollzieht sich nicht immer in konkreten Sozialbeziehungen, sondern findet auch in formalen Bildungskontexten und in unterschiedlichen Sozialisationsinstanzen statt. Dabei gilt, dass Sozialisation die Existenz zwischenmenschlicher Beziehungen sowie den Willen zu deren Weiterentwicklung stets voraussetzt. Erst dadurch wird der Einzelne zum Handeln befähigt und das gemeinschaftliche Gestalten der sozialen und natürlichen Umwelt ermöglicht".[142]

Diese Definition verweist auf zentrale Sozialisationsinstanzen, wie Familie, Peergroups und Schule, in denen die Persönlichkeits- und Kompetenzentwicklung eines Menschen entscheidend beeinflusst wird. Im Mittelpunkt stehen jene Prozesse, durch die der Mensch über die Beziehung zu seiner physischen und sozialen Um- und Mitwelt und über das Verständnis seiner selbst relativ dauerhafte Verhaltensweisen erwirbt, die ihn befähigen, am sozialen Leben teilzuhaben und an dessen Entwicklung mitzuwirken.[143]

Die von anderen konstruierte Welt ist die erste Erfahrung des Menschen mit der Wirklichkeit der anderen. Der Mensch wird nicht als Mitglied der Gesellschaft geboren, er bringt eine Disposition für Gesellschaft mit auf die Welt. Zu einem Gesellschaftsmitglied muss er sich erst entwickeln.[144] Sozialisation wird in drei Phasen aufgeteilt: primäre, sekundäre und tertiäre Sozialisation.

---

138 Vgl. Geulen 2005: 107.
139 Hurrelmann 2002: 19.
140 Vgl. dazu Hurrelmann/Grundmann/Walper 2008.
141 Vgl. Zimmermann 2006: 10.
142 Grundmann 2006: 38 f.
143 Vgl. Grundmann 2006: 38 f.
144 Vgl. Berger/Luckmann 2007: 139.

In der frühkindlichen Phase, der „primären Sozialisation", ist die den Menschen umgebende Welt ausnahmslos seine Wirklichkeit, in deren zeitlichen Verlauf er in seine Teilhaberschaft an der gesellschaftlichen Dialektik eingeführt wird. In dieser Phase erlernt das Kind die Fähigkeit des bewussten Erfassens seiner Umwelt, die Fähigkeit des planvollen Handelns und seine Sprachfähigkeit. Die Teilhaberschaft an der gesellschaftlichen Dialektik erwirbt das Kind durch soziale Kontakte. Es erlebt sich als mitwirkendes Mitglied seiner Familie und unmittelbaren Gesellschaft, es erkennt sich selbst als aktives Gruppenmitglied.

In der Phase der „sekundären Sozialisation" wird das Kind bis zur Jugend- und frühen Erwachsenenzeit in außerfamiliaren Organisationen wie Kindergarten, Schule, Berufsausbildung sozialisiert. Es erfährt in der Zeit der Pubertät von den biologischen und psychosozialen Entwicklungsprozessen der geschlechtsspezifischen Identität. Der junge Mensch entfaltet in den sozialen Systemen seine menschlichen Fähigkeiten, sodass er in der Gesellschaft als selbstständiges Mitglied gleichberechtigt anerkannt wird. Mit dieser Entwicklung findet die schrittweise Loslösung von der Herkunftsfamilie statt.

Die Phase der „tertiären Sozialisation" ist dadurch gekennzeichnet, dass der Mensch im Erwachsenenalter eher individuelle Veränderungen in seiner sozialen Erlebens-, Denk- und Handlungsorientierung in Zusammenhang mit erlebten Veränderungen in der sozialen Umwelt vollzieht, zum Beispiel durch die familiäre Situation, Änderungen in der gesamtgesellschaftlichen Situation und eigene körperliche Veränderungen im Alterungsprozess.

In der Sozialisationsbiografie des Individuums findet ständig eine Auseinandersetzung zwischen aktuellen Einflüssen und bereits internalisierten Sozialisationsinhalten statt, die zur Ausführung, Abwehr oder Modifikation von Rollenerwartungen führen kann. Die verinnerlichten Normen werden noch einmal veräußerlicht. Die Normen, die die Kindheit bestimmen, werden später in der sozialen Beziehung nicht länger bestätigt und nicht mehr von der Autorität der alten Primärgruppen gestützt.[145]

Das Jugendalter ist eine Lebensphase, in der massive körperliche, geistige, emotionale und soziale Veränderungen zu erwarten sind und Jugendliche sich vermehrt nach außen und zu Gleichaltrigen hin orientieren. Bis dahin für gültig gehaltene Regeln werden vom Jugendlichen mehr und mehr angezweifelt und müssen im Zuge täglicher Verhandlungen und Anpassungsmanöver neu festgesetzt werden.[146]

Aus sozialisationstheoretischer Perspektive wird den sozialen Gruppen, beispielsweise den Peergroups, Freunden, Schulklassen, Cliquen, Interessengemein-

---

145 Vgl. Ehrhardt 1976: 11.
146 Vgl. Kreppner 1991: 326.

schaften, eine bedeutende Sozialisationsfunktion zugeschrieben. Am Beispiel der Peergroup und der Freunde wird deutlich, wie die Interessen der Einzelnen in Abhängigkeit vom individuellen Entwicklungsstand und ihrer Lebensrealität die Wahrnehmung und Gestaltung von sozialen Beziehungen beeinflussen. Peerbeziehungen werden freiwillig eingegangen und entstehen auf der Basis ähnlich gelagerter entwicklungsbiografischer, sachlicher oder sozialer Interessen. Die Weltwahrnehmung und das gemeinsame Erleben in der Peergroup unterscheiden sich bei Kindern und Jugendlichen erheblich von den Beziehungen zu Erwachsenen. [147] Daraus ergibt sich eine zunehmende Abhängigkeit von jenen, mit denen man seine gegenwärtige soziale Situation teilt.

> „Das Kind übernimmt die Rollen und Einstellungen der signifikanten Anderen, das heißt: es internalisiert sie und macht sie sich zu Eigen. Durch die Identifikation mit signifikanten Anderen wird es fähig, sich als sich selbst und mit sich selbst zu identifizieren, seine eigene subjektive kohärente und plausible Identität zu gewinnen."[148]

Dabei nimmt die Familie im Sozialisationsprozess des Individuums eine herausragende Stellung ein, weil sie einerseits die personale Identität des Menschen konstituiert und andererseits kollektive und soziale Identitäten begründet. [149] Sie fungiert als Vermittler und Erschließer der äußeren Realität und prägt in der Regel früh und entscheidend die Persönlichkeit des Kindes. [150] Die Identität ist ein Phänomen, durch die eine Dialektik von Individuum und Gesellschaft entsteht.

> „Von Identität kann gesprochen werden, wenn ein Mensch über verschiedene Entwicklungs- und Lebensphasen hinweg eine Kontinuität des Selbsterlebens auf der Grundlage des positiv gefärbten Selbstbildes wahrt. Das Erleben des Sich-gleich-Seins bezieht sich auf die verschiedenen Stadien der eigenen Lebensgeschichte, es zieht sich durch den gesamten Lebenslauf […] Die Identität (oft auch als Ich-Identität bezeichnet) ist Dreh- und Angelpunkt einer gesunden Persönlichkeitsentwicklung."[151]

Die Theorie zur Identität ist für Berger und Luckmann in eine allgemeinere Interpretation der Wirklichkeit eingebettet.

> „Jeder Mensch wird in eine objektive Gesellschaftsstruktur hineingeboren, innerhalb derer er auf jene ‚signifikanten Anderen' trifft, denen seine Sozialisation anvertraut ist."[152]

---

147 Vgl. Veith 2008: 52.
148 Berger/Luckmann 2007: 142.
149 Vgl. Zimmermann 2006: 84.
150 Vgl. Hurrelmann 2002: 30.
151 Hurrelmann 2002: 39.
152 Berger/Luckmann 2007: 141.

Das Kind internalisiert die ihm gegebene Welt, übernimmt ihre Sicht der Dinge und wird Teil der Gesellschaft. Nach der primären Sozialisation, durch die der Mensch in seiner Kindheit zum Mitglied der Gesellschaft wird, ist die sekundäre Sozialisation jeder spätere Vorgang, der eine bereits sozialisierte Person in neue Abschnitte der objektiven Welt der Gesellschaft einweist.[153] Die Identität vereinigt in sich internalisierten Rollen und generellen Erwartungen.

> „Während das Individuum offensichtlich an einem Gefüge von Rollen teilnimmt, besitzt es die Fähigkeit, sein Engagement für andere Schemata in der Schwebe zu halten; es erhält so eine oder mehrere ruhende Rollen aufrecht, die bei anderen Gelegenheiten ausgeübt werden."[154]

Die Identitätsstruktur ist eine allen gemeinsame Reaktion, da man Mitglied einer Gemeinschaft sein muss, um eine Identität entwickeln zu können.[155] Das Bewusstsein für den generalisierten anderen markiert eine entscheidende Phase der Sozialisation. Die Gesellschaft wird mit ihrer etablierten objektiven Wirklichkeit internalisiert und zugleich wird die eigene kohärente und dauerhafte Identität subjektiv etabliert.[156] Die Identität drückt die allgemeinen Verhaltensmuster einer gesellschaftlichen Gruppe aus, ebenso wie sie die Struktur der Identität jedes anderen Gesellschaftsmitglieds dieser Gruppe ausdrückt.[157]
Identitätsbildungsprozesse sind an ein Kollektiv und an eine Kultur gebunden.[158]

> „Darum ist, was an Welt in der primären Sozialisation internalisiert wird, so viel fester im Bewusstsein verschanzt als Welten, die auf dem Wege sekundärer Sozialisation internalisiert werden."[159]

Das Wissen, das in der primären Sozialisation internalisiert wird, erhält seinen Wirklichkeitscharakter automatisch; dieser muss aber in der Sekundärsozialisation durch besondere pädagogische Maßnahmen (Kindertagesstätte, Schule, Berufsbildung und Hochschule) bekräftigt werden.[160] Diese Instanzen übernehmen bedeutende Aufgaben der Integration von Jugendlichen in die gesellschaftlichen Strukturen. Ebenso sind sie für junge Menschen soziale Bezugssysteme, mit denen sie sich subjektiv auseinandersetzen und auf diese Weise ihre individuelle Persönlichkeit aufbauen.[161]

---

153 Vgl. Berger/Luckmann 2007: 141.
154 Goffman 1973: 101.
155 Vgl. Baumgart 2008: 133.
156 Vgl. Berger/Luckmann 2007: 144.
157 Vgl. Baumgart 2008: 134.
158 Vgl. Schmidt/Kimminich 2003: 10.
159 Berger/Luckmann 2007: 144.
160 Vgl. Berger/Luckmann 2007: 153.
161 Vgl. Hurrelmann 2007: 93.

Bei der Erklärung der Identitätstheorie stützen sich Berger und Luckmann auf George Herbert Meads[162] Identitätstheorie. Die Analyse bewussten menschlichen Handelns führt für Mead zur Ausbildung von Identitäten. Er geht von der Annahme aus, dass Identität nur innerhalb des gesellschaftlichen Interaktionsprozesses entstehen kann.[163]

2.4   Der symbolische Interaktionismus nach George Herbert Mead

Die Identität im Sinne von Selbstsein und Selbstempfinden (‚Self') entsteht als ein Produkt des ‚I' (psychische Komponente) und ‚Me' (soziale Komponente). Erst aus dem Zusammenspiel dieser drei Komponenten sind nach Meads Theorie Persönlichkeitsentwicklung und Handeln von Individuen möglich und erklärbar. Der Mensch wird als ein Wesen mit reflexivem Bewusstsein von sich selbst verstanden, der ein individuelles und zugleich soziales (vergesellschaftetes) Subjekt darstellt.

„Die Identität, die als ‚Ich' auftritt, ist das Erinnerungsbild einer Identität, die auf sich selbst bezogen handelte, und es ist die gleiche Identität, die der Identität der anderen gegenüber handelt. Dagegen besteht der Stoff, aus dem das ‚Mich' gebildet wird, an das sich das ‚Ich' wendet und das es beobachtet, aus den Erfahrungen, die durch diese Handlungen des ‚Ich' herbeigeführt werden."[164]

Durch die Interaktionsprozesse versucht Mead, die Bedeutung der Symbole im Handlungsprozess des Menschen zu konkretisieren.

„Persönlichkeit und soziales Handeln sind durch Symbole geprägt, die im Prozeß der Sozialisation erworben werden und im Prozeß der Interaktion von den Handelnden wechselseitig bestätigt oder verändert werden."[165]

In der „Interaktion" wird der Bedeutungsgehalt für den Einzelnen konstituiert. Interaktion wird als der wechselseitige Einfluss von Individuen untereinander auf ihre Handlungen während ihrer unmittelbaren physischen Anwesenheit definiert.[166]

---

162 George Herbert Mead betrachtet den Menschen zunächst als ein biologisches Geschöpf, das auf seine Umwelt reagiert. Deshalb legt Mead viel Wert auf die Beobachtung des Verhaltens. Er hält die geistigen Aktivitäten des Menschen als Erklärung für Verhalten für wichtig. „Mead erklärt die tätige Auseinandersetzung des Menschen mit seiner Welt mit einer spezifischen menschlichen Fähigkeit, die er Geist nennt. Sie besteht darin, signifikante Symbole zu schaffen und zu verwenden. Diese Fähigkeit, die das Verhalten steuert, ist in sozialen Prozessen entstanden und wird in sozialen Prozessen immer wieder bestätigt" (Abels 1998: 13).
163 Vgl. Mead 1934.
164 Mead 1980: 242.
165 Abels 1998: 16.
166 Vgl. Goffman 1973: 18.

Die Sprache bekommt einen hohen Stellenwert sowohl als Medium der Vermittlung im Alltag als auch hinsichtlich ihrer sedimentierten kulturellen Tradition im Sozialisationsprozess.[167] Die menschliche Sprache ist Träger des intersubjektiv geteilten Wissens und versorgt die Menschen mit den Erklärungen und Situationen, die den Beteiligten auch als gemeinsame Sprache bewusst sind. Die Sprache ist das Symbolsystem par excellence, sie ist der Speicher der kollektiven Erfahrungen einer Gesellschaft.[168]

> „Die Sprache symbolisiert nicht einfach Situationen oder Objekte, die schon vorher gegeben sind; sie macht die Existenz oder das Auftreten dieser Situation oder Objekte erst möglich, da sie Teil jenes Mechanismus ist, durch den diese Situationen oder Objekte geschaffen werden."[169]

Der Mensch geht in der Kommunikation von der im Alltag bestätigten Annahme aus, dass die sprachlichen Äußerungen eine vom anderen intendierte und vom Individuum selbst verstehbare, also gemeinsame Bedeutung haben. Im Interaktionshandeln hegen Menschen bestimmte Erwartungen an das Verhalten der anderen, die

> „[...] ja auch ihre Sichtweise und Erwartungen uns gegenüber antizipieren, so wie wir umgekehrt davon ausgehen, dass die anderen unsere Sicht und unsere Erwartungen an sie antizipieren. In diesem Sinne kann man sagen, dass wir die anderen verinnerlicht haben"[170].

Der Mensch kann sich seine signifikanten anderen (Eltern, Familie, Lehrer usw.) nicht aussuchen. Seine Identifikation mit ihnen erfolgt automatisch und ist unvermeidlich.[171]

> „Es [das Kind, S. B.-E.] internalisiert die Welt seiner signifikanten Anderen nicht als eine unter vielen möglichen Welten, sondern als die Welt schlechthin, die einzige vorhandene und faßbare."[172]

Mead formuliert diese Erkenntnis als „die Position des anderen einnehmen" und nennt sie „der verallgemeinerte Andere".[173] Auf diese Weise wird das soziale Handeln als ein symbolisch vermittelter Interaktionsprozess verstanden, der sich durch und über die wechselseitige Interpretation von Rollen- und Verhaltens

---

167 Vgl. Geulen 1989: 59 ff.
168 Vgl. Abels/König 2010: 77.
169 Mead 1934: 117.
170 Geulen 2005: 52.
171 Vgl. Berger/Luckmann 2007: 145.
172 Berger/Luckmann 2007: 145.
173 Preglau 2007: 53 f.

erwartungen des Interaktionspartners vollzieht. Für Mead liegt soziales Verhalten dann vor, wenn ein Individuum durch sein Handeln als Auslösereiz für die Reaktion eines anderen Individuums dient.

„Die wechselseitige Anpassung dieser Individuen impliziert, daß ihr Verhalten beim jeweils anderen angemessene und ebenso nützliche wie abschätzbare Reaktionen hervorruft [...] Je perfekter sich ein soziales Lebewesen an das Verhalten eines anderen anpaßt, desto leichter wird es in der Lage sein, sein Handeln durch die ersten Anzeichen einer Handlung des anderen festzulegen."[174]

Handlungen, die in bestimmten Situationen wiederholt werden, werden als solche wiedererkannt und in ähnlichen Situationen erneut erwartet.

„Wenn es ein kollektives Wissen über ‚reziproke Verhaltenstypisierungen' gibt, können wir von Rollen sprechen."[175]

Als Träger einer Rolle hat der Einzelne einen Anteil an einer gesellschaftlichen Welt, die subjektiv dadurch für ihn wirklich wird, dass er seine Rollen internalisiert.[176] Damit ist nicht gemeint, dass Sozialisation als Erwerb sozialer Rollen festgesetzten Mustern unterliegt, sondern individuelle Handlungsmöglichkeiten zugelassen werden.

„In der Konzeption des Symbolischen Interaktionismus wird deutlich, wie Sozialisation im Wechselspiel von Vergesellschaftung und Individuation begriffen werden kann."[177]

Dabei geht es um das Verhalten, das einer Person zugeschrieben werden kann und das auch von ihr erwartet wird.

Innerhalb des menschlichen Handelns, durch das sich die Identität eines Menschen ausbildet, geht neben Mead auch Goffman davon aus, dass Identität nur innerhalb des gesellschaftlichen Interaktionsprozesses entstehen kann und deshalb an die Übermittlung und Interpretation von Sprache, Symbolen und Gesten gebunden ist. Goffman erweitert diesen Ansatz und beschreibt die Identität als einen Entwurf, der dramaturgisch aufrechterhalten werden muss, weil sie ständig der Gefahr ausgesetzt ist, von anderen infrage gestellt, entlarvt oder zerstört zu werden.[178]

---

174 Mead 1980: 210.
175 Abels 1998: 102.
176 Vgl. Abels 1998: 102.
177 Zimmermann 2006: 55.
178 Vgl. Goffman 1973.

2.5 Identität und Dialektik des Rollenhandelns

Goffman unterscheidet personale und soziale Identität, um die Identität eines Individuums zu beschreiben. „Personale Identität" entsteht nach Goffman aufgrund biografischer Erfahrungen des Menschen sowie in Gruppenkontexten, Strukturen und Erwartungszusammenhängen, die er als „soziale Identität" bezeichnet. Über die Fähigkeit, eine Balance zwischen personaler und sozialer Identität zu finden, entsteht „Ich-Identität".[179] Diesbezüglich stellt sich die Frage, welche Fähigkeit ein Mensch besitzen muss, um diese Balance herzustellen zu können.

Goffman geht von der Tatsache aus, dass sich der Mensch nicht vollständig mit der Rolle identifiziert, die er gerade spielt. Das Individuum lehnt nicht grundsätzlich die in der Situation erforderlichen Verhaltensweisen ab,

> „[...] sondern nur die mögliche Annahme, daß er ganz in der Rolle aufginge und daß seine Identität die Rolle sei"[180].

Goffman nennt diese Zweifel „Rollendistanz". Techniken solcher Rollendistanz können sein:

> „[...] geringstmögliche Involvierung in die Situation, wohldosierte Abweichungen von den Normen, Persiflage des korrekten Rollenverhaltens, Gebrauch bestimmter Gesten, Späße und Faxen und anderes mehr."[181]

In der „Rollendistanz" kommt zum Ausdruck, dass das Individuum noch andere Rollen ausfüllt. Zur Veranschaulichung wählt Goffman die Perspektive des Theaters. Für ihn ist die soziale Welt eine komplizierte Bühne mit Publikum, Darstellern und Außenseitern. Es geht um eine Selbstdarstellung im Alltag, mit der sich der Einzelne vor anderen Menschen möglichst vorteilhaft zu präsentieren versucht.

> „Wenn der Einzelne eine Rolle spielt, fordert er damit seine Zuschauer auf, den Eindruck, den er bei ihnen hervorruft, ernst zu nehmen. Sie sind aufgerufen zu glauben, die Gestalt, die sie sehen, besitze wirklich die Eigenschaften, die sie zu besitzen scheint, die Handlungen, die sie vollführt, hätten wirklich die implizit geforderten Konsequenzen, und es verhalte sich überhaupt alles so, wie es scheint. Dem entspricht die allgemein verbreitete Meinung, daß der Einzelne seine Rolle für die anderen spiele und seine Vorstellung nur für sie inszeniere."[182]

---

179 Vgl. Zimmermann 2006: 54.
180 Geulen 1977: 123.
181 Geulen 1977: 123.
182 Goffman 1973: 19.

Goffman geht es um den Nachweis, dass die Selbstdarstellung des Einzelnen nach vorgegebenen Regeln und unter vorgegebenen Kontrollen ein erforderliches Element des menschlichen Lebens ist.[183]

> „Er ist neugierig auf das, was sich hinter der Maske tut und was vor und nach der Aufführung passiert. Insofern lässt sich Goffmans Theorie sowohl als Identitäts- wie auch als Interaktionstheorie lesen. Implizit ist sie aber auch eine Theorie der Sozialisation, wenn man bedenkt, dass wir uns in jeder face-to-face-Situation wechselseitig der Normalität der sozialen Erwartungen an Einstellungen, Präsentation und soziales Verhalten vergewissern. Indem wir im Spiel bleiben, werden wir sozialisiert in den üblichen Mustern dieser Gesellschaft; indem wir das Spiel bewusst oder unbewusst nach neuen Mustern zu gestalten suchen, sozialisieren wir uns und die anderen zu einer neuen Ordnung sozialer Interaktion und zu neuen Formen der Identität."[184]

Innerhalb dieser Rollen verfügen die Darsteller über Ausdrucksrepertoires (Bühnenbild), die eine „persönliche Fassade" schaffen. Unter „persönlicher Fassade" versteht Goffman jenes Verhalten, das einer Person typisch zugeschrieben werden kann, das aber auch bewusst oder unbewusst innerhalb bestimmter Situationen zum Ausdruck kommt. Zur persönlichen Fassade gehören Kleidung, Alter, ethnische Herkunft, Rangmerkmale, physische Erscheinung, Haltung, Sprechweise, Gesichtsausdruck, Gestik und Geschlecht.

Innerhalb dieser persönlichen Fassade trennt Goffman die „Erscheinung" und das „Verhalten" entsprechend der Wirkung der durch sie übermittelten Information. Mit dem Begriff „Erscheinung" werden die Teile der persönlichen Fassade gedeutet, die über den sozialen Status des Darstellers informieren. Zugleich wird durch sie unterrichtet, ob er in einer formellen gesellschaftlichen Rolle agiert. Insofern lassen sich dem Begriff „Verhalten" Teile der persönlichen Fassade zuordnen, die dazu dienen, jenem die Rollen anzuzeigen, die der Darsteller in der Interaktion mit anderen zu spielen beabsichtigt.[185]

Häufig wird von der Gesellschaft eine sich gegenseitig bestätigende Übereinstimmung zwischen Erscheinung und Verhalten erwartet.

> „Wir erwarten, daß sich der unterschiedliche Sozialstatus der Partner einer Interaktion auf irgendeine Weise durch entsprechende Unterschiede ausdrückt, die auf die erwarteten Interaktionsrollen hinweisen."[186]

Außer der erwarteten Übereinstimmung zwischen Erscheinung und Verhalten wird auch eine gewisse Kohärenz zwischen Erscheinung, Verhalten und Bühnenbild

---

183 Vgl. Goffman 1973: 7.
184 Abels/König 2010: 131.
185 Vgl. Goffman 1973: 25.
186 Goffman 1973: 25.

erwartet. Das Bühnenbild ist der soziale Raum oder die Umgebung, in der das Individuum handelt.

In diesem Ablauf der Rollen- und Perspektivenübernahme wird deutlich, wie Menschen soziale Interaktionserfahrungen rekonstruieren und wie sie sich am Verhalten und den Erwartungen anderer Menschen orientieren.[187]

> „Die Bedeutung sozialer Rollen für die Entwicklung von Handlungskompetenzen ergibt sich somit aus ihrer Orientierungsfunktion für die kognitive Strukturierung lebensweltlicher Objekte und Erfahrungen. So helfen die in sozialen Rollen manifestierten Handlungsweisen dem Individuum, fehlende Wissensbestände zu überbrücken. Gleichzeitig entwickelt es Handlungsstrategien, die es ihm ermöglichen, die Perspektive des anderen anzuerkennen und dennoch seine eigenen Ziele zu verfolgen."[188]

Solche Kohärenz bildet den Idealtypus und regt dazu an, dass das Augenmerk und das Interesse auf die Ausnahme davon gerichtet sind.[189]

> „Die Ich-Identität, die wir beim Handeln in einer bestimmten Rolle realisieren, beruht auf weiteren Rollen, beruht also insofern positiv auf der Sozialisiertheit des Menschen. Ferner ist zu sehen, daß diese Theorie den von Mead gewonnenen Aspekt der über andere vermittelten Reflexivität mit den von Durkheim und Simmel gefundenen strukturellen Bedingungen verbindet. Meads Theorie erklärt, wie das Individuum überhaupt eine Identität aus Rollen erwirbt. Die strukturelle Differenzierung ist daneben eine zweite notwendige Voraussetzung insofern, als erst sie die Pluralität der Rollen und damit die Situation schafft, daß in einer Interaktion Ich-Identität im Sinne eines Zusammenhanges zwischen verschiedenen Rollen realisiert wird."[190]

Der Begriff „soziale Rolle" ist für Heinrich Popitz ein analytisches Mittel zur Erfassung sozialer Handlungszusammenhänge und zugleich ein Konstruktionsmittel zur abstrahierenden Darstellung sozialer Strukturen. Die „soziale Rolle" ist besonders geeignet, Phänomene zu kennzeichnen, und gleichzeitig eine distanzierende Betrachtungsweise zu lehren, das Unweite der sozialen Alltagserfahrung zu verfremden, das Selbstverständliche gesellschaftlicher Zusammenhänge nicht selbstverständlich und merkwürdig zu machen. Für Popitz sind Sachverhalte, auf die der Rollenbegriff abzielt, in wenigen Sätzen darstellbar. Es sei daher nicht einsehbar, warum diesbezüglich besondere Schwierigkeiten bestehen sollten.

> „In einer bestimmten Kultur benehmen sich alle Familienväter ähnlich; das wird auch von ihnen erwartet, ja teilweise gefordert. Weitere solcher Ähnlichkeiten finden wir bei allen heiratsfähigen Töchtern, allen Schamanen, allen Vereinsfunktionären. Die Rolle des Vaters ist irgendwie bezogen und abgestimmt auf andere Rollen, z. B. der Mütter und Kinder (Rollenstrukturen). Aber

---

187 Vgl. Grundmann 1999: 25.
188 Grundmann 1999: 25.
189 Vgl. Goffman 1973: 25.
190 Geulen 1977: 125.

> auch die besonders eingespielte Rollenstruktur des häuslichen Kreises verhindert nicht immer, daß die verschiedenen Bezüge der Vaterrolle, Vater-Mutter, Vater-Kind [...] miteinander in Konflikt geraten, daß er hüben und drüben gebraucht wird – und zwar gleichzeitig."[191]

Schwer ist es, mit den Anforderungen unterschiedlicher sozialer Gruppen zurecht-zukommen, den Rollen-Mengen oder Rollen-Summen, die die Gesellschaft jedem Menschen auflädt. Die Last des Interrollenkonflikts könnte der einzelne Mensch kaum tragen, wenn nicht ein über die sozialen Gruppen hinausgreifender struktu-reller Zusammenhang für einige Verträglichkeit sorgen und ein System der Rollen-zuordnung ihn sukzessive auf die Übernahme einer Rolle vorbereiten bzw. daran hindern oder doch hemmen würde, Rollen zu kombinieren, die in dieser Kultur nicht harmonieren. Der Prozess der Sozialisation sorgt innerhalb der sozialen Struktur dafür, dass er selbst willens und fähig wird, sich in seine jeweilige Rolle zu fügen.[192] Diese sozialen Strukturen geben bestimmte institutionalisierte Struk-turen vor, in denen sich die individuelle Entwicklung des Einzelnen vollzieht.[193]

Die vorgegebenen Strukturen sind nach Pierre Bourdieu nicht angeboren, sondern gesellschaftlich vorherbestimmt. Aus dieser Perspektive ist der Mensch kein freies und selbstständig handelndes Wesen, sondern maßgeblich gesell-schaftlich geprägt. Bourdieu beschäftigt sich mit den sozialen Strukturen der Ge-sellschaft und macht auf Unterscheidungsmerkmale der kulturellen Kompetenz, die er als „kulturelle Güter" bezeichnet, eines Individuums innerhalb seiner Ent-wicklung aufmerksam.

2.6   Pierre Bourdieus ungleichheitstheoretische Perspektive

Bourdieu beschreibt in seinem Habituskonzept soziale Ungleichheit anhand von klassenspezifischen Kulturformen. Mit dem Begriff Habitus beschreibt er ein Ver-mittlungsglied zwischen der Position und Stellung eines Individuums im sozialen Raum und seinen spezifischen Praktiken, Vorlieben, Geschmäckern usw. Gemeint ist eine Grundhaltung im Sinne einer

> „Disposition gegenüber der Welt, die zu systematischen Stellungnahmen führt"[194].

---

191 Popitz 2006: 119.
192 Vgl. Popitz 2006: 121.
193 Vgl. Grundmann 1990: 1.
194 Vgl. Bourdieu 1992: 31.

2.6.1   Das Habituskonzept

Soziale Ungleichheit hat ihren Ursprung in der Verfügbarkeit von Kapitalformen. Die Zusammensetzung der Kapitalstruktur kann kulturell bestimmt und durch Bildung erworben worden sein, aber auch auf Einkommen und Besitz beruhen. Bourdieu verweist dabei auf die Erkenntnisse zur sozialen Ordnung, die unter Rückgriff auf „verinnerlichte Normen" (Durkheim) oder „Kräfteverhältnisse" (Marx) über das Problem der Handlungskoordination bestimmt. Er geht davon aus, dass klassische Modelle sozialer Ordnung bereits auf der elementarsten Ebene vorhanden sind:

> „Es genügt, die klassischen Theorien über die Grundlagen der Macht, nämlich die von Marx, Durkheim und Weber, miteinander zu vergleichen, um zu erkennen, dass die Bedingungen, welche die Konstituierung einer jeden von ihnen ermöglichen, die Möglichkeit der Objektkonstruktion ausschließen, welche die anderen vornehmen."[195]

Die Perspektive Bourdieus bezieht sich auf die objektiv gegebenen sozialen Ungleichheitsstrukturen in der Gesellschaft und die subjektiven Wahrnehmungs-, Denk- und Handlungsweisen der Individuen. Es geht um die Rekonstruktion sozialer Benachteiligung (Familie, Gesellschaft, Bildungsstand, ökonomische Bedingungen) und die Entschlüsselung der daraus entstehenden handlungstheoretischen Ungleichheitsstrukturen.

Im Habituskonzept führt Bourdieu die Produktion und die Reproduktion des kulturellen Kapitals ein, um die Internalisierung seiner Inhalte und dessen Funktion der Unterscheidung und der sozialen Schließung soziokultureller Milieus zu verdeutlichen.[196] Der Kern seiner Erkenntnistheorie liegt im Begriff „Unterschied", den er als Machtbeziehung zwischen Identität und Differenz problematisiert. Er weist auf die miteinander verbundenen sozial-individuellen Identitäten und Differenzen hin, die nicht aus einem als a priori gesetzten Kollektiv entstehen, sondern von den Konstruktionsprozessen der sozialen Akteure abhängen, in denen sie als praktische Unterschiede erst produziert werden.[197]

Bourdieu analysiert die französische Gesellschaft in seiner Studie „Die feinen Unterschiede" (1997) anhand empirischer Daten mit der Fragestellung, wie das Leben des Individuums von seiner Klassenzugehörigkeit bestimmt wird. Dabei geht es ihm nicht darum, unterschiedliche Formen der Lebensführung mit der Zugehörigkeit zu dieser oder jener gesellschaftlichen Klasse zu verknüpfen, sondern darum, die entstandenen Klassen infrage zu stellen.

---

195 Bourdieu/Passeron 1973: 12.
196 Vgl. Maasen 2009: 48.
197 Vgl. Papilloud 2003: 15.

Klassen sind nach Bourdieu nicht von vornherein vorhanden, sondern müssen erst „erkannt" bzw. „erdacht" werden. Die sich in dieser Form konstruierenden Klassen versteht er als „sozialen Raum", in dem spezifische Dispositionen des Denkens und Handelns wirken.

Bourdieu macht den Besitz von Kapital, einschließlich der symbolischen Arten von Kapital, zu einem zentralen Kriterium der Klassenbildung. Er ist der Überzeugung, dass ökonomisches Kapital ein wichtiges Merkmal zur Bestimmung einer Klassenzugehörigkeit bildet. Die Verfügbarkeit über die Produktionsmittel ist nicht das alleinige Unterscheidungskriterium für die Klassenzugehörigkeit, deren Grenzen durch feine, auf den ersten Blick nicht sichtbare Unterschiede festgelegt sind. Klassen als real existierende soziale Gruppierungen sind immer auch definiert durch ihre auf Abgrenzung oder Annäherung gerichteten Handlungen.[198]

Für Bourdieu gibt es entscheidende Differenzierungskriterien sozialer Ungleichheit, sodass Dinge nicht in Klassen erstarrt sind, sondern die kulturellen Verhaltensweisen, das heißt alles, was das symbolische Kapital der einen oder anderen Klasse ausmacht, sich in unterschiedlicher Weise herausbildet.

Die Grundlage für Differenzierungsräume ist das von Bourdieu entwickelte Modell des sozialen Raums. Anhand der Kriterien Kapitalvolumen, Kapitalstruktur und soziale Laufbahn werden die objektiven, materiellen, kulturellen und laufbahnspezifischen Lebensverhältnisse von Akteuren theoretisch erfasst. Er entwirft die erste Ebene des sozialen Raums, der die objektive, soziale Position abbildet.[199] Für Bourdieu besteht ein Zusammenhang zwischen der Position, die der Einzelne innerhalb eines gesellschaftlichen Raums einnimmt, und seinem Lebensstil. Bourdieu bezeichnet diese Position als „sozialen Raum", der eine Vermittlungsinstanz abbildet, über den die sozialen und gesellschaftlichen Möglichkeiten und Bedeutungen der Akteure erst erfahrbar werden.

Den Umfang an ökonomischem, kulturellem und sozialem Kapital beschreibt Bourdieu als Kapitalvolumen, das er als erste Ebene beschreibt.[200] Die Menge des Kapitalvolumens, über die ein Akteur verfügt, bestimmt seine Position des „oben" und „unten" im sozialen Raum.

Die Zusammensetzung der Kapitalstruktur, die die zweite Ebene beschreibt,

„betrifft das relative Verhältnis der Kapitalarten zueinander, also die Frage, ob überwiegend ökonomisches oder vornehmlich kulturelles Kapital vorhanden ist"[201].

---

198 Vgl. Bourdieu 1997: 31.
199 Vgl. Schwingel 2005: 106.
200 Vgl. Schwingel 2005: 107.
201 Vgl. Schwingel 2005: 107.

Die Kapitalstruktur gibt an, auf welcher Position des Raums ein Individuum einzuordnen ist. Auf der dritten Ebene berücksichtigt Bourdieu mit der sozialen Laufbahn den Sachverhalt,

> „ob eine bestimmte soziale Klasse [...] sich eher in relativem sozialem Aufstieg oder Abstieg befindet oder ob ihre Position während des Untersuchungszeitraumes eher konstant geblieben ist"[202].

Mit dem Modell des sozialen Raums versucht Bourdieu, das Habituskonzept zu veranschaulichen.

Der Raum der sozialen Positionen und Lagen wird dargestellt als Verteilung der als „Kapital" gefassten gesellschaftlichen Machtmittel und der damit verbundenen sozialen Chancen.

> „Das Gesellschaftsbild ist keineswegs statisch [...] Statt wie so häufig in Begriffen von sozialen Klassen zu denken, d. h. von säuberlich geschiedenen, neben- oder übereinander stehenden gesellschaftlichen Gruppen, sollte man eher von einem sozialen Raum ausgehen. Dieser soziale Raum besitzt, wie der geographische, eine Struktur – es gibt so etwas wie eine gesellschaftliche Topologie: Einige Menschen stehen ‚oben', andere ‚unten', noch andere ‚in der Mitte' [...] Mit anderen Worten: Es gibt so etwas wie einen Raum, der sehr starke Zwänge ausübt. Andererseits stehen Menschen, die räumlich nahe beieinander sind, in einem wie es in der Topologie heißt – Nachbarschaftsverhältnis."[203]

Eine weitere Grundannahme von Bourdieu besteht darin, dass soziale Akteure mit systematisch strukturierten Anlagen ausgestattet sind, die für ihre Praxis und ihr Denken über die Praxis konstitutiv sind.[204] Dabei knüpft er an das Konzept des lebensweltlichen Wissens an, das er Habitus nennt.

> „Sie lässt sich als Ebene der Umwandlung der für eine bestimmte soziale Positionierung kennzeichnenden Zwänge wie auch Freiheitsräume in einen sich von anderen unterscheidenden Lebensstil bezeichnen."[205]

Der Habitus besteht wiederum aus einem Set von bewusst und unbewusst angeeigneten Regeln, die Bourdieu „Dispositionen" nennt. Mit dem Begriff „Disposition" beschreibt er die persönlichen Merkmale des Akteurs, die seine Identität kennzeichnen. Sie beziehen sich auf die Seelenzustände, die er auch als „Körperzustände" bezeichnet.[206] Diese wiederum kommen in alltäglichen Handlungen,

---

202 Vgl. Schwingel 2005: 107.
203 Bourdieu 1997: 35 f.
204 Vgl. Schwingel 2009: 61.
205 Geiling 2004: 40 f.
206 Vgl. Bourdieu 1999: 143.

im Alltagswissen, im Lebensstil, in sprachlichen Codes, aber auch in kulturellen Interessen und in der sozialen Stellung zum Ausdruck.

> „Die soziale Stellung eines Akteurs ist folglich zu definieren anhand seiner Stellung innerhalb der einzelnen Felder, das heißt innerhalb der Verteilungsstruktur der in ihnen wirksamen Machtmittel: primär ökonomisches Kapital (in seinen diversen Arten), dann kulturelles und soziales Kapital, schließlich noch symbolisches Kapital als wahrgenommene und als legitim anerkannte Form der drei vorgenannten Kapitalien (gemeinhin als Prestige, Renommee usw. bezeichnet)."[207]

Für die Entstehung des Habitus sind bei Bourdieu die Erziehung bzw. Sozialisation vorrangig bedeutsam. Damit wird die allgemeine Grundhaltung des Einzelnen gegenüber der Welt ausgebildet, die teilweise bewusst erfahren wird und die Klassenzugehörigkeit prägt. Eine sozialstrukturell ungleiche Verteilung von ökonomischen, sozialen und kulturellen Kapitalressourcen führt zu ungleich sozialisierten Habitusformationen.[208]

Es sind einerseits die verinnerlichten Grenzen des Habitus (z. B. Geringschätzung der eigenen kulturellen Fähigkeiten) und andererseits die externen Strukturverhältnisse (z. B. fehlender Zugang zu höherer Bildung, defizitäre Zuschreibungen aufgrund des Sozialstatus), die die Handlungsoptionen der Individuen begrenzen. Die Geringschätzung der eigenen kulturellen Fähigkeiten beschreibt Bourdieu als die unbewussten habituellen Denk-, Wahrnehmungs- und Bewertungsschemata, die sich Kinder und Jugendliche im Sozialisationsprozess aneignen und hauptsächlich aufgrund der Vorbildfunktion der Erwachsenen und Gleichaltrigen nachahmen.

> „Als Produkt der Geschichte produziert der Habitus individuelle und kollektive Praktiken, also Geschichte, nach den von der Geschichte erzeugten Schemata; er gewährleistet die aktive Präsenz früherer Erfahrungen, die sich in jedem Organismus in Gestalt von Wahrnehmungs-, Denk- und Handlungsschemata niederschlagen und die Übereinstimmung und Konstantheit der Praktiken im Zeitverlauf viel sicherer als alle formalen Regeln und expliziten Normen zu gewährleisten suchen."[209]

Das Leben des Einzelnen, das heißt sein Habitus (Essen, Wohnung, Sport, Kunst, aber auch Religion), ist abhängig von der Klassenzugehörigkeit.

> „Wer den Habitus einer Person kennt, der spürt oder weiß intuitiv, welches Verhalten dieser Person verwehrt ist. Mit anderen Worten: Der Habitus ist ein System von Grenzen."[210]

---

207 Bourdieu 1991: 10.
208 Vgl. Bourdieu 1991, 1997
209 Bourdieu 1987: 101.
210 Bourdieu 1997: 33.

Der Habitus entscheidet über die Grenzen der eigenen Fähigkeiten und Sinn-strukturen, die das Individuum selbst nicht überschreiten kann. Daher erscheinen einige Dinge für ihn unmöglich und undenkbar. Nur innerhalb der eigenen Grenzen sind Dinge verständlich und zugänglich.

> „[...] Auftreten und Ausdruck, Geschmack und Geist, eine ganze Lebensart, die einer Klasse wie natürlich zukommen, weil sie ihre Kultur bestimmen. Für die einen ist das Erlernen dieser hohen Kultur eine Eroberung, die teuer bezahlt wird, für die anderen ein Erbe, das gleichzeitig Mühelosigkeit und die Versuchungen der Mühelosigkeit einschließt."[211]

Am deutlichsten zeige sich diese Ungleichheit am Beispiel von Schülern aus der Arbeiterklasse, weil sie in Bezug sowohl auf ihre Mühen bei der Aneignung von Bildung als auch ihre Bildungsbereitschaft zweifach benachteiligt sind.[212]

> „Indem die Schule es unterlässt, durch eine methodische Unterweisung allen das zu vermitteln, was einige ihrem familialen Milieu verdanken, sanktioniert sie die Ungleichheit, die alleine sie verringern könnte. Allein eine Institution, deren spezifische Funktion es ist, im Lernen und Üben der größten Zahl die Einstellungen und Fähigkeiten zu vermitteln, die den Gebildeten ausmachen, könnte (zumindest partiell) die Nachteile derjenigen kompensieren, die in ihrem familialen Milieu keine Anregung zur kulturellen Praxis finden."[213]

2.6.2 Soziale Chancenungleichheit gegenüber Bildung und Kultur

Die wichtigste Kapitalform ist nach Bourdieu das kulturelle Kapital, das nicht wie ökonomisches Kapital in Form von Geld und Eigentum käuflich erworben werden kann, sondern über die Sozialisation in der Familie verinnerlicht wird. Die Aneignung erfolgt über Wissen und über individuelle Umgangsweisen mit Kultur, Lebensstil, Geschmack, Kunstverständnis usw.

Für Bourdieu existiert das kulturelle Kapital als inkorporierte, objektivierte und institutionalisierte Form. Das inkorporierte kulturelle Kapital ist das Resultat verinnerlichter Bildungsprozesse, Fähigkeiten und Fertigkeiten, die im Unterschied zu Geld, Besitz- oder Adelstitel kurzfristig nicht weitergegeben werden können. Inkorporiertes und damit verinnerlichtes Kapital kann nur über die Investition in Erziehung, Bildung und Wissen erfolgen.

Objektiviertes kulturelles Kapital hat die Form von kulturellen Gütern wie Büchern, Gemälden, Instrumenten und Sprachen, die im Wesentlichen nur ange-

---

211 Bourdieu/Passeron 2007: 37.
212 Vgl. Bourdieu/Passeron 2007: 36.
213 Bourdieu 2001: 48.

eignet werden können, wenn man über ökonomisches Kapital (z. B. Geld für den Kauf von Gemälden) und entsprechendes inkorporiertes Kapital verfügt, um dieses Kapital erkennen zu können.

Institutionalisiertes kulturelles Kapital bezeichnet die Zertifikate des Bildungssystems, die eine Kodifizierung und Objektivierung des inkorporierten kulturellen Kapitals darstellen und dem damit eine offizielle Anerkennung verliehen wird.[214]

Neben dem kulturellen und ökonomischen Kapital betrachtet Bourdieu das soziale Kapital als eine weitere eigenständige Ressource. Dabei handelt es sich um die Zugehörigkeit zu einer Gruppe, die sich im Sinne eines gegenseitigen Kennens oder Anerkennens aus einem dauerhaften Netz von mehr oder weniger institutionalisierten Beziehungen zusammensetzt, in die ein Akteur eingebunden ist und auf die er zurückgreifen kann, falls er der Unterstützung durch einzelne Akteure oder die Gruppe bedarf.[215]

Dabei fungiert der Habitus als gesellschaftlicher Orientierungssinn der Individuen,

> „[...] die Unterschiede verkörpern und repräsentieren, welche sie aus ihrem ursprünglichen sozialen Milieu ‚geerbt‘ haben und die sie in Bezugnahme auf und gegenüber anderen Akteuren in Gesten, Worten, Attitüden usw. symbolisieren"[216].

Der Habitus ist demzufolge gesellschaftlich und damit zugleich historisch bedingt. Er ist nicht angeboren, sondern beruht auf individuellen und kollektiven Erfahrungen.

> „Das kulturelle Kapital ist auf vielfältige Weise mit der Person in ihrer biologischen Einzigartigkeit verbunden und wird auf dem Wege der sozialen Vererbung weitergegeben, was freilich immer im Verborgenen geschieht und häufig ganz unsichtbar bleibt. Weil die sozialen Bindungen der Weitergabe und des Erwerbs von kulturellem Kapital viel verborgener sind, als dies beim ökonomischen Kapital der Fall ist, wird es leicht als bloßes symbolisches Kapital aufgefaßt: d. h. seine wahre Natur als Kapital wird verkannt, und es wird stattdessen als legitime Fähigkeit oder Autorität anerkannt, die auf allen Märkten (z. B. dem Heiratsmarkt) zum Tragen kommt, wo das ökonomische Kapital keine volle Anerkennung findet."[217]

Bourdieu verdeutlicht anhand des kulturellen Kapitals, dass das kulturelle Erbe für die Ungleichheit der schulischen Leistungen von Kindern aus verschiedenen sozialen Klassen mitverantwortlich ist.[218] So entscheidet bereits die Ausstattung mit kulturellem Kapital über schulische Leistungen.

---

214 Vgl. Bourdieu 2001: 112 f.
215 Vgl. Schwingel 2009: 92.
216 Papilloud 2003: 29.
217 Bourdieu 1997: 57.
218 Vgl. Bourdieu 1997: 53.

„Je höher die soziale Position einer Klasse, umso höher sind die Chancen ihrer Akteure, sich im Feld des Wissens die Voraussetzungen für eine erfolgreiche Karriere zu schaffen."[219]

Kinder gutsituierter Eltern sind mit mehr kulturellem Kapital ausgestattet als Kinder aus sozial benachteiligten Familien, die nicht über genügend Ressourcen zur systematischen Aneignung verfügen.

„Eine glückliche Synthese unterschiedlicher Kulturen setzt voraus, daß man eine intime Kenntnis der entsprechenden Kulturen erwirbt."[220]

Die wesentlichen Bildungsperspektiven werden von den Eltern gestellt und bilden die Grundlage für eine wichtige Lebensausstattung ihrer Kinder.

„Die Bedeutung des Einflusses der Eltern auf die Bildung ihrer Kinder kann man gar nicht überbewerten. Bildung bietet Lebenschancen. Sie hat immense Folgen für Einkommen, Beruf, Prestige, Karriere, Arbeitsplatzsicherheit, Beschäftigungsbedingungen, Übereinstimmung von Ausbildung und Arbeitsplatz, Vermögen, Rentenhöhe, Partnerwahl, Gesundheit und Lebensdauer. Bildung ist damit eine zentrale Dimension sozialer Stratifikation. Wer über eine höhere Bildung verfügt, ist bei allen genannten Aspekten im Vorteil."[221]

Die soziale Herkunft der Schüler ist von großer Bedeutung, denn der Habitus derjenigen Familien, die materiell und kulturell im sozialen Raum herrschen, entspricht der Kultur des Bildungssystems. Die kulturellen Werte der herrschenden Klasse sind identisch mit denjenigen, die im Bildungssystem mitwirken[222] und dort gelehrt und abgefragt werden. Die Erziehung in der Familie und das Aufwachsen in einem bestimmten Milieu sind entscheidende Kriterien für die Frage, ob dem Individuum das Erlernen und der Zugang zu entsprechenden Wissensbeständen ermöglicht werden oder nicht.

„Der Mechanismus der Überauslese wirkt sich indes stärker aus, je höher man in der Hierarchie der weiterführenden Schulen und der ihrer Zweige steigt. Bei gleichem Erfolg besuchen die Kinder aus den begünstigten Milieus weit häufiger als die andern das Gymnasium, und zwar den klassischen Zweig. Und während die Kinder aus den benachteiligten Klassen zumeist ihren Eintritt in die Sexta mit ihrer Verbannung in die Realschule bezahlen müssen, können die Kinder der wohlhabenden Klassen, denen wegen mangelnden Erfolgs der Zutritt zum Gymnasium verwehrt ist, Unterschlupf in einer Privatschule finden."[223]

---

219 Papilloud 2003: 63.
220 Döbert 1999: 318.
221 Szydlik 2004: 14 f.
222 Vgl. Papilloud 2003: 63.
223 Bourdieu 2001: 36.

Der Einfluss der herkunftsbedingten Voraussetzungen wird im späteren Lebens-verlauf an der gebildeten oder ungebildeten Sprechweise, an der Unsicherheit im geselligen Verkehr,[224] am Lebensstil und am Geschmack erkennbar.

> „Das Schulbildungsniveau der näheren oder ferneren Familienangehörigen oder auch der Wohnort sind Indikatoren, mit denen das kulturelle Niveau einer jeden Familie bestimmt werden kann."[225]

Auch scheint die Erfahrung von Erfolg und Scheitern, Hoffnung oder Hoffnungs-losigkeit die subjektive Erwartungshaltung zu beeinflussen. So ist es wahrschein-lich, dass ein erfolgreicher Mensch seine nächsten Ziele etwas, aber nicht viel höher setzt, als seine Leistung war. Auf diese Weise erhöht er ständig sein An-spruchsniveau. Der erfolglose Mensch hingegen setzt seine Ziele vermutlich sehr niedrig an, vielfach unter seiner Leistung.[226]

> „So trägt alles dazu bei, diejenigen, die, wie man sagt, ‚keine Zukunft haben', zu ‚vernünftigen' oder [...] ‚realistischen' Erwartungen, was sehr oft heißt, zum Verzicht auf das Hoffen, anzuhalten."[227]

Die Ungleichheitsstrukturen sind nach Bourdieu im Bildungssystem am deut-lichsten sichtbar. Sie schaffen infolge der unterschiedlichen Verteilung von Wissen und schulischen Gratifikationen in diesem Feld zwischen den Akteuren eine hie-rarchische Ordnung, die von bestimmten Institutionen, wie dem Bildungssystem, garantiert wird[228] und zur Fortdauer dieser Ungleichheit beiträgt. Die Schul-laufbahn begünstigt die Kinder und Jugendlichen, die mit einem bereits in der Familie erworbenen Kulturkapital in den Wettlauf um Bildungstitel eintreten.[229]

> „Die Kultur und vielleicht noch mehr die schulischen Abschlüsse stellen eine Form von Kapital dar. Sie sind das Ergebnis einer Investition (sowohl im ökonomischen als auch im psychoanaly-tischen Sinne), die sich auszahlen muß. Und diejenigen, die diese Berechtigungsscheine in der Hand halten, verteidigen ihr ‚Kapital' und ihre ‚Profite", indem sie diejenigen Institutionen verteidigen, die ihnen dieses ‚Kapital' garantieren."[230]

Den Zusammenhang zwischen sozialer Ungleichheit und Kultur begründet Bour-dieu damit, dass das kulturelle Kapital zwischen den sozialen Klassen ungleich verteilt ist und dadurch die objektive Ungleichheitsbeziehung mit konstituiert.

---

224   Vgl. Fuchs-Heinritz/König 2005: 163.
225   Bourdieu 2001: 27.
226   Vgl. Bourdieu 2001: 34 f.
227   Bourdieu 2001: 35.
228   Vgl. Papilloud 2003: 63.
229   Vgl. Schwingel 2009: 118.
230   Bourdieu 1997: 23.

Dabei verbindet Bourdieu mit den Kapitalformen (ökonomisches, soziales, kulturelles, symbolisches Kapital) eine spezifisch symbolische Macht, die sich in Lebensstilen manifestiert und zur Anerkennung und Legitimierung der sozialen Klassenverhältnisse beiträgt.

> „Wenn man weiß, daß symbolisches Kapital Kredit ist, und dies im weitesten Sinne des Worts, d. h. eine Art Vorschuß, Diskont, Akkreditiv, allein vom Glauben der Gruppe jenen eingeräumt, die die meisten materiellen und symbolischen Garantien bieten, wird ersichtlich, daß die (ökonomisch stets sehr aufwendige) Zurschaustellung des symbolischen Kapitals einer der Mechanismen ist, die (sicher überall) dafür sorgen, daß Kapital zu Kapital kommt."[231]

Neumann geht auf die Untersuchung von Werner Schiffauer und seinen Kollegen ein, in der die Zusammenhänge zwischen nationalen Politiken und interkultureller Bildung[232] in Deutschland, Frankreich, Großbritannien und den Niederlanden untersucht werden. In dieser Studie wird erforscht, wie in den Schulen dieser Länder eine je nationalspezifisch eingefärbte „Kultur der Zivilgesellschaft" vermittelt wird, bei der normativ das Recht auf kulturelle und ethnische Differenz eingeschlossen ist.[233] Schiffauer[234] kommt mit Blick auf Deutschland zu dem Ergebnis, dass sich die Situation in Deutschland durch ein bemerkenswertes Fehlen jeglicher konstruktiv formulierter Strategien zur Einbindung der Immigranten auszeichnet.[235]

> „Dieser Ansatz lädt nicht zur Teilhabe ein und hebt auch nicht auf eine politisch formulierte Vision staatsbürgerlicher Integration ab. Zwar ist es in dieser begrifflichen Landschaft schon nicht möglich, ‚deutsche Kultur' oder die Zugehörigkeit zum deutschen Volk in positiver Weise zu beschreiben; den anderen und ihren Kulturen wird aber auch keine positive Thematisierung zugestanden. Das Attribut ihrer kulturellen Differenz findet sich durchgängig im Kontext von Defiziten, Diskrepanzen und Problemen. Es sind keinerlei positive Erwartungen daran geknüpft, die Einwanderer könnten mit ihren Kulturen einen gesellschaftlich wertvollen Beitrag leisten. Überdies wird mittels der Gleichung ‚Kultur = Mentalität' eine Nachhaltigkeit der Differenz unterstellt, die sich gegen prozessuale Vorstellungen von Inklusion sperrt. So grenzt der dominante Diskurs die Deutschen von den Ausländern ab und kategorisiert letztere als undifferenziertes Residualkollektiv. Die Einwanderer befinden sich gewissermaßen in einem begrifflichen Vakuum."[236]

---

231 Bourdieu 1987: 218.
232 „Interkulturelle Bildung" befasst sich mit der Frage, unter welchen Bedingungen Schule und andere Institutionen der Bildung und Erziehung mit der sprachlichen, ethnischen, kulturellen und sozialen Heterogenität der Kinder- und Jugendlichen erfolgreich und wirksam umgehen können (vgl. Gogolin 2003).
233 Vgl. Neumann 2009: 262.
234 Vgl. Schiffauer 2002; Schiffauer 1993: 195 f.
235 Vgl. Neumann 2009: 262.
236 Neumann 2009: 262 f.

So trägt das Zugehörigkeitsverständnis dazu bei, dass der Einfluss der natio-ethno-kulturellen Zugehörigkeitsordnung[237] in engem Zusammenhang mit Richtungsentscheidungen, Einstellungen, Verhaltensweisen und anderem gegenüber der Schule steht.

> „Zugehörigkeitserfahrungen sind Phänomene, in denen die Einzelne ihre Position in einem sozialen Zusammenhang und darüber vermittelt sich selbst erfährt."[238]

Das Scheitern an den Lebenszielen oder bloße Teilerfolge beruhen nach Bourdieu vor allem auf der Verinnerlichung des Schicksals, einer sozialen Kategorie anzugehören und objektiv zugewiesen zu werden. Obgleich der Schulerfolg unmittelbar mit dem vom familialen Milieu vererbten sozialen Kapital verknüpft zu sein scheint, werden Richtungsentscheidungen, Einstellungen und Verhaltensweisen durch das gesamte soziale Umfeld noch verstärkt.[239]

> „Man ist, als was man sich beschreibt oder beschrieben wird."[240]

Die zusammenwirkenden Lebensdimensionen, die ungleiche Verteilung individueller und gesellschaftlicher Ressourcen, werden in dieser Untersuchung aus der Perspektive Bourdieus beurteilt. Die daraus resultierende individuelle Positionierung beeinflusst die Denk-, Wahrnehmungs- und Handlungsweisen, die in dieser Arbeit in Bezug auf die interviewten Mädchen und jungen Frauen erkundet werden sollen. In diesem Sinn formiert sich über Zugehörigkeitserfahrungen das Zugehörigkeitsverständnis in der Gesellschaft.[241]

Die beschriebenen theoretischen Erklärungsansätze dienten als Grundlage für die Vorbereitung der empirischen Untersuchung, die Gegenstand des folgenden Kapitels ist.

---

237 Eine natio-ethno-kulturelle Zugehörigkeitsordnung operiert mit Vorstellungen und Regeln, die sich auf Mitgliedschaft, Wirksamkeit und Verbundenheit beziehen und diese Kriterien regulieren. Konzepte, die Mitgliedschaft, Wirksamkeit und Verbundenheit in einem Zugehörigkeitskontext dominant regulieren, haben disziplinierende und subjektivierende Funktionen. Mitgliedschaftskonzepte regeln, wer zugehörig ist und wer nicht (vgl. Mecheril/Hoffarth 2009: 249).
238 Mecheril/Hoffarth 2009: 247.
239 Vgl. Bourdieu 2001: 35.
240 Döbert 1999: 294.
241 Vgl. Mecheril/Hoffarth 2009: 248.

3. Vorbereitung und Durchführung der empirischen Untersuchung

3.1 Methodisch-wissenschaftliche Einordnung

Für die Beantwortung der Frage, wie sich im Spannungsfeld von lebensweltlichen Handlungsanforderungen der Herkunftsfamilie und systemfunktionalen Handlungsanforderungen der Mehrheitsgesellschaft Sozialisationspraxen konstituieren und wie sich individuelle und soziale Einflussgrößen wechselseitig verstärken oder ausschließen, bedarf es der Methode der qualitativen Sozialforschung. Wirkungszusammenhänge von Alltagssituationen können auf diese Weise aus der Perspektive der Handelnden und derer Interpretationen ihrer Lebenswelt erkundet werden.

Der Anspruch qualitativer Sozialforschung besteht darin, durch die Rekonstruktion ein besseres Verständnis für die soziale Wirklichkeit zu erlangen und auf Abläufe, Deutungsmuster und deren Strukturen aufmerksam zu machen.[242] Dabei geht es nicht nur um die zu erfassenden Wissensbestände der Akteure, die sie sich bewusst aneignen, sondern auch um die Analyse des impliziten Wissens und dessen sinnhafte Bedeutungszuschreibung. Soziale Wirklichkeit wird als Ergebnis sozialer Interaktionen verstanden, mit denen Bedeutungen und Zusammenhänge hergestellt werden. Individuen interpretieren die Zusammenhänge im Rahmen ihrer subjektiven Relevanzhorizonte und schaffen sich damit eine Grundlage für eigene Handlungsentwürfe. Aus der Annahme über die beständige alltägliche Herstellung einer gemeinsamen Welt resultiert der Prozesscharakter sozialer Wirklichkeit.

Menschen leben in unterschiedlichen Lebenssituationen, die durch Faktoren wie Bildung, Einkommen, Wohnsituation, Alter usw. objektiv bestimmbar werden. Diese Indikatoren deuten sinnhaft auf die Lebensumstände hin. In einer umfangreichen und kontextualisierten Weise, die damit erst eine interpretierbare Bedeutung bekommt, wird diese Vermittlung handlungswirksam. Aus diesen typisierten Aussagen lassen sich zum Beispiel Konzepte der Lebenswelten beschreiben.[243]

---

242 Vgl. Flick et al. 2005: 23.
243 Vgl. Flick et al. 2005: 20.

„Dass Realität interaktiv hergestellt und subjektiv bedeutsam wird, dass sie über kollektive und individuelle Interpretationsleistungen vermittelt und handlungswirksam wird, sind Hintergrundannahmen unterschiedlicher qualitativer Forschungsansätze. Dementsprechend kommt der Kommunikation in der qualitativen Forschung eine herausragende Rolle zu. Methodologisch bedeutet dies, dass die Strategien der Datenerhebung selbst einen kommunikativen, dialogischen Charakter aufweisen. Deshalb werden Theorie-, Konzept- und Typenbildung in der qualitativen Forschung selbst explizit als Ergebnis einer perspektivischen Re-Konstruktion der sozialen Konstruktion der Wirklichkeit gesehen."[244]

Diese Perspektive macht eine Erhebungsmethode erforderlich, die geeignete Voraussetzungen schafft, die sinnhafte Gestaltung der Lebenswelt von Mädchen und jungen Frauen mit türkischem Migrationshintergrund mit größtmöglicher vorurteilsfreier Offenheit und theoretischer Indifferenz zu erkunden. Die Ethnomethodologie beschäftigt sich mit den Praktiken sozialen Handelns in ihrer Komplexität im alltäglichen Lebenszusammenhang und mit der wissenschaftlichen Annäherung an diese einzelnen Wirklichkeiten.

3.1.1   Ethnomethodologie

Die Ethnomethodologie ist eine von Harold Garfinkel[245] entwickelte Forschungsrichtung, die sich mit der Herstellung sozialer Wirklichkeiten befasst, indem die theoretische und methodische Perspektive auf alltägliche Handlungsweisen ausgedehnt und nicht auf die Sicht des Subjekts begrenzt wird. Gefragt wird nach der Art und Weise, wie Individuen in Interaktionsprozessen die soziale Wirklichkeit konstituieren.

„Ethnomethodologie (=EM) bezeichnet einen soziologischen Untersuchungsansatz, der soziale Ordnung bis in die Verästelungen alltäglicher Situationen hinein als eine methodisch generierte Hervorbringung der Mitglieder einer Gesellschaft versteht und dessen Ziel es ist, die Prinzipien und Mechanismen zu bestimmen, mittels derer die Handelnden in ihrem Handeln die sinnhafte Strukturierung und Ordnung dessen herstellen, was um sie vorgeht und was sie in der sozialen Interaktion mit anderen selbst äußern und tun."[246]

Nach Garfinkel sind die Mitglieder einer Gesellschaft in ihrem Verhalten und Handeln nicht passiv den sozialen Zwängen ihrer Umwelt unterworfen, sondern sie erzeugen und gestalten aktiv

---

244 Flick et al. 2005: 21.
245 Vgl. Garfinkel 1967, 1986.
246 Bergmann 2008: 119.

„in der Interaktion mit anderen die soziale Wirklichkeit fortwährend als einen sinnhaften Handlungszusammenhang"[247].

Alltägliche Handlungsabläufe und Tätigkeiten laufen für Individuen mehr oder weniger automatisch ab. Sie beruhen dennoch auf einem Entwurf, der dieses Handeln in Gedanken hypothetisch vorzeichnet.[248] Außenstehende wissen in der Regel nicht, warum eine Person in einem Auto sitzt. Der Entwurf, dem eine Handlung zugrunde liegt, muss Außenstehenden bekannt sein oder zumindest Annahmen zulassen können, um Sinn ergeben zu können.[249] Innerhalb dieses Erlebens handeln Menschen wie selbstverständlich; es geht nicht nur um die Rekonstruktion eines inneren Verstehens im Sinne einer Hermeneutik, sondern darum,

„[...] den im Handeln selbst sich dokumentierenden Prozess des Verstehens und sich verständlich Machens zu beobachten und im Hinblick auf seine Strukturprinzipien zu beschreiben"[250].

Die Ethnomethodologie geht der Frage nach, wie etwas passiert, wie aus der Organisation sozialer Interaktion eine Wirklichkeit entsteht. Es sind weniger die bewusst wahrgenommenen und herausragenden Ereignisse von Bedeutung als die Untersuchung der Routinen und Interpretationen des Alltagshandelns:

„Das Interesse an Alltagshandlungen, an ihrem Vollzug und darüber an der Herstellung des Kontextes, in dem diese Handlungen vollzogen werden, kennzeichnet das ethnomethodologische Forschungsprogramm insgesamt."[251]

Die Ethnomethodologie stützt sich auf eine grundsätzlich subjektivistische Sichtweise gegenüber der Gesellschaft.

„Ihr sehr weit gefasster Handlungsbegriff umschließt sämtliche soziale Phänomene (Doing being female, Doing sitting, Doing asking usw.). Innerhalb dieser Situationen handeln Menschen wie selbstverständlich. Diese Selbstverständlichkeit zu erklären, ist Gegenstand der Ethnomethodologie."[252]

Diese Erkenntnis setzt jedoch voraus, dass der Wissenschaftler in Aussagen der Interviewten keine Bedeutung hineininterpretiert, die ihnen nicht zukommt. Wenn beispielsweise ein Mädchen angibt, religiös erzogen worden zu sein, kann

---

247 Bergmann 2008: 120.
248 Dazu gibt Bohnsack ein anschauliches Beispiel: Die tägliche Fahrt mit dem Auto zum Arbeitsplatz, das Abrufen der E-Mails während des Einkaufes von Lebensmitteln im Supermarkt und das Aufräumen der Wohnung sind Routinehandlungen (vgl. Bohnsack 2008: 23).
249 Vgl. Bohnsack 2008: 23.
250 Bergmann 2008: 125.
251 Flick 2000: 33.
252 Lamnek 2005: 42.

der Interviewer nicht viel mit dieser Äußerung anfangen. Er könnte diese Aussagen nur in einen Sinnzusammenhang einordnen, wenn er das eigene Vorwissen in dieses Thema hineinprojiziert. Mehr erfährt er erst darüber, wenn diese Aussage im Bedeutungssystem der Interviewten steht, also in ihr Relevanzsystem eingebettet ist.

Dem Forscher obliegt die Aufgabe, zur Identifizierung dieser Alltagsroutinen die Haltung der „ethnomethodologischen Indifferenz" einzunehmen. Daher wird in der vorliegenden Untersuchung die Entscheidung über die Bedeutung sozialer Interaktionen nicht aus Vorabinterpretationen der Ereignisse abgeleitet, sondern ergibt sich erst aus der Analyse der Interviews.[253] Dieser Untersuchung sind erkenntnistheoretische Perspektiven vorgegeben, nicht hingegen klar festgelegte forschungstheoretische Hypothesen. Anstatt eine Serie von Hypothesen aufzustellen, werden wissenschaftliche Annahmen oder auch alltagsweltliche Vorurteile zunächst zurückgestellt.[254]

In erster Linie geht es darum, sich dem Neuen zuzuwenden, und um die Bereitschaft, sich von vorhandenem Wissen bzw. Vorannahmen zu distanzieren, um sich jene Konstruktionen des Alltagswissens zu verschaffen, die von den Handelnden gebildet werden. Dafür müssen Interpretationsleistungen erbracht werden. Der Interviewer muss über das Wissen und über Methoden der Interpretation verfügen, die es ihm ermöglichen, das Wissen um ihre Wahrnehmungs- und Handlungsstrukturen gegenüber der Person anzuwenden.[255]

> „Wenn es richtig ist anzunehmen, dass Personen im Alltagsleben ihre Umwelt ordnen, Objekten Bedeutungen oder Relevanzen zuweisen, ihre sozialen Handlungen auf die Rationalitäten des Commonsense basieren, dann kann man sich nicht in Feldforschung einlassen oder irgendeine andere Forschungsmethode in den Sozialwissenschaften benutzen, ohne das Prinzip subjektiver Interpretationen in Betracht zu ziehen."[256]

Daraus lässt sich die Offenheit des methodischen Vorgehens für die vorliegende Untersuchung ableiten, für die nicht auf standardisierte Instrumente zurückgegriffen wird.

> „Die ForscherInnen verzichten entsprechend dem Prinzip der Offenheit konsequent auf eine hypothesengeleitete Datenerhebung und orientieren sich zunächst an den Relevanzen der GesprächspartnerInnen und deren alltagsweltlichen Konstruktionen."[257]

---

253 Vgl. Flick et al. 2005: 56.
254 Vgl. Rosenthal 2008: 48.
255 Vgl. Bohnsack 2008: 23.
256 Cicourel 1970: 93.
257 Rosenthal 2008: 137.

Im Sinne eines derartigen methodischen Prinzips der Offenheit eignet sich das narrative Interview[258] für die vorliegende Untersuchung. Diese Methode bietet den Mädchen und jungen Frauen einen größtmöglichen Raum, das Gespräch mitzugestalten, die Möglichkeit, handlungsorientierende Wissensbestände, das heißt Handlungsroutinen, Krisen, Konflikte und Selbstverständlichkeiten, im eigenen biografischen Bezugsrahmen zu beschreiben.

3.2 Vorbereitungsphase

3.2.1 Zugang zur Untersuchungsgruppe

Die Einzelinterviews mit den Mädchen und jungen Frauen sind in einem Teilbereich ihrer sozialen Lebenswirklichkeit (Freizeiteinrichtung) durchgeführt worden, um sie in möglichst offenen Situationen die eigene Wirklichkeit zum Ausdruck bringen lassen zu können.

Erfahrungen der Verfasserin in sozialen Einrichtungen zeigen, dass Mädchen und junge Frauen mit türkischem Migrationshintergrund häufig dazu neigen, die Person, die sich mit ihnen beschäftigt, vorher zu beobachten, Fragen zu stellen und den Bekanntheitsgrad abzufragen. Sie sind stets bemüht, herauszufinden, ob die ihnen unbekannte Person auf irgendeine Weise mit der eigenen sozialen Umwelt in Verbindung gebracht werden kann. Dazu gehörten im Rahmen der vorliegenden Untersuchung unter anderem die Fragen „Wo wohnst du?", „Als was arbeitest du?", „Ich habe dich hier noch nie gesehen, bist du öfters in der Gegend?", „Kann es sein, dass ich dich hier oder dort gesehen habe?", „Was willst du mit unseren Informationen anfangen?".

Interviewpartnerinnen waren Mädchen und junge Frauen aus der Einrichtung, die der Verfasserin während der Planung noch unbekannt waren. Diese Entscheidung gestaltete sich in der Ausführung deutlich problematischer als ursprünglich angenommen, denn der Zugang zum Feld war schwierig.

Für den Testdurchlauf waren Besuche in mehreren Jugendeinrichtungen notwendig, die für Mädchen und junge Frauen eine Anlaufstelle für Hausaufgabenhilfe sind und die Freizeit- und Sportaktivitäten anbieten. Einige Jugendeinrichtungen mussten über Wochen mehrfach aufgesucht werden, um ein Vertrauensverhältnis zu den Mädchen und jungen Frauen aufzubauen und sie für ein Interview zu gewinnen.

---

258 Vgl. Lamnek 2005: 357.

Mit einigen Mädchen und jungen Frauen beschränkten sich die Begegnungen zunächst auf kurze und spontane Gespräche. Andere suchten ein längeres Gespräch, in dem es um die Erkundung meiner Person ging. Nach mehreren Besuchen in den Einrichtungen erklärte sich ein Mädchen bereit, an einem Interview teilzunehmen. Dabei wurden Rahmenbedingungen abgeklärt, die am Anfang noch für Verwirrung sorgten; diese wurde jedoch mit der Zusicherung aufgelöst, die Daten zu anonymisieren.

Des Weiteren wurden im Verlauf dieser Untersuchung mehrere Jugendeinrichtungen mit integriertem Schulsystem besucht. Auch dort stellte sich die Frage des Zugangs. Deshalb war vorab eine telefonische Kontaktaufnahme mit den Mitarbeitern dieser Einrichtungen erforderlich. Einige dieser Einrichtungen boten an, im Rahmen eines spontanen Besuchs mit den Mädchen und jungen Frauen selbst zu reden. Dieses Vorgehen erwies sich am Anfang als sehr schwierig, denn die Mädchen und jungen Frauen waren nicht immer zu derselben Zeit vor Ort anwesend. Deshalb wurden auch diese Einrichtungen mehrfach besucht, ohne eine sichtliche Annäherung an die Zielgruppe zu erreichen.

Der Kontakt zu zwei Interviewpartnerinnen wurde durch die Mitarbeiter einer Einrichtung hergestellt. Zu weiteren Mädchen und jungen Frauen musste der Kontakt selbst hergestellt werden. Diese Vorarbeit erforderte viel Zeit und Geduld, denn einige potenzielle Interviewpartnerinnen erschienen nicht zum verabredeten Termin, andere mussten das Gespräch absagen und ein Mädchen brach das Interview ab, weil sie während des Interviews mit ihren Eltern telefonierte, die die Fortsetzung des Gesprächs ablehnten.

Eine weitere Schwierigkeit war, geeignete Räumlichkeiten innerhalb und außerhalb der Einrichtungen zu finden. Einerseits durfte es für einige Mädchen und junge Frauen keine externe Räumlichkeit sein und andererseits waren die vorhandenen Räumlichkeiten nicht immer für eine störungsfreie Gesprächsführung geeignet. Diese Schwierigkeit ergab sich aus dem Umstand, dass sechs Gespräche spontan stattfanden.

Der Besuch in mehreren Einrichtungen bot die Möglichkeit, unterschiedliche Lebensräume zu erschließen und einen Einblick in vielschichtige Alltagswirklichkeiten zu erhalten. Die häufige Anwesenheit in den Einrichtungen bzw. Gruppen erwies sich mit der Zeit als eine sinnvolle Herangehensweise, um das Vertrauen der Mädchen und jungen Frauen zu gewinnen und des Weiteren die Interviews vorzubereiten und durchzuführen.

3.2.2 Auswahl der Interviewpartnerinnen

Ziel dieser Untersuchung war es, zehn Mädchen und junge Frauen mit türkischem Migrationshintergrund der dritten Migrationsgeneration in Deutschland zu interviewen, die folgende Kriterien erfüllten:

- Die Mädchen und jungen Frauen befinden sich im Alter zwischen 14 und 20 Jahren und sind ledig. In dieser Lebensphase werden die Persönlichkeit und die Identität entwickelt. Außerdem zeichnen sich die Anfänge für eine emotionale Unabhängigkeit der Jugendlichen ab. In dieser Reifephase wird deutlich, dass der junge Mensch nach einer autonomen und bleibenden Stellungnahme zur Welt drängt.[259]
- Sie befinden sich noch in der schulischen bzw. beruflichen Ausbildung oder sind Arbeit suchend.
- Sie leben im häuslichen Umfeld der Familie und erfahren keinerlei institutionellen Einfluss im Sinn von Heimunterbringung, Wohngruppenleben und/ oder Justizaufsicht. Diese Eingrenzung ist für die Fragestellung der Untersuchung eine pragmatische Entscheidung. Es geht um die unverfälschte Erkundung der Sozialisationsbedingungen im häuslichen Umfeld, mit der eine institutionalisierte Sozialisation außer der Schule ausgeschlossen wird.
- Mindestens ein Elternteil ist in Deutschland geboren oder während der Kindheit mit der Familie nach Deutschland eingewandert. Die Mädchen und jungen Frauen haben entweder die schulische Ausbildung in ihrem Herkunftsland begonnen und später in Deutschland fortgesetzt oder sind in Deutschland geboren. Die Sozialisation ist im wesentlichen Umfang von der deutschen Kultur geprägt. Daher sind ihnen die lebensweltlichen und systemfunktionalen Handlungsanforderungen nicht fremd.
- Alle Mädchen und jungen Frauen haben einen muslimischen Hintergrund. Die Religion ist für die Mädchen und jungen Frauen ein Teil der kulturellen Identität und ein wesentlicher Sozialisationsfaktor.

Zum Zweck der Veröffentlichung der Interviews sind die Daten anonymisiert. Außerdem fehlen Angaben zu Zeitraum und Wohnorten der interviewten Mädchen und jungen Frauen, sodass eine Identifikation der Personen für Außenstehende ausgeschlossen ist.[260]

---

259 Vgl. Röhr-Sendlmeier 1988: 12.
260 Eine tabellarische Darstellung über den familialen Hintergrund und biografische Angaben zu den zehn Interviewpartnerinnen und ihren Familien ist im Anhang aufgeführt.

3.3   Erhebungsmethode

Das methodische Vorgehen dieser Untersuchung ergibt sich aus der Absicht, lebensweltliche Einstellungen und Orientierungen von Mädchen und jungen Frauen mit türkischem Migrationshintergrund aus deren Perspektive und Relevanzsystem zu beschreiben.

3.3.1   Das narrative Interview

Das Postulat der qualitativen Forschung macht es möglich, nahe an der alltäglichen Lebenssituation der Handelnden anzuknüpfen.[261] Deshalb wurde für die Interviews der handlungstheoretische und methodologische Bezugsrahmen des narrativen Interviews gewählt. Bei dieser Methode geht es im ersten Teil darum, dass der Befragte aufgefordert wird, in einer freien Erzählung persönliche Erlebnisse zu rekonstruieren.[262]

> „In einer Stegreiferzählung wird der Erzähler, da er über den Aufbau seiner Erzählung nicht reflektiert, sondern ihn intuitiv vollzieht, aufgrund der Selbstläufigkeit des Erzählvorgangs in die ‚Zugzwänge‘ des Erzählens verwickelt oder verstrickt."[263]

Das narrative Interview zielt auf das Animieren zum Gespräch und die Aufrechterhaltung von längeren Erzählungen ab.

> „Mit der Einladung zu einer längeren Erzählung zu Beginn des Interviews und mit der Vermeidung von Zwischenfragen bzw. deren Verschiebung auf den Nachfrageteil des Interviews wirken diese Erzählzwänge im narrativen Interview weit stärker als in Interviews, die stärker durch Fragen des Interviewers strukturiert werden."[264]

Im zweiten Teil des Interviews wird durch gezieltes Nachfragen zu weiteren Erzählungen über die bereits angesprochenen Themen aufgefordert. Erst im letzten Teil der Interviewphase wird zu Erzählungen noch nicht erwähnter Themen motiviert.[265]

Dieser Forschungsansatz geht maßgeblich auf den Soziologen Alfred Schütz[266] zurück. Die Einzelfallanalyse steht an zentraler Stelle;[267] sie stützt sich

---

261 Vgl. Mayring 2002: 23.
262 Vgl. Lamnek 2005: 357.
263 Bohnsack 2008: 94.
264 Rosenthal 2008: 142.
265 Vgl. Rosenthal 2008: 137.
266 Vgl. Schütz/Parsons 1977.
267 Vgl. Schütz/Parsons 1977: 41.

auf das Prinzip des Verstehens von komplexen Zusammenhängen und die Sinn-
haftigkeit des hervorgebrachten Handelns als Erklärung von Ursache-Wirkungs-
Beziehungen. Schütz schlägt vor, unabhängig vom thematischen Inhalt der
empirischen Untersuchung zur Erzählung der gesamten Lebensgeschichte auf-
zufordern.

> „Damit wird es möglich, einzelne Lebensbereiche oder -phasen im Gesamtzusammenhang des
> Lebens und in ihrer Genese zu betrachten."[268]

Um dieser Erwartung einen möglichst großen Raum zu lassen und sich an den
Relevanzsystemen der Befragten zu orientieren, ist das narrative Interview vom
Prinzip der Offenheit geprägt, die die Interviewten selbst steuern, der Offenheit
des Interviewers und der Orientierung an den Relevanzsystemen der Gesprächs-
partner und deren alltagsweltlichen Konstruktionen.

> „Für die Führung von offenen Interviews bedeutet dies, dass es den Befragten ermöglicht wird,
> entlang ihrer Relevanzen zu einem Thema sprechen oder erzählen zu können."[269]

Diese Forderung setzt weitgehend die Vermeidung einer hypothesenorientierten
Erhebung voraus. In der vorliegenden empirischen Untersuchung ist die Entscheidung für das offen geführte Interview dem Ziel geschuldet, den zu untersuchenden Bereich der Alltagsweltbeschreibung von Mädchen und jungen Frauen
mit türkischem Migrationshintergrund in deren wahrgenommenem Kontext und
in deren Individualität zu beschreiben und zu verstehen. Darüber hinaus ermöglicht das Verfahren, subjektive Belastungen und kognitive Situationseinschätzun-
gen zu erklären, aus welchen Gründen diese und jene Perspektive eingenommen
wurde und welche Sinndeutungen und Handlungsmotive im Alltag der Mädchen
und jungen Frauen dominieren.

Der Einstieg in das narrative Interview sollte möglichst allgemein gehalten
werden. In Anlehnung an Rosenthal[270] wurden daher zwei offene Erzählauffor-
derungen formuliert:

1. Ich möchte dich bitten, mir deine Familien- und Lebensgeschichte zu
   erzählen: das Zusammenleben in deiner Familie, in der Gesellschaft und
   deine Erlebnisse. Auch möchte ich dich bitten, mir über deine Zukunfts-
   vorstellungen und Wünsche zu erzählen. Du kannst dir so viel Zeit nehmen,

---

268 Rosenthal 2008: 53.
269 Rosenthal 2008: 53.
270 Vgl. Rosenthal 2008: 145.

wie du möchtest. Ich werde dich erst einmal nicht unterbrechen. Ich mache mir nur einige Notizen, um später noch einmal auf bestimmte Themen zurückzukommen.

2. Ich bin an deinen persönlichen Erfahrungen und Erlebnissen interessiert. Deshalb möchte ich dich bitten, mir über deinen Schulalltag zu erzählen, wie du in der Schule zurechtkommst, dein Verhältnis zu den Lehrern und deinen Mitschülern. Ich möchte dich auch bitten, mir über deine Freizeit zu erzählen, was dir Spaß macht und was weniger. Vielleicht könntest du mir noch einmal erzählen, wie sich das Leben in Deutschland für dich und deine Familie gestaltet. Du kannst dir so viel Zeit nehmen, wie du möchtest. Ich werde dich erst einmal nicht unterbrechen. Ich mache mir nur einige Notizen, um später offen gebliebene Fragen zu klären.

Aufgrund eines möglichen längeren Erzählvorgangs wurden nicht nur Gegenwartsperspektiven der Mädchen und jungen Frauen deutlich, sondern auch detaillierte Sozialisations-, Handlungs- und Orientierungsstrukturen der Elterngeneration. Die Rekonstruktion der Erfahrungs- und Erlebniszusammenhänge der Elterngeneration wurde oftmals als Begründung für eine eigene Orientierung herangezogen, um das eigene Handeln nachzuvollziehen und eigene Handlungszusammenhänge zu erklären. Diese Darstellung bildet eine wichtige Grundlage, um das Konzept der Lebensweltgestaltung der Mädchen und jungen Frauen verstehen zu können.

Nach den Interviews wurden Gesprächsprotokolle angefertigt, um Besonderheiten, Reaktionen, Gesten und nonverbale Äußerungen festzuhalten. Das Protokoll diente auch dazu, Äußerungen festzuhalten, nachdem das Aufzeichnungsgerät ausgeschaltet war. Es sollte vor allem die Ergebnisse stützen, die aus der Auswertung der Interviews rekonstruiert werden.

3.3.2   Datenerhebung

In der Phase der Datenerhebung konnten keine verbindlichen Gesprächstermine mit den Mädchen und jungen Frauen vereinbart werden. Verabredungen wurden häufig kurzfristig abgesagt, sodass die Interviews nicht wie geplant stattfinden konnten. Aufgrund dieser Situation mussten die Interviews spontan und in den Räumlichkeiten der Einrichtungen durchgeführt werden.

Einige Interviews wurden durch klingelnde Mobiltelefone der Mädchen und jungen Frauen unterbrochen, was den Redefluss der Interviewpartnerinnen für einige Zeit beeinträchtigte. So mussten einige Fragen erneut gestellt werden, um an das Gespräch wieder anknüpfen zu können.

Obwohl den Mädchen und jungen Frauen eine freie Auswahl zwischen der deutschen und türkischen Sprache angeboten wurde, nutzten sie überwiegend die deutsche Sprache. Drei der Interviewpartnerinnen wechselten zwischen beiden Sprachen und mischten sie miteinander.

Es konnte beobachtet werden, dass in allen zehn Interviews die türkische Sprache zur Untermauerung soziokulturell geprägter Sinnzusammenhänge und Deutungsmuster hinzugezogen wurde. Die Zweisprachigkeit der Interviewerin und die Verfügbarkeit von beiden Sprachen während der Interviews hatten offenkundig einen positiven Effekt auf das Verständnis alltagsweltlicher Lebenszusammenhänge, Handlungs- und Orientierungsmuster, da alle möglichen Alltagssituationen von diesen Kriterien abhängen. Die Zweisprachigkeit der Durchführenden kann bei der Verschriftlichung der Interviews als hilfreiche Erfahrung gewertet werden, weil die Mädchen und jungen Frauen ihre emotionale Befindlichkeit mit der Sprache zum Ausdruck bringen.

„[...] die Option, zwischen Deutsch und Türkisch ,switchen' zu können, [wird S. B.-E.] als wichtige Voraussetzung für eine vertrauensvolle Gesprächsatmosphäre und die Möglichkeit, Gefühle ausdrücken zu können [betrachtet S. B.-E.].“[271]

Zu dieser Erkenntnis kommen auch Boos-Nünning und Karakasoglu, indem sie in Anlehnung an Bommes (1993) auf den in der Migrationsforschung[272] nachgewiesenen Zusammenhang zwischen emotionaler Befindlichkeit und Sprache hinweisen. Weiter heben sie aus der eigenen Erkenntnis die hilfreiche Erfahrung der freien Sprachauswahl in qualitativen Interviews mit türkischen Migranten mit der Überzeugung hervor, dass Interviews mit Inhalten wie dem psychischen und physischen Wohlbefinden, der familiären Situation, der Partnerschaft und den religiösen Zusammenhängen nicht mit der Beschränkung auf die deutsche Sprache durchgeführt werden können.[273]

„Das Verständnis des Phänomens Sprache ist also entscheidend für das Verständnis der Wirklichkeit der Alltagswelt.“[274]

---

271 Beck-Gernsheim 2007: 153.
272 Vgl. Boos-Nünning/Karakasoglu 2006.
273 Vgl. Boss-Nünning/Karakasoglu 2006: 40.
274 Berger/Luckmann 2007: 39.

3.3.3   Transkription

Die in der vorliegenden Studie durchgeführten Interviews wurden mit einem digitalen Aufnahmegerät aufgezeichnet und im Originalwortlaut verschriftlicht. Die Interviews dauerten zwischen 45 und 110 Minuten. Gesprächsdauer und -verlauf gestalteten die interviewten Mädchen und jungen Frauen autonom, ohne dass bestimmte Prioritäten vorgegeben wurden. Des Weiteren wurden in Anlehnung an die Technik des narrativen Vorgehens während der Interviews Gesprächsnotizen angefertigt, die ermöglichen sollten, einzelne Aussagen in ihrem Kontext zu sehen und die Basis für ausführliche Interpretationen zu liefern.[275] Sie werden als eine wichtige Unterstützung angesehen, um für die spätere Interviewphase erzählgenerierende Fragen in der Sprache der Interviewten zu formulieren.[276]

Die Verschriftlichung der Interviews erfolgte durch die Forscherin selbst. Dabei wurden alle Angaben verändert, die eine Identifizierung der Personen erlauben könnten.

Das Interesse der ethnomethodologischen Forschung ist zwar darauf ausgerichtet, durch eine eingehende Analyse sicherzustellen, dass die Transkription der zu untersuchenden Interviews im Hinblick auf den sequenziellen Charakter als aufeinanderfolgende Aussagen untersucht wird; auch zeitliche Überlappungen, das interaktive Aushandeln von Rederechten und prosodische Details (Verzögerungen, Partikel wie „mmh", „ähh" oder „ja ja") stehen im engeren Interesse dieses Ansatzes. Schütz war in der soziologischen Forschung jedoch eher an der Praxis des Alltagswissens interessiert und hat versucht, praktische Handlungen zugänglich zu machen.[277] Er war daher weniger an Gesten, Akzenten und prosodischen Details interessiert. Dieser Vorgehensweise wird auch in der vorliegenden Studie gefolgt.

> „Ich setze mehr oder weniger naiv die Existenz eines für meine und fremde Akte gemeinsamen Bezugsschemas voraus. Insbesondere bin ich nicht am äußeren Verhalten des Anderen interessiert, nicht an seinen Gesten und nicht an seinen Körperbewegungen, sondern an seinen Intentionen, d. h. ich interessiere mich für die Um-zu-Motive, um deretwillen der Andere handelt und für die Weil-Motive, die seinen Akten zugrunde liegen."[278]

Angesichts des Forschungsziels orientiert sich die Transkription an den von Kowal und O'Connell[279] vorgeschlagenen Transkriptionsregeln. Es wurden ausgewählte Verhaltensaspekte von Personen in der Gesamtheit spezifischer sprachlicher

---

275 Vgl. Mayring 2002: 89.
276 Vgl. Rosenthal 2008: 147.
277 Vgl. Schütz 1993, Schütz/Luckmann 1984.
278 Schütz/Parsons 1977: 71.
279 Vgl. Kowal/O'Connell 2007: 438.

Eigenschaften in Form grafischer Darstellungen transkribiert. Dazu zählen insbesondere die prosodischen Merkmale wie Pausen, Betonungen, Akzent, Lachen, Gesten, Störungen, Blickverhalten und Ähnliches. Zwar weisen Kowal und O'Connell auf die Bedeutsamkeit von prosodischen Merkmalen hin, merken aber an, dass in den meisten Transkriptionssystemen eine gute Lesbarkeit der Transkripte als Grundsatz unabdingbar sei. So sei es fraglich, ob das lachend geäußerte Wort durch Zusatzzeichen wie „gra@ndmo@the@r aufgebrochen werden sollte.[280] Deshalb empfehlen Kowal und O'Connell das folgende Transkriptionssystem.

„1. Es sollten nur solche Merkmale des Gesprächsverhaltens transkribiert werden, die auch tatsächlich analysiert werden.

2. Um die Eindeutigkeit von Notationszeichen zu sichern, sollten Buchstaben nur für die Durchführung der verbalen Merkmale von Äußerungen und Interpunktionszeichen nur in ihrer konventionellen Funktion verwendet werden.

3. Die interne Gestalt eines Wortes sollte nicht durch zusätzliche Zeichen aufgebrochen werden.

4. Subjektive Wahrnehmungen und/oder Kategorisierungen von Transkribierenden sollten nicht als objektive Messungen notiert werden.

5. Ein gegebenes Notationszeichen sollte in einem Transkript nur für jeweils ein Merkmal des Gesprächsverhaltens verwendet werden, und kein Merkmal des Gesprächsverhaltens sollte durch verschiedene Notationszeichen dargestellt werden.

6. In einem Transkript sollte deutlich erkennbar zwischen Beschreibungen, Erklärungen, Anmerkungen und Interpretationen unterschieden werden."[281]

Für die Wiedergabe von türkischen Textteilen wurde die Transkriptionstechnik von Mayring (2002) herangezogen. Dabei geht es um den Verzicht von genauer Protokollierung der Dialekte, Satzbaufehler und sprachlichen Färbungen, das heißt, der Dialekt wird geglättet. Mayring macht auf drei wörtliche Transkriptionstechniken aufmerksam:

- die Verwendung des internationalen phonetischen Alphabets,
- die literarische Umschrift, bei der auch Dialektfärbungen im gebräuchlichen Alphabet wiedergegeben werden und
- die Übertragung in ein normales Schriftdeutsch.[282]

---

280 Vgl. Kowal/O'Connell 2007: 444.
281 Vgl. Kowal/O'Connell 2007: 444.
282 Vgl. Mayring 2002: 91.

Die Begründung für die Übertragung der türkischen Textpassagen in die deutsche Schriftsprache basiert auf dem Anspruch der Lesbarkeit und Nachvollziehbarkeit. Folgender Interviewauszug soll diese Vorgehensweise verdeutlichen:

> „All solche Sachen halt. (Hic bunun şakası bile olmaz ne. Sadece söyle şakalar olur. Hadi gel birlikte gezmeye gidelim) oder nicht. Sie, sie könnten draußen auf der Straße die Leute fragen, (Sizin evde kimin sesi var, anneninmi babanınmı? Babanın) das sowieso (ondan sonra kardeşlerininmi, Abilerinmi ondan sonra oğlanların) So ist das, ähm …".[283]

Stellenweise war die Übersetzung von türkischen Interviewzitaten ins Deutsche schwierig, da der sinngemäßen Wiedergabe in Deutsch nicht die gleiche Bedeutung zugekommen wäre. So wurden diese Passagen in der Falldarstellung zum besseren Verständnis in einer den Sinn nicht entstellenden Form in die deutsche Sprache übersetzt, in Klammern und kursiv gesetzt. Die türkischen Interviewzitate wurden in der Fußnote aufgeführt, um die Nachvollziehbarkeit zu gewährleisten. Fehlende Artikel und Endungen wurden zur besseren Lesbarkeit korrigiert.

3.4   Datenanalyse

Bereits während der Transkription des Interviewmaterials wurde deutlich, dass ein Analysedesign notwendig ist, mit dem das umfangreiche Datenmaterial in einer Form abstrahiert wird, dass Textstellen ausgewählt werden können, die sich explizit auf den Gegenstand der Forschungsfrage beziehen. Für das vorliegende Material mussten also sowohl die Transkription als auch die Gesprächsprotokolle methodisch verknüpft werden, sodass die wesentlichen Sequenzen herausgearbeitet werden konnten. Gleichwohl wurden Annahmen dieser Untersuchung nicht aufgrund von wissenschaftlichem und alltagsweltlichem Vorwissen der Forscherin formuliert, sondern durch ein kontrolliertes Fremdverstehen der von den Interviewpartnerinnen verwendeten Alltagskonzepte generiert.[284]

Für die Analyse der Interviews wurde die qualitative Inhaltsanalyse von Mayring[285] herangezogen. Die inhaltsanalytisch orientierte Vorgehensweise wird als eine Methode begriffen, die darauf abzielt, die sprachlichen Eigenschaften eines verschriftlichten Textes objektiv und systematisch zu identifizieren und zu beschreiben, um daraus Schlussfolgerungen auf nicht sprachliche Eigenschaften von Menschen und gesellschaftlichen Aggregaten zu ziehen.[286]

---

283 Ebru, 14 Jahre.
284 Vgl. Lamnek 2005: 508.
285 Vgl. Mayring 2007.
286 Vgl. Lamnek 2005: 478.

Für das inhaltsanalytische Vorgehen schlägt Mayring ein allgemeines Ablaufmodell vor, das bei jeder Anwendung der Inhaltsanalyse durchlaufen wird.[287]

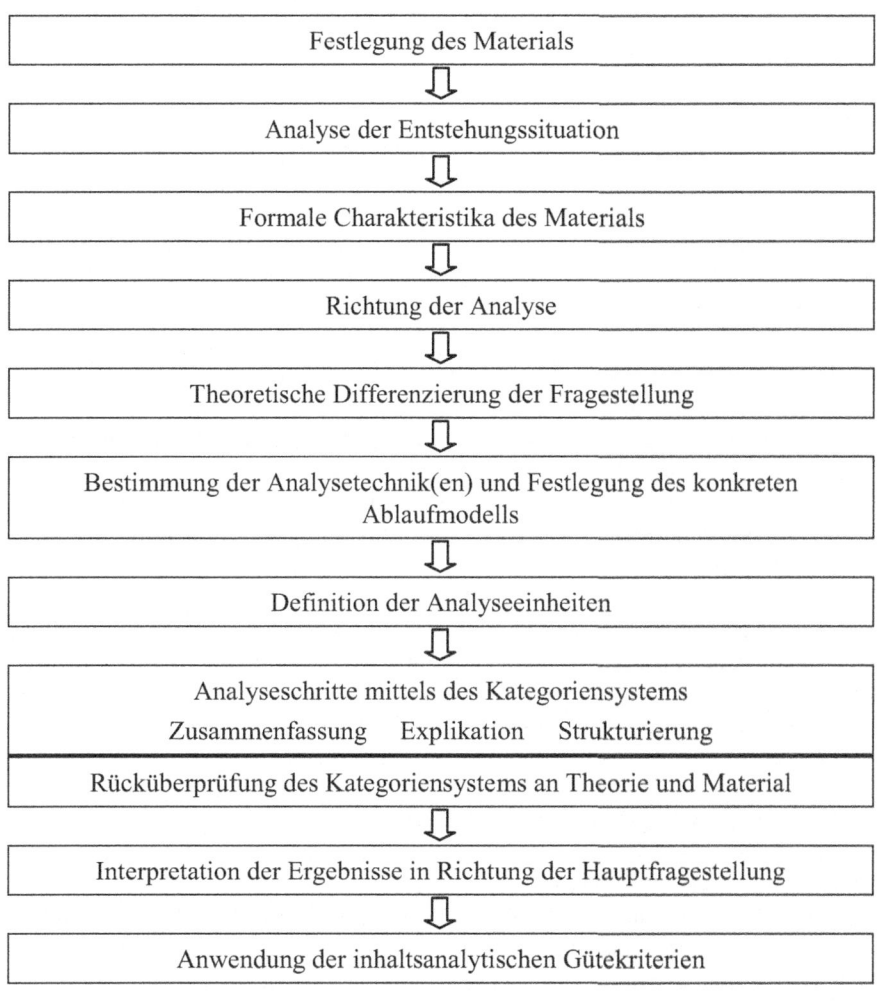

Abbildung 1: Allgemeines inhaltsanalytisches Ablaufmodell nach Mayring.
Quelle: Mayring 2000: 54.

---

287 Vgl. Mayring 2000: 54.

Für die Analyseschritte mithilfe des Kategoriensystems wurde das Verfahren der Strukturierung herangezogen.

> „Ziel der Analyse ist es, bestimmte Aspekte aus dem Material herauszufiltern, unter vorher festgelegten Ordnungskriterien einen Querschnitt durch das Material zu legen oder das Material aufgrund bestimmter Kriterien einzuschätzen."[288]

Diese Struktur besteht aus Konstellationen verschiedener Kategorien.[289] Die Textbestandteile, die sich aus Kategorien ableiten lassen, werden aus dem Interviewmaterial systematisch extrahiert. Im folgenden Schritt geht es um die Bestimmung der Strukturierungsdimensionen, die aus der Fragestellung resultieren und theoretisch begründet sein müssen. Die Strukturdimensionen und Ausprägungen werden dann zu einem Kategoriensystem zusammengestellt. Für die strukturierende Auswertung nennt Mayring drei Stufen:

1. Definition der Kategorien: Es wird genau definiert, welche Textbestandteile unter eine Kategorie fallen.
2. Ankerbeispiele: Konkrete Textstellen werden angeführt, die unter eine Kategorie fallen und als Beispiel gelten sollen.
3. Kodierregeln: Bei Abgrenzungsproblemen zwischen den Kategorien ist die Formulierung von Regeln notwendig, um eindeutige Zuordnungen zu ermöglichen.[290]

Bei der ersten Durchsicht des Materials stellte sich die Frage, ob die Kategorien greifen und ob Ankerbeispiele, Definitionen und Kodierregeln eine eindeutige Zuordnung bieten. Dieser Probedurchgang wurde ebenso wie der Hauptdurchgang in zwei Arbeitsschritte unterteilt: Im ersten Schritt wurden Textstellen bezeichnet. Im zweiten Schritt wurde das gekennzeichnete Material weiter differenziert, indem das Interviewmaterial in einzelne Ausprägungen aufgespalten wurde. Die Strukturdimensionen und Ausprägungen wurden zu einem Kategoriensystem zusammengestellt. Für diese Zusammenstellung wurde das dreistufige Modell von Mayring hinzugezogen.

Nach dem Probedurchgang folgte die Überarbeitung des Materials, sodass sich neue Kategorien und Definitionen ergaben. Bei der anschließenden Durchsicht der Interviews wurde das Material unterteilt in die Beschreibung, die Bear-

---

288 Mayring 2000: 58.
289 Vgl. Lamnek 2005: 526.
290 Vgl. Mayring 2000: 83.

beitung und die Extraktion der Fundstellen. Die Ergebnisse dieses Durchlaufs wurden inhaltlich strukturiert und aufgearbeitet. Daraus erfolgten die Zusammenfassung und die Interpretation des Materials.

Folgende Dimensionen wurden während der im Pretest gewonnenen Daten anhand des Interviewmaterials ermittelt.

1. Familie: Wie gehen die Mädchen und jungen Frauen mit familialen Konflikten um? Wie bearbeiten sie Krisen und Belastungen infolge dieser Konflikte?
2. Peergroup: Inwieweit übernimmt die Peergroup eine stützende Funktion bei der Bearbeitung von Krisen und Belastungen?
3. Schule: Wie nehmen sich die Mädchen und jungen Frauen in der Schule wahr?
4. Gesellschaft: Wie nehmen die Mädchen und jungen Frauen ihre Lebenssituation in der Mehrheitsgesellschaft wahr?
5. Religion: Wie religiös sind die Mädchen und jungen Frauen erzogen worden? Wie integrieren sie die Religion in ihre Lebensweltgestaltung?
6. Handlungsressourcen: Wie nutzen die Mädchen und jungen Frauen die vorhandenen Handlungsressourcen (z. B. Bildung, Freizeitaktivitäten, Religion), um Krisen und Belastungen zu bearbeiten?
7. Identität: Wie setzen Mädchen und junge Frauen diese Handlungsressourcen ein, um eine „sanfte Emanzipation" von der Familie einzuleiten und eine eigene Identität zu entwickeln?
8. Kulturzugehörigkeit: Welcher Kultur fühlen sich die Mädchen und jungen Frauen zugehörig?

Welche Themen für die Mädchen und jungen Frauen hinsichtlich der Lebensweltaneignung bedeutsam sind und unter welchen Bedingungen sich diese vollzieht, wird in den folgenden drei Kapiteln erarbeitet.

4. Familienbeziehungen zwischen Autonomie und Abhängigkeit

Die Aussagen der interviewten Mädchen und jungen Frauen reichen von Autonomiebestrebungen bis hin zu einer Anpassung an vorbestimmte Rahmenbedingungen, die sowohl von den Eltern als auch von der Mehrheitsgesellschaft gesetzt werden.

4.1 Beziehungen zu den Eltern

Wie in fast allen Gesellschaften stellen die Eltern den Ursprung sozialer Beziehungen da, weil die von den Eltern vorgelebten Rollen die primäre Sozialisation von Kindern nachhaltig beeinflussen. Die Sozialisation in Bezug auf die Geschlechterrollen beginnt in türkischen Familien bereits vor der Geburt des Kindes. An das weibliche Geschlecht knüpft die Familie andere Erwartungen und Werte als an das männliche Geschlecht. Die Mädchen und jungen Frauen sind sowohl stillschweigenden als auch offenkundigen Zwängen ausgeliefert, sich in die durch die Gesellschaft definierte geschlechtsspezifische Rolle zu fügen. Studien wie die von Kagitcibasi und Sunar haben zu dem Ergebnis geführt, dass türkische Eltern ihren Söhnen mehr Unabhängigkeit und Freiheit gewähren als ihren Töchtern, von denen sie eher Abhängigkeit und Ergebenheit erwarten.[291]

„Die Beziehung zwischen den Eltern dient sowohl als Modell für männlich-weibliche Beziehungen im allgemeinen als auch als Muster für die Rollenverteilung in der Ehe im besonderen."[292]

Im Mittelpunkt der vorliegenden Untersuchung steht weniger die Ausübung des Erziehungsstils der Eltern als vielmehr das Resultat des Erziehungsgeschehens, wie es die Mädchen und jungen Frauen wahrnehmen.

---

291 Vgl. Kagitcibasi/Sunar 1997: 147.
292 Kagitcibasi/Sunar 1997: 152.

„Also, wenn sie früher etwas härter gewesen wären und hätten gesagt, hab' mal vor deinem Vater ein bisschen mehr Respekt oder so, dann wäre das halt viel besser, weil man damit aufwächst und dann denkt, ja okay Papa, das stimmt schon, ein bisschen Respekt muss sein. Ist halt normal. Zum Beispiel ist das auch so, wenn man raucht, dann, vor der Mutter kannst du rauchen als Mädchen, aber wenn du dann als Mädchen zu Hause vor deinem Vater rauchst, nein, das ist sehr respektlos, das gibt es bei uns gar nicht. So was geht gar nicht durch bei uns. Wenn ich zum Beispiel rauchen würde, dann würde ich vor meiner Mutter auch rauchen, aber vor meinem Vater niemals. Das ist halt einfach bei mir so und ich denke, das wissen auch sehr viele." (Aleyna, 17 Jahre)

Ein sich wiederholendes Thema in den Interviews ist der Umgang mit Respekt gegenüber Erwachsenen, vor allem gegenüber den Vätern, die im Vergleich zu den Müttern eine übergeordnete Autorität innerhalb der Familie sind.

Aleyna macht das Respektverhalten am traditionellen Rollenverständnis zwischen Mann und Frau fest. Dem Vater als Familienoberhaupt müsse ein größerer Respekt entgegengebracht werden als der Mutter. Sie gesteht ein, dass ihr der Respekt vor ihrem Vater abhanden gekommen sei. Sie beklagt sich darüber, dass ihre Eltern es versäumt hätten, in der Erziehung diesen Wert zu vermitteln. Aleyna beklagt ebenfalls den fehlenden Respekt vor ihrer Mutter, die das Rauchen ihrer Tochter akzeptieren würde. Der väterlichen Autorität räumt sie eine höhere Position ein, da sie das Rauchverbot in Gegenwart ihres Vaters als gegeben hinnähme. Mit diesem Beispiel versucht Aleyna zu erklären, dass Respekt gegenüber den Eltern eine geschlechtsspezifische Dimension besitzt. Einerseits möchte sie die Beziehungsebene zu ihrem Vater deutlich machen, indem sie Aspekte wie Autorität und Respekt anspricht, andererseits bemängelt sie das Erziehungsverhalten ihrer Eltern.

„Meine Eltern haben früher oder vorher vieles falsch gemacht, sage ich mal so. Weil, es ist ja normal eigentlich bei moslemischen Familien, dass man die Kinder gut aufzieht und respektvoll gegenüber zu dem Vater, sag' ich mal so, und zu der Mutter ist. Und das war bei uns nicht so, unsere Eltern waren ganz locker, haben nichts gesagt, mach das, mach dies und haben sich halt nicht so gekümmert. Und dadurch ist das dann so, dass man da so aufwächst und dir das dann im Kopf sitzt und dann wirst du auch später so. Und deswegen können die sich auch nicht mehr durchsetzen bei uns. Meine Brüder denken dann, ja okay, ich habe die besseren Waffen, ich mache jetzt, was ich will, weil die sowieso nichts sagen können." (Aleyna, 17 Jahre)

Aleyna kritisiert die Erziehung ihrer Eltern, indem sie „respektvoll" und „die Kinder gut aufzieht" als Normen für muslimische Familienbeziehungen benennt. Sie sieht die Religion als Träger für Vorschriften im familiären Zusammenleben. Diesbezüglich trifft Aleyna keine Unterscheidung zwischen kulturellen und religiösen Verhaltensregeln. Für sie ist Respekt gegenüber den Eltern dem religiösen Ursprung geschuldet.

Aleyna denkt, dass sich der Einfluss der Religion im Lebensstil ausdrücken sollte. Sie sieht im „lockeren" Erziehungsstil ihrer Eltern jedoch das Gegenteil. Die Eltern standen dem Verhalten ihrer Kinder scheinbar gleichgültig gegenüber und haben sich nicht um die Belange ihrer Kinder gekümmert. Es gab scheinbar nicht die verbindlichen Strukturen, die Aleyna von ihren Eltern erwartete. Aufgrund der fehlenden Vorbilder nimmt Aleyna eine fatalistische Haltung ein und glaubt, dass sie selbst diese Rolle ihrer Eltern internalisieren wird, sodass sie als Erwachsene dieselben Rollenmuster entwickeln könnte. Gemeinsam mit ihren Brüdern sieht sich Aleyna in einer machtvollen Position, indem sie auf die Machtlosigkeit ihrer Eltern hinweist: „Ich habe die besseren Waffen."

In einer weiteren Interviewpassage relativiert Aleyna ihr Urteil über ihre Eltern und sieht die Verantwortung für die Beziehungslosigkeit in ihrer Familie auch bei sich selbst:

„Manchmal denk' ich, vielleicht habe ich ja auch einen Fehler gemacht, wenn Stress zu Hause ist. Nur weil ich nicht drauf hör', was meine Eltern sagen und so, deshalb mache ich so 'ne Scheiße? Aber dann denk' ich so, später, wenn ich älter bin, werde ich sowieso vielleicht ausziehen. Und deswegen brauche ich nicht in ein Jugendheim gehen, dann zieh' ich das noch durch und dann, wenn ich bald weg bin, dann können die ja sowieso nichts sagen." (Aleyna, 17 Jahre)

Aleyna macht sich über die Folgen ihres Verhalten Gedanken. Sie übernimmt Verantwortung für ihr Handeln, indem sie zu Selbstkritik in der Lage ist. Für Aleyna ist der Auszug aus der elterlichen Wohnung absehbar. Im Vergleich zur Elterngeneration, die in traditionellen Familienstrukturen lebte, ist diese Absicht, mit der Volljährigkeit aus der elterlichen Wohnung auszuziehen, für eine junge Frau untypisch. Nach dem traditionellen Familienverständnis ist es in türkischen Familien üblich, dass die Tochter das Elternhaus erst mit der Heirat oder beruflichen oder schulischen Veränderungen verlässt.

„Wobei freilich keines der beiden Geschlechter in einem besonders starken Maße zur Unabhängigkeit ermutigt wird."[293]

Trotzdem versucht Aleyna, sich an Lebensentwürfen zu orientieren, die nicht den traditionellen Mustern folgen. Sie äußert ihre Wünsche mit großer Selbstverständlichkeit.

„Ich hab' ja meiner Mutter auch schon erzählt, dass ich ausziehen werde. Aber sie meint dann so, nee, wieso willst du ausziehen, tun wir dir hier irgendwas an oder bleib mal lieber hier zu Hause und so. Und ich meinte dann zu ihr, Mama, du kannst nicht von mir verlangen, dass ich zu Hause

---

293 Kagitcibasi/Sunar 1997: 147.

bleib', bis ich achtzig bin oder so und auf euch aufpasse. Das kannst du nicht verlangen, habe ich gesagt, ich mein', ich will mein eigenes Leben führen später und ich will selber auf die Beine kommen." (Aleyna, 17 Jahre)

Für Aleyna ist der Auszug aus der elterlichen Wohnung ein Schritt in die Selbstständigkeit, mit der sie die eigenen Ziele unabhängig von ihren Eltern verwirklichen kann. Die mit zunehmendem Alter auferlegten Einschränkungen für Mädchen und junge Frauen[294] scheinen für Aleyna nicht relevant zu sein. Sie äußert den Wunsch nach einem selbstbestimmten Leben, das Raum für freie Entscheidungen gewährleistet. Zugleich wünscht sie sich das Einverständnis und die Unterstützung ihrer Eltern für ihre Absichten. Sie konfrontiert ihre Eltern mit ihren Absichten in der Erwartung, dass sie wahrgenommen wird.

„Meine Eltern denken, ich kann vieles nicht schaffen, aber andererseits zeigen sie irgendwie doch ihren Stolz auf mich und so. Du kannst es vielleicht doch schaffen. Zum Beispiel wenn ich Fußball spiele und wenn ich nach Hause komme, dann fragt mein Vater mich manchmal, so, wie viele Tore hast du gemacht oder wie hast du gespielt oder so. Und dann sage ich, ja gut und so alles, dann motiviert er mich und sagt, ja das ist gut und so und davon kommt ja auch die ganze Motivation und so. Und dann sagen sie manchmal, wenigstens etwas, was du kannst oder wenigstens etwas, was du durchziehst oder was du machst." (Aleyna, 17 Jahre)

Aleyna zeigt Unsicherheit in Bezug auf die Frage, wie sie von ihren Eltern wahrgenommen wird. Einerseits äußert sie die Vermutung, dass die Eltern an ihren Fähigkeiten zweifeln würden, andererseits behauptet sie, dass ihre Eltern stolz auf sie seien. Ein wesentlicher Aspekt ist in dieser Hinsicht ihr Hobby als Fußballspielerin. Auch wenn Aleyna im Nachfrageteil behauptet, dass Fußballspielen für einige Mädchen mit türkischem Migrationshintergrund an sich schon ein Bruch mit dem traditionellen Rollenverständnis sei, kann bei ihr davon nicht die Rede sein, denn über das Fußballspielen stellt Aleyna vor allem eine Beziehung zu ihrem Vater her. Es entsteht der Eindruck, dass die Motivation für ihre Leistung im Fußball aus der Anerkennung ihres Vaters resultiert. Aleyna macht deutlich, dass sie die Anerkennung ihrer Eltern zu würdigen weiß und sich mehr davon wünscht. Allerdings fehlt ihr die Auseinandersetzung mit den Eltern, um sich neuen Herausforderungen zu stellen.

Die unklare Beziehung, die Aleyna ihren Eltern vorwirft, spiegelt sich in ihren Interviewbeiträgen wider. Einerseits zeigt sie sich kritisch gegenüber ihrer Familienbeziehung und wirkt sehr aufgeschlossen und zielstrebig, andererseits fügt sie sich in die auferlegte geschlechtsspezifische Rolle.

---

294 Vgl. Kagitcibasi/Sunar 1997: 147.

Zum Thema „Respekt" schildert Aylin als Beispiel die Auseinandersetzung mit ihrer Mutter. Dabei steht in der Beziehung zu ihrer Mutter weniger das fehlende Respektverhalten als vielmehr die fehlende Mutterliebe im Vordergrund. Ihr Vater bleibt in diesem Zusammenhang unerwähnt, da ihre Eltern getrennt leben. Der Vater arbeitet in einer anderen Stadt, sodass es während der Besuchszeiten bei ihrem Vater weniger um Erziehungsfragen geht als vielmehr darum, die gemeinsame Zeit in Harmonie miteinander zu verbringen.

> „Wie redest du eigentlich mit mir, kam dann immer der Satz. Das kommt immer noch, meine Mutter, wenn ich meiner Mutter widerspreche, dann sagt sie, so kannst du nicht mit mir reden, das ist respektlos. Ich sag' dann, Mama, ich kann so mit dir reden, wenn ich weiß, dass es richtig ist. Ich rede vielleicht ein bisschen zickig mit dir, das tut mir leid Mama, aber du musst auch einerseits mich verstehen." (Aylin, 15 Jahre)

Die Mädchen und jungen Frauen werden zwar nicht darin bestärkt, gegenüber ihren Müttern Enttäuschungsgefühle und Zorn zum Ausdruck zu bringen, es besteht jedoch kein so rigides Verbot wie gegenüber den Vätern.[295] Diese Erkenntnis wird auch in der Beziehung zwischen Aylin und ihrer Mutter deutlich. Aylins Mutter fordert respektvolle Umgangsformen ihrer Tochter und toleriert keinen Widerspruch. Aylin fordert ihre Mutter jedoch auf, Verständnis für ihre Interessen aufzubringen, auch wenn es zu Konflikten in der Mutter-Tochter-Beziehung kommt. Aus Aylins Perspektive wären die Konflikte vermeidbar, wenn ihre Mutter mehr Verständnis für sie aufbrächte.

Aylin formuliert an ihre Eltern Erwartungen wie Liebe, Aufmerksamkeit und Verständnis, die sie fortwährend im Interview wiederholt.

> „Von meinem Vater wünsche ich mir, dass er sich mehr um mich kümmert. Weil, ich weiß, er ist auf der Arbeit, aber wir sehen uns manchmal nur einmal in zwei Wochen oder so. Und von meiner Mutter wünschte ich mir einfach nur, dass manchmal sie auch mich verstehen kann, weil sie weiß nicht, wie es ist, eine Mutter zu haben, aber ich weiß, wie es ist, eine Mutter zu haben. Und wenn ich ihr erzähle, ihr etwas erzähle, ja Mama, versteh' mich doch, dann kann sie das nicht einsehen, weil sie selber keine Mutter hatte. Meine Oma ist gestorben, als meine Mutter sieben Jahre alt war, so erzähle ich das mal. So, und meine Mutter hat selber keine Mutterliebe bekommen. Und deswegen ist es schwer für sie, mir so eine Liebe zu geben. Und deswegen habe ich bisher nur von meinem Vater eher so Liebe bekommen." (Aylin, 15 Jahre)

Aylin wünscht sich, mehr Zeit mit ihrem Vater verbringen zu können. Außerdem fehlt ihr die väterliche Aufmerksamkeit und Zuwendung. Aylin erwähnt an anderen Stellen, dass sie sich sowohl von ihrer Mutter als auch von ihrem Vater eine verbindliche Beziehung wünscht. Dabei äußert sie den Wunsch, mehr Verständnis

---

295 Vgl. Kagitcibasi/Sunar 1997: 155.

und Liebe von ihrer Mutter zu erfahren. Aufgrund der biografischen Erfahrung ihrer Mutter geht sie jedoch von der Annahme aus, dass dieser Wunsch unerfüllt bleibt. Ihre Mutter habe schon keine emotionale Bindung zu ihrer eigenen Mutter gehabt und keine Mutterliebe erfahren, sodass sie diese elementaren Gefühle auch nicht an Aylin weitergeben könne. Mit ihrer Mutter gebe es kaum eine gemeinsame Gesprächsgrundlage.

Die fehlende emotionale Bindung zu ihrem Vater versucht Ebru ähnlich wie Aylin zu begründen.

„Mein Papa hat einen Stiefvater, und mein Vater hat keine Vaterliebe bekommen von seinem Stiefvater, er hat Schläge bekommen, *[Er kann uns keine Vaterliebe zeigen, weil er keine bekommen hat].*"[296] (Ebru, 14 Jahre)

Ebru sucht nach Motiven, um die fehlende emotionale Bindung zu ihrem Vater zu erklären. Es sei für ihren Vater schwierig, die gewünschte Vaterliebe an die Tochter weiterzugeben, da er selbst von seinem Stiefvater keine bekommen habe. Diese unbefriedigende Beziehung zu ihrem Vater nimmt sie als unabänderliches Schicksal hin.

In Dilaras Wortbeitrag geht es wie bei Aylin um die nicht erfahrene Liebe durch ihre Mutter bzw. ihre Eltern. Dilara hätte sich statt materieller Zuwendungen wie Geld und Nachhilfe für die Schule mehr Liebe und Aufmerksamkeit von ihrer Mutter gewünscht.

„Meine Mutter hat immer gesagt, sie hat uns alles gegeben, Nachhilfe oder Einkaufen. Sie hat alles mit Geld gemacht, sie hat nie ordentlich geredet. Wie soll ich sagen, anstatt ich einen neuen Pullover bekomme, brauchte ich Liebe. Ständig hat sie gemeint, dass sie viel arbeiten muss, anderen Leuten ständig zuhören muss, damit sie uns Sachen kaufen kann. Einkaufen und Nachhilfe hat sie eigentlich gut erledigt, aber um die anderen Sachen hat sie sich nicht gekümmert. Mein Vater ist ein sehr hysterischer Mensch. Wenn er seine Sachen nicht wiederfindet, tickt er immer aus. Ich weiß nicht, wie die Erziehung zu Hause war, ich glaube, ich habe mich selbst erzogen." (Dilara, 16 Jahre)

Dilara wirft ihrer Mutter vor, ihr keine Liebe entgegengebracht zu haben. Die Mutter habe dieses Bedürfnis mit materiellen Zuwendungen ausgeglichen, obwohl Dilara sich offensichtlich mehr Liebe und emotionale Zuwendung von ihrer Mutter wünschte. Ihre Mutter rechtfertige sich jedoch mit ihrer schwierigen Arbeitssituation. Die Aussage erweckt den Anschein, als erwarte Dilaras Mutter mehr Verständnis und Dankbarkeit von ihrer Tochter. Die Beziehung zu ihrer Mutter beschreibt Dilara als einseitig. Als Mutter kümmere sie sich vor allem um

---

296 Diesen Satz spricht Ebru auf Türkisch: *Şimdi bize gösteremiyor, kendi baba sevgisini alamadigi için.*

die materiellen Belange, aber nicht um die emotionale Beziehung zu ihren Kindern. Dilara verweist diesbezüglich nur beiläufig auf ihren Vater, den sie als einen „hysterischen Menschen" beschreibt, der schnell emotional unangemessen reagiere. Weiter geht sie im Interview nicht auf ihn ein. Es scheint, als habe Dilara auch zu ihrem Vater keine stabile Beziehung.

Die Beziehungskonflikte mit ihren Eltern beeinflussen Dilara in ihrem Lebensalltag und binden Ressourcen, die sie unter anderem daran hindern, ihre Aufmerksamkeit den schulischen Anforderungen zu widmen.

> „Wenn es Stress gibt, möchte ich, dass meine Eltern mich in Ruhe lassen. Auch wenn ich in der Schule bin, muss ich ständig an sie denken und das, was sie gesagt haben. Meine Eltern nehmen ja nicht mal wahr, dass sie sich auch ändern müssen. Nein, ich muss mich immer ändern. In einer Sache haben ja meistens beide Seiten Schuld und nicht nur eine Person. *[Die sind ja die Eltern, als hätten sie deshalb immer Recht].*"[297] (Dilara, 16 Jahre)

Dilara gesteht zwar eigene Fehler ein, äußert aber zugleich die Erwartung, dass ihre Eltern zu ähnlicher Selbstkritik bereit sein sollten. Stattdessen würden ihre Eltern eine Verhaltensänderung von ihr verlangen, ohne die Schuld auch bei sich selbst zu suchen. Die Eltern könnten das Eingeständnis von Schuld auch als Niederlage gegenüber den eigenen Kindern deuten. Der Satz, den Dilara auf Türkisch wiedergibt, ist ironisch gemeint. Für sie ist es nicht selbstverständlich, dass Eltern grundsätzlich Recht behalten müssen, auch wenn sie Fehler gemacht haben. Dilara fehlt das Gefühl der Liebe und Anerkennung ihrer Eltern. Eine Auseinandersetzung mit ihren Eltern sei kein gleichberechtigter Austausch von Standpunkten. Die Eltern würden von ihr ein Eingeständnis von Schuld verlangen und daraus folgend Verhaltensänderungen erwarten. Das Verhalten der Eltern empfindet sie als ungerecht, wenn es Stress gibt. Ihr Alltag sei dann von diesen andauernden Konflikten geprägt. Selbst in der Schule wirken die Konflikte mit den Eltern nach, sodass sie daher möglicherweise dem Unterricht nicht folgen kann.

Miray glaubt nicht mehr an eine harmonische Beziehung zu ihrem Vater. Er ist für sie eine Autoritätsperson, zu dem keine emotionale Bindung möglich sei.

> „Der Grund dafür liegt im Bestreben der Väter, ihre Rolle mit einer relativ distanzierten Autorität auszufüllen; die Wahrnehmung der Rolle besteht hauptsächlich in der Pflicht, strenge Verhaltensregeln für die Kinder zu etablieren."[298]

Diese Aussage wird von Miray bestätigt, die deshalb eher mit ihrer Mutter als mit ihrem Vater kommuniziert.

---

297 Diesen Satz spricht Dilara auf Türkisch: *Onlar Anne Baba ya, onlar sanki hep doğrusunu bilir ya.*
298 Kagitcibasi/Sunar 1997: 155.

„Wenn ich mit einem Jungen gesehen würde, ja also, das würde nicht zu meinem Vaters Ohren kommen. Er würde das nicht zu hören bekommen, wenn schon nur mein Bruder. Die meisten wissen ja, wie es bei uns zu Hause ist. Die meisten kennen meinen Vater und Bruder. Mein Bruder würde erst mit mir reden, fragen, ob es stimmt oder nicht, weil mein Bruder vertraut mir hundert Prozent. Er legt sehr viel Wert auf mich, er weiß, wie ich drauf bin und wie ich abgehe mit Freunden. Er weiß, wie ich mich auf der Straße bewege. Er würde mit mir reden, aber er würde mich nicht schlagen. Und mein Vater würde mich auch nicht schlagen, weil er mich nie geschlagen hat. Er würde nur fragen und mich anmachen. Ich habe sehr viel Respekt vor meinem Vater. Ich traue mich meistens nicht, ihn zu fragen, ich frage eher meine Mutter. Ich sage nicht, dass ich Angst vor ihm habe, denn ich habe sehr viel Respekt. Ich fühle mich nicht gut daran, wenn ich meinem Vater frage, ob ich weggehen darf oder zu Freunden darf. Weil mein Vater ist ein negativer Mann, er sagt zu allem Nein. Darf ich weg, nein, darf ich zu Freunden, nein. Irgendwann habe ich aufgegeben, ihn zu fragen, ab dem habe ich meine Mutter immer gefragt, denn meine Mutter ist weicher als mein Vater. Sie erlaubt mir eher als mein Vater. Die meisten Sachen, wo mein Vater Nein sagt, mache ich trotzdem. Weil, irgendwo ist Schluss mit Nein, finde ich, ich werde bald zwanzig und werde immer noch wie eine Dreizehnjährige behandelt zu Hause. Das geht gar nicht, finde ich. Irgendwann ist Schluss." (Miray, 19 Jahre)

Zwar pflegt Miray eine vertrauensvolle Beziehung zu ihrem Bruder und sieht ihn als wesentliche Bezugsperson an, die unabhängig von ihren Eltern Erziehungsaufgaben ausüben darf. Miray lehnt den strengen Erziehungsstil ihres Vaters ab, da er ihr Bedürfnis nach einer selbstbestimmten Freizeitgestaltung grundsätzlich ablehnt. Aufgrund dieser ablehnenden Haltung könne er ihr ohnehin kein Vertrauen entgegenbringen. Der Vater stabilisiert mit seiner generellen Ablehnung zu seiner Tochter eine distanzierte Beziehung, die es nicht erlaubt, eine für beide Seiten befriedigende Kommunikation aufzubauen. Der Vater ist für Miray eine Autoritätsperson, der sie Respekt entgegenbringen muss. Die klare Unterscheidung zwischen Angst und Respekt scheint für Miray wichtig zu sein. Sie habe keine Angst, sondern sie erweise ihrem Vater „sehr viel" Respekt. Miray möchte nicht mehr wie eine 13-Jährige behandelt werden. Zur Zeit des Interviews war sie fast 20 Jahre alt. Die rigiden Vorschriften ihres Vaters möchte sie nicht weiter hinnehmen. Sie widersetzt sich den Regeln ihres Vaters, indem sie Entscheidungen für sich selbst trifft, für die er keine Zustimmung geben würde. Sie möchte sich mit Freunden treffen können und eigene Erfahrungen ohne Beschränkungen sammeln dürfen. Miray wünscht sich, dass die Eltern ihr mehr Vertrauen schenken und sie für bevorstehende Herausforderungen motivieren.

„Ich erwarte von meinen Eltern mehr Motivation und Vertrauen und dass sie mehr an mich glauben. Was Arbeit angeht oder Ausbildungsplatz finden angeht. Sie sollen nicht immer denken, dass ich rumstreuner und keine Arbeit habe und nichts. Das stimmt ja gar nicht. Ganz ehrlich, mein Vater dachte früher, dass ich mein Abschluss nie schaffe, dass ich gar nichts schaffe, nicht mal die Sonderschule. Er hatte gar keine Motivation mir gegenüber. Früher war mein Verhältnis zu meinem Vater gar nicht gut. Ich spreche auch kaum mit ihm, nur wenn er was möchte oder fragen will, sonst rede ich gar nicht mit ihm." (Miray, 19 Jahre)

Miray hat das Gefühl, dass die Eltern ihr kein Vertrauen schenken. Nach ihrer Ansicht hätte der Vater sie demotiviert, indem er misstrauisch sei und auch keine Unterstützung anbiete. Sie fühlt sich als Versagerin wahrgenommen, missverstanden und nicht anerkannt. Miray findet keine Anknüpfungspunkte, mit ihrem Vater eine vertrauensvolle Beziehung aufzubauen. Sie glaubt, mit dem Finden eines Ausbildungsplatzes fehlendes Vertrauen und ausgebliebene Anerkennung der Eltern zurückzugewinnen. Trotz der schwierigen familiären Beziehung scheint es für Miray wichtig zu sein, wie die Eltern sie als junge Frau wahrnehmen. Miray beschreibt eine ambivalente Beziehung zu ihrem Vater. Einerseits erwähnt sie das schwierige Verhältnis zu ihm und andererseits relativiert sie ihre Kritik.

> „Das Verhältnis zu meinem Vater ist eigentlich gut. Mein Vater ist streng, aber eigentlich auch nicht so streng, was die Töchter angeht. Zu meiner Schwester sagt er nichts, weil sie ja schon älter ist. Nur meine Mutter meckert etwas mit ihr, weil sie immer noch nicht heiraten will. Sie will gern Enkelkinder." (Miray, 19 Jahre)

Miray zeigt sich an dieser Stelle nachsichtig, loyal und rücksichtsvoll gegenüber ihrem Vater. Miray pflegt zwar keine enge Beziehung zu ihm, jedoch zu den anderen Familienmitgliedern. Sie scheint sich damit arrangiert zu haben, dass mit ihrem Vater keine geregelte Kommunikation möglich ist, die eine Voraussetzung für eine empathische Vater-Tochter-Beziehung bildet.

Irem trägt während des Interviews ein Kopftuch und besucht die Oberstufe eines Gymnasiums. Nach ihrem Abitur möchte sie Psychologie studieren und strebt einen Studienplatz außerhalb ihrer Heimatstadt an. Für sie ist Unabhängigkeit ein zu erreichendes Ziel im Leben. Irem macht während des Interviews einen reflektierten Eindruck und benennt deutlich ihre Lebensziele, auch wenn ihre Wünsche nicht immer auf die Zustimmung ihrer Eltern treffen.

> „Meine Eltern haben mir nie gesagt, dass man nicht mit einem Jungen zusammen sein darf oder nicht. Das habe ich von meinem Umfeld mitbekommen. Sehr enge Freunde sagen sich das ja auch untereinander und andere schämen sich. Jedenfalls ist es so, dass das Umfeld einen sehr prägt. Wenn ich einen Freund haben sollte, könnte ich es nicht meinem Vater sagen, aber meiner Mutter, damit sie Bescheid weiß. Ich mag es auch nicht, meine Eltern anzulügen. Das würde mir auch sehr schwerfallen, es würde mich auch sehr verletzen. Ich würde es meiner Mutter erzählen, dass ich jemanden kennengelernt habe und dass wir eine Beziehung führen." (Irem, 20 Jahre)

Verhaltensregeln, die in Irems kulturellem Umfeld bestehen, seien nicht von den Eltern, sondern aus dem sozialen Umfeld vermittelt worden. Als Beispiel für eine Verhaltensregel nennt Irem die Beziehung zu einem Mann. Von ihren Eltern hat sie nicht erfahren, ob sie eine Beziehung zu einem Mann haben darf. Alle Informationen dazu erhält sie von ihren engsten Freundinnen. Aus diesem Grund weiß

Irem, dass sie im Fall einer Beziehung zu einem Mann nicht mit ihrem Vater, jedoch mit ihrer Mutter darüber sprechen kann. Irem möchte nicht lügen, weil sie ihre Eltern damit verletzen würde. Mädchen und junge Frauen mit türkischem Migrationshintergrund sind weitgehend auf das soziale Umfeld (z. B. Freunde) angewiesen, um sich über intime und schambesetzte Themen austauschen zu können. Einen Urlaub mit Freunden lehnen Irems Eltern ebenfalls ab.

> „Ich möchte zum Beispiel mit Freunden Urlaub machen, für zwei oder eine Woche wegfahren. Aber ich darf das nicht. Ich weiß nicht, warum ich das nicht darf. Wenn ich nach Gründen frage, dann sagen sie einfach nur Nein, aber warum und weshalb, sagen sie nicht. Sie sagen dann, kannst du später mit deinem Mann machen, aber nicht mit Freunden. Das hasse ich, wenn man mir den Grund nicht nennt, warum ich das nicht machen darf. Wenn ich versuche, es zu verstehen, dann kann ich mir eigentlich nur denken, dass sie mir nicht genügend vertrauen, oder? Ich verstehe es nicht, dann wäre es ja hier auch so. Vielleicht glauben sie, dass ich dort was Falsches machen werde. Vielleicht, dass ich mich von den Jungs beeinflussen lassen kann oder dass ich abends weggehe. Also, wenn sie mir den Grund nennen würden, könnte ich besser damit umgehen und hätte vielleicht Verständnis." (Irem, 20 Jahre)

Sie versteht nicht, weshalb ihre Eltern keine Gründe für die grundsätzliche Ablehnung ihrer Wünsche, mit Freunden Urlaub machen zu können, nennen. Die Beziehung zu einem Mann und auch Urlaub mit Freunden sind für Irem nicht möglich. Irem sucht nach Erklärungen, weshalb die Eltern ihre Wünsche ablehnen. Sie vermutet, dass die Eltern ihr nicht genügend Vertrauen entgegenbringen. Es bleibt bei vagen Andeutungen über die Motive für die rigiden Verbote der Eltern [„was Falsches machen", „von den Jungs beeinflussen lassen", „dass ich abends weggehe"]. Stattdessen vertrösten die Eltern sie auf die Zeit nach der Heirat. Dann könnte sie ihre Wünsche mit ihrem zukünftigen Ehemann realisieren.

4.2   Geschwisterbeziehungen

In den Interviews werden heterogene Geschwisterbeziehungen und Erwartungen der Eltern an die Mädchen und jungen Frauen deutlich. Es gibt im Türkischen eigene Bezeichnungen für die respektvolle Anrede der älteren Geschwister: „abi" für einen älteren Bruder und „abla" für eine ältere Schwester. Diese Formen der Anrede, die im westlichen Kulturkreis unbekannt sind, weisen auf die soziale Stellung des Bruders und der Schwester innerhalb der Geschwisterfolge hin. Allein diese Tatsache verschafft den älteren Geschwistern mehr Respekt. Respekt ist in diesem Kontext ein Kennzeichen für die unterschiedliche Wertigkeit der Beziehungen innerhalb von Geschwisterkonstellationen und daher kein Ausdruck von Unterlegenheit.

Geschwisterbeziehungen haben für die primäre Sozialisation von Heranwachsenden eine zentrale Bedeutung.[299] Für die Entwicklung der Persönlichkeit der befragten Mädchen und jungen Frauen innerhalb der Geschwisterbeziehungen sind nicht nur die Geschwisterpositionen von Bedeutung, sondern auch die vielfältigen kulturellen und religiösen Einflüsse innerhalb der Familie.

„Die Rolle als Ältester – als Beispiel – bedeutet in jeder einzelnen Familie etwas anderes, und der kulturelle Kontext spielt ebenfalls eine beträchtliche Rolle."[300]

Das durch die Eltern vorgegebene Rollenverständnis kann das Verhältnis der Beziehungen zwischen den Geschwistern beeinflussen. Prägende Geschlechterhierarchien wirken sich auf jedes Geschwisterkind unterschiedlich aus, verändern die Geschwistersituation und die individuelle Wahrnehmung.

„Schließlich werden die individuelle Geschwisterposition und die innerfamiliären Bedingungen von den einzelnen Kindern unterschiedlich erlebt und verarbeitet."[301]

In den vorliegenden Interviews zeigen sich die Vielschichtigkeit in den Geschwisterbeziehungen und deren Wirkungen auf das Erleben der Mädchen und jungen Frauen. Die Beziehungsebene der Geschwister wird scheinbar zwischen den Geschlechtern, aber auch im Hinblick auf Alter und Zuschreibung innerhalb einer Familie beeinflusst.

„Ich sag' mal so, wenn du Brüder hast, dann darfst du ja nicht so viel machen als Mädchen, weil die dann aufpassen und sagen, wenn du das machst und dies, dann gibt es Ärger und Stress und halt so welche Sachen und dann kommen die auch manchmal und machen dich an und klatschen dir vielleicht mal eine oder so. Also jetzt ist es nicht mehr so, aber es war manchmal vorher so. Und das ist mir jetzt auch egal, ich lasse mich von keinem mehr schlagen, egal ob das meine Brüder sind oder sonst irgendjemand." (Aleyna, 17 Jahre)

Wenn unter den Geschwistern Brüder vorhanden sind, kann die persönliche Freiheit der Mädchen und jungen Frauen eingeschränkt sein. Aleynas Brüder bestimmen zum Beispiel Verhaltensregeln, denen sie sich zu fügen hat. Von Aleyna wird erwartet, dass sie sich den Forderungen ihrer Brüder unterordnet. Damit nehmen die Brüder eine Kontrollfunktion über ihr Leben ein und können Macht über Aleyna ausüben. Aleyna soll sich in dieser hierarchischen Beziehung dem Willen ihrer Brüder unterwerfen, die Respekt und Gehorsam verlangen. Wenn sich Aleyna über die Normvorstellungen ihrer Brüder hinwegsetzt, dann ist die

---

299 Vgl. Frick 2006: 188.
300 Frick 2006: 31.
301 Frick 2006: 31.

Geschwisterbeziehung mit Konflikten besetzt, die eskalieren können. Die Brüder schrecken dann selbst vor Gewaltanwendung nicht zurück. Für Aleyna erscheint es nicht länger akzeptabel, ihre Brüder als Autoritäten zu akzeptieren und sich ihnen unterordnen zu müssen. Sie wehrt sich gegen die Forderungen ihrer Brüder und wählt die offene Konfrontation. Zusätzlich macht sie deutlich, dass Gewalt in ihrem Leben nicht akzeptabel ist.

> „Es gab immer Stress, wenn meine Brüder zum Beispiel gesagt haben, ich soll um vierund-zwanzig Uhr zu Hause sein. Ich komm' eine Stunde später, sagen sie, wo warst du so lange, warum gehst du dahin, warum bleibst du bei deiner Freundin oder so. Dann sage ich immer zurück, ja ist doch egal, was interessiert dich das, mach doch dein Ding. Was interessieren dich meine Sachen." (Aleyna, 17 Jahre)

Aleyna macht ihre Aussage an einem persönlichen Erlebnis deutlich. Sie ist em-pört über ihre Brüder, die ihr Vorschriften machen wollen. Sie widersetzt sich den Forderungen ihrer Brüder, die Einfluss auf ihr Freizeitverhalten nehmen wollen. Ein immer wiederkehrendes Konfliktthema ist das Zuspätkommen in den Abendstunden und der nicht tolerierte Besuch bei der Freundin. Die Rolle der Brüder wird durch das autoritäre Verhalten gegenüber der Schwester aufgewertet. Sie übernehmen die erzieherische Aufgabe ihrer Eltern, die das Handeln ihrer Söhne möglicherweise als Entlastung bei der Erziehung ihrer Tochter wahrnehmen. Es bleibt unklar, ob diese Aufgaben von den Eltern delegiert werden oder ob die Brüder im vorauseilenden Gehorsam in Eigeninitiative handeln. Die beiden Brü-der, die Aleyna als faul und einfallslos beschreibt, erhoffen sich möglicherweise die elterliche Anerkennung und Aufwertung ihrer persönlichen Situation. Sie, 22 und 24 Jahre alt, waren zum Zeitpunkt des Interviews arbeitslos. Aleyna ver-sucht, sich der Einflussnahme auf ihre Freizeitgestaltung zu entziehen, indem sie ihre Brüder direkt zu einer Auseinandersetzung auffordert.

> „Dann provoziere ich sie immer weiter und die werden ja auch schnell aggressiv, werden sie, werden auch schnell provoziert und dann brennt auch einfach oben etwas durch und dann kommt halt mal' ne Klatsche. Weil die halt auch nicht mehr wissen, wie sie anders reden sollen, weil ich zurückrede zu denen. Wenn du nie gelernt hast zu reden, dann schlägst du halt, so ist das bei denen auch." (Aleyna, 17 Jahre)

Aleyna weiß um die Situation ihrer Brüder, sie wählt den Weg der offenen Kon-frontation, auch mit der Konsequenz, dass sie Gewalt als Mittel der Konfliktbe-wältigung einsetzen. Einerseits drückt sie damit ihre Überlegenheit gegenüber den Brüdern aus, andererseits scheint sie in dem problematischen Machtverhältnis verhaftet. Sie unterstellt ihnen, nicht gelernt zu haben, Konflikte im Dialog zu lösen. Mit dieser Situation scheint sich Aleyna arrangiert zu haben, die keine anderen Konfliktlösungsstrategien von ihren Brüdern erwartet. Die Aussagen geben Anlass zu der Annahme, dass sie dieses Verhalten ihrer Brüder habitualisiert hat.

> „Eigentlich verstehe ich mich mit meinen Geschwistern gut. Wir sprechen nicht viel über unsere Probleme. Also meine Probleme interessieren meine Geschwister nicht. Sie fragen auch nicht, sie wissen nicht, was mich beschäftigt. Andere können das, ich kann es nicht. Ich würde es mir anders wünschen, aber es ist halt nicht." (Aleyna, 17 Jahre)

Mit der Aussage „eigentlich gut" lässt Aleyna offen, wie sie die Geschwisterbeziehung einschätzt. Sie benennt an dieser Stelle noch einmal ihre Erwartung, die sie gegenüber ihren Geschwistern einnimmt. Sie äußert den Wunsch, dass ihre Geschwister Anteil nehmen an ihrem Lebensalltag, stellt jedoch fest, dass diese Erwartung unerfüllt bleibt und kein Interesse gegenüber ihrer Person besteht.

Aleyna wägt sich in Sicherheit, da sie Anerkennung und Vertrauen ihres Vaters genießt. An anderer Stelle des Interviews (vgl. Abschnitt 4.1) erwähnt Aleyna, dass sie in ihrer Freizeit leidenschaftlich Fußball spielt und von einer Profikarriere träumt. Dieses Interesse spiegelt nicht das klassische Rollenverständnis wider. Aleyna sichert sich durch das erfolgreiche Fußballspielen die Aufmerksamkeit ihres Vaters, mit dem sie dieses Interesse teilt und der insoweit stolz auf sie ist. Auf dieser Basis erkämpft sich Aleyna eine halbwegs gesicherte Position in der Beziehung zu ihren Eltern und Geschwistern.

Ebru setzt die deutsche und die türkische Sprache je nach Thema ein. Wenn Ebru über eine dritte Person spricht, äußert sie sich in der deutschen Sprache.

> „Mein kleinerer, mein kleinerer (Onkel mütterlicherseits)[302], hat entschieden, was meine Mutter machen soll und was sie nicht machen soll. Er hat entschieden, du darfst nicht rausgehen, du darfst nicht dahin, war also der Boss von ihr. Obwohl er jünger war. Der Junge war immer der Pascha von der Familie. Das lag immer an unserer Familie. Also egal, ob er kleiner ist oder größer, das ist immer so bei uns. Mein kleiner Bruder ist auch ein Pascha, sozusagen. Also, er ist … er ist zehn Jahre alt. Er ist der Pascha im Haus. Er sagt: Ich möchte das nicht, passiert das auch nicht. Aber bei mir ist das so (wenn ich stur bin und etwas möchte, dann bin ich stur)[303], mein Sternzeichen ist Steinbock. (Nur wenn ich es nicht möchte)[304] ist es so, dann musst du tausendmal sagen, du musst, du musst, du musst, erst dann. Zum Beispiel, die versuchen mich nur auf ihre Seite zu bringen, obwohl ich das nicht will. Mein Bruder sagt, ich möchte das nicht, dann möchte er das nicht." (Ebru, 14 Jahre)

---

302 Diese Bezeichnung spricht Ebru auf Türkisch: *Dayı*.
303 Diesen Satz spricht Ebru auf Türkisch: *Inadım inat, ben istemesem*.
304 Diesen Satz spricht Ebru auf Türkisch: *Sadece ben istemesem*.

Sobald sie eigenen Gefühlen und Gedanken Ausdruck verleihen möchte, greift sie auf die türkische Sprache zurück. Diese Form der Mitteilung zieht sich durch das gesamte Interview.

Die innerfamiliäre Struktur ist in Ebrus Familie geprägt von einem patriarchalen Rollenverständnis. Die Autorität innerhalb der Familie folgt den Kriterien des Geschlechts. Diese Rollenverteilung vollzieht sich generationsübergreifend. Es bestehen klare Verhaltensvorschriften, nach denen sich die Schwestern unabhängig vom Alter unterzuordnen haben.

Ebru nennt die Lebenssituation der Mutter als warnendes Beispiel. Ihr jüngerer Onkel bestimmt trotz seines geringeren Alters über das Verhalten von Ebrus Mutter. Der Onkel nutzte die ihm zugewiesene Entscheidungsbefugnis gegenüber den weiblichen Familienmitgliedern. Ebru nimmt sehr genau wahr, dass sich dieses familiäre Rollenverständnis in der Beziehung zu ihrem jüngeren Bruder fortsetzt. Diese geschlechtsspezifische Rollenverteilung wird in Ebrus Familie auch in der dritten Generation in Deutschland beibehalten.

Das Geschlecht verweist auf die soziale Stellung innerhalb der Geschwisterfolge. Der Bruder kann seine Interessen uneingeschränkt durchsetzen. Ebru möchte diese Rollenzuweisung für sich nicht akzeptieren. Sie verschafft sich Gehör bei ihren Eltern, indem sie sich konsequent gegen die Rollenerwartungen auflehnt und sich nicht anpasst. Sie möchte sich nicht konform zu den familialen Anforderungen und Erwartungen verhalten, auch wenn sie auf Ablehnung ihrer Eltern stößt. Mit ihrer Aussage „Sie versuchen mich nur auf ihre Seite zu bringen" macht sie deutlich, dass sie sich den Normvorstellungen ihrer Familie nicht komplett entziehen kann. Sie spürt den Druck ihres Bruders, dem sie sich nur begrenzt widersetzen kann. Ihr jüngerer Bruder verfügt über Macht, die durch die Eltern legitimiert wird. Wenn sie sich gegen eine Sache entschieden hat, möchte sie sich nicht fügen. Sie erwartet Anerkennung und Gleichberechtigung.

Sowohl in Aleynas als auch in Ebrus Familie zeigt sich, dass die Brüder eine einflussreiche Position in der Familie einnehmen. Diese Geschwisterkonstellationen beeinträchtigen die Entfaltungsmöglichkeiten der Mädchen und sorgen für Konflikte zwischen den Geschwistern. Die Bewertung der Geschlechter in der Erziehung ist kein Indiz für muslimische Familien. Auch in religiös-orthodoxen christlichen Familien sind Mädchen bis heute in vielen Bereichen benachteiligt und in ihren Entfaltungsmöglichkeiten eingeschränkt. Brüder gelten dort ebenfalls als „Stammhalter" und werden in vielerlei Hinsicht bevorzugt.[305]

---

305 Vgl. Frick 2006: 101.

Die Heterogenität der Geschwisterbeziehungen wird in Gamzes Familie bestätigt. Die Autorität unter den Geschwistern folgt den Kriterien des Alters und nicht des Geschlechts.

> „Mit meinen Geschwistern verstehe ich mich sehr gut, die sind ja jünger als ich. Die haben auch Respekt vor mir, sie müssen hören, wenn ich denen was sage. Das verläuft nicht immer reibungsfrei, aber ich tue mein Bestes." (Gamze, 16)

Gamze hat eine gute Beziehung zur ihren Geschwistern, nicht zuletzt, weil sie jünger sind. Ihre beiden Brüder, sieben und neun Jahre alt, sollen wie die elfjährige Schwester Respekt gegenüber der älteren Schwester zeigen. Gamze ist eine Autorität, an der sich die jüngeren Geschwister orientieren können. Sie gibt ihnen Rat und fordert Respekt. Halten sich die Geschwister an die vorgegebenen Regeln, funktioniert die Geschwisterbeziehung aus der Sicht von Gamze problemlos.

Konflikte treten auf, wenn die jüngeren Geschwister neue Spiel- und Beziehungsregeln einfordern und sich die ältere Schwester nicht mit der Situation abfinden kann.[306] Gamze verschafft sich als ältere Schwester Respekt. Die Unterstützung ihrer Familie ist ihr sicher. Sie übernimmt Erziehungsaufgaben und Verantwortung für die jüngeren Geschwister. Mit dieser verantwortungsvollen Aufgabe kann Gamze gegenüber ihren Geschwistern ein respektvolles Verhalten einfordern.

Zugleich fällt ihr gegenüber den Geschwistern eine Vorbildfunktion zu, die sie zeitweise als Überforderung wahrnimmt, da sie „vernünftig" sein muss. Sie darf als ältere Schwester keine Schwächen zeigen, sodass Gefühle wie Einsamkeit und Bedürfnis nach emotionaler Zuwendung keinen Raum haben; sie muss sich hintanstellen.

> „Die Gefahr der Einsamkeit wird zusätzlich dadurch verstärkt, dass man als ältestes und ‚vernünftiges' Kind seine Eifersucht, Angst, Wut, Konkurrenzgefühle und das mitunter nicht zu unterdrückende Gefühl, auch wieder einmal klein und umsorgt zu werden, nicht zugeben kann."[307]

Unbeantwortet bleibt die Frage, ob Gamze als „ältere Schwester", die in dieser Geschwisterkonstellation eine Vorbildfunktion übernimmt, diese Vorbildfunktion zeitweise als Überforderung wahrnimmt.

In Mirays Familie sorgt die jüngere Schwester für den Zusammenhalt der Familienmitglieder. An einer Stelle des Interviews erwähnt Miray, dass sie mit ihrem Vater kaum ein Gespräch führt, es sei denn, ihr Vater spricht sie direkt auf

---

306 Vgl. Frick 2006: 49.
307 Frick 2006: 49.

ein Thema an (vgl. Abschnitt 4.1). Die distanzierte Beziehung zu ihrem Vater rückt in den Hintergrund, sobald sich die Familienmitglieder gemeinsam um die jüngste Tochter kümmern.

> „Mir macht es besonders viel Freude, dass ich nach einer so langen Zeit eine kleine Schwester bekommen habe. Wenn sie zu Hause ist, dann ist immer viel Freude zu Hause. Kein Stress, wir lachen alle zusammen und spielen alle zusammen und werden mit ihr wieder klein. Das bringt mir sehr viel Freude. Ich habe noch eine ältere Schwester und einen älteren Bruder. Wir verstehen uns super, Gott sei Dank. Mein (älterer Bruder)[308] ist vor zwei Jahren ausgezogen. Meine (ältere Schwester)[309] lebt noch mit uns zusammen." (Miray, 19 Jahre)

Allein die Gegenwart der jüngeren Schwester sorgt für eine harmonische Beziehung zwischen den Familienmitgliedern. Das jüngste Familienmitglied bringt die gesamte Familie zusammen. Miray verbindet eine wohlwollende Beziehung zu ihrer jüngeren Schwester. Mit ihr werden alle Familienmitglieder nicht nur zu kleinen Kindern, sondern teilen ihre Erlebniswelt, spielen und lachen gemeinsam mit ihr.

Die Beziehung zu ihren älteren Geschwistern beschreibt sie als „super" und unterstreicht die Aussage mit einem „Gott sei Dank". Sie ist dankbar für die harmonische Beziehung zu ihren Geschwistern.

Es zeigt sich, dass es unter Schwestern weniger Konflikte infolge von Normverstößen gibt und das Bestreben nach einer intakten Geschwisterbeziehung im Mittelpunkt steht. Anders als unter Brüdern neigen Schwestern nicht zu Aggressionen und Gewaltausbrüchen, da Auseinandersetzungen in der Regel verbal ausgetragen werden.

Auch Ela schildert eine überwiegend intakte Beziehung zu ihrer jüngeren Schwester.

> „Mit meiner Schwester verstehe ich mich gut, aber es gibt auch öfters Stress wegen Klamotten. Sie sagt, sie möchte meine Sachen anziehen. Das erlaube ich ihr nicht immer, dann ist sie wütend, weil sie gern meine Sachen anzieht und meint, dass ich auch öfters Klamotten bei ihr ausleihe. Solche Streitigkeiten gibt es zwischen uns, also Kleinigkeiten. Ich kann meine Geheimnisse mit meiner Schwester teilen, obwohl sie klein ist. Sie erzählt mir auch ihre Geheimnisse. Ich habe ein freundschaftliches Verhältnis mit ihr. Manchmal wundere ich mich, denn sie ist erst elf Jahre, aber verhält sich wie eine Fünfzehnjährige. Sie ist sehr reif für ihr Alter." (Ela, 17 Jahre)

Trotz einiger Auseinandersetzungen, die Ela als „Kleinigkeiten" beschreibt, führen die beiden Schwestern ein freundschaftliches Verhältnis. Die geschilderten Konflikte der beiden Schwestern sind für eine Geschwisterbeziehung nicht ungewöhnlich und können entwicklungsfördernd sein.

---

308 Diese Bezeichnung spricht Miray auf Türkisch: *Abi.*
309 Diese Bezeichnung spricht Miray auf Türkisch: *Abla.*

„Da Geschwister nicht nur streiten, sondern sich meistens auch wieder zusammenraufen, lernen sie gemeinsam, auch ohne Erwachsene, Probleme zu bewältigen, mit Konflikten umzugehen, Differenzen durch Verhandlung auszugleichen und sich wieder zu vertragen."[310]

Streiten und die damit verbundenen Diskussionen können kommunikative und argumentative Fähigkeiten fördern und die Fähigkeit zur Beurteilung der eigenen Stärken und Schwächen entwickeln.[311] Ela und ihre Schwester zeigen Interesse füreinander, sodass Ela für die jüngere Schwester eine Vertrauensperson ist. Sie teilen ihre Geheimnisse, Sorgen und Alltagsprobleme miteinander. Die Schwestern leben eine partnerschaftliche Geschwisterbeziehung, die durch die Reife ihrer jüngeren Schwester bestärkt wird.

In Defnes Familie ist die Erziehungsrolle klar definiert. Die Verantwortung für Erziehungsaufgaben obliegt überwiegend der Mutter und nicht den sonst tragenden Geschwistern.

„Mit meiner Schwester verstehen wir uns sehr gut. Da wir nur ein Jahr Unterschied haben, sind unsere Interessen so ziemlich gleich. Und mit meinen Eltern verstehen wir uns auch gut. Mit meinen Bruder verstehe ich mich auch gut. Bei uns zu Hause hat eher meine Mutter was zu sagen, mein Vater eher nicht und meine Geschwister schon gar nicht. Also, wenn wir irgendwo hingehen wollen, fragen wir meine Mutter. Wenn mein Vater was dagegen hat, dann können wir ihn auch schnell überreden. Meine Mutter hat Vertrauen zu uns. Deshalb dürfen wir auch mehr. Sie weiß, dass wir nichts Schlimmes machen. Falls wir doch was machen, was wir nicht dürfen, bekommen wir Ärger und wenn nicht, dann nicht." (Defne, 15 Jahre)

Bei Defne haben die Geschwister untereinander keine ausgeprägte Erziehungsrolle. Solange die Schwestern nicht gegen die Erwartungen ihrer Eltern handeln, genießen sie deren Vertrauen, das ihnen gewisse Freiheiten gewährt, die sie sonst nicht bekommen würden. Ihren Vater beschreibt sie als nachgiebig, sodass er die direkte Kontrolle über die alltäglichen Aktivitäten seiner Kinder verliert. So bleibt die Erziehungsaufgabe in der Verantwortung der Mutter. Es bestehen unter den Geschwistern keine offensichtlichen Beziehungsprobleme und Konflikte. Mit ihrer älteren Schwester, zu der sie eine partnerschaftliche Geschwisterbeziehung pflegt, teilt sie dieselben Interessen. Offen bleibt Defnes Beziehung zu ihrem zwölfjährigen Bruder, die konfliktfrei zu verlaufen scheint.

Dilara hat als älteste Schwester eine große Verantwortung für ihre jüngeren Geschwister von den Eltern übertragen bekommen. Da die Eltern in Vollzeit erwerbstätig sind, hat Dilara einen großen Umfang der Erziehungsaufgaben übernehmen müssen.

---

310 Frick 2006: 188.
311 Vgl. Frick 2006: 188.

„Eigentlich haben meine Eltern die ganze Zeit gearbeitet. Ich bin nach Hause gekommen und habe auf meine Geschwister aufgepasst. Ich habe für sie gekocht, geputzt und später bin ich arbeiten gegangen und sehr spät immer zu Hause gewesen. So war das eigentlich immer. Ich konnte öfters nicht zur Schule gehen, weil ich dann keine Zeit mehr dazu hatte. Also, was heißt Zeit, ich hatte auch irgendwann keine Lust mehr, weil das alles um Zeit ging. Ich musste die ganze Zeit hin und her laufen, und dann wollte ich auch mal ausschlafen. Dann bin ich nicht zur Schule gegangen, sondern arbeiten. Ich bin die Älteste in der Familie. Für meine Eltern war ich auch immer die Älteste, die alles machen muss. Die anderen können nicht, die sind noch zu klein, haben sie immer gesagt." (Dilara, 16 Jahre)

Dilara hat sich für einen Schulabbruch entschieden, da sie sich durch die erhebliche Verantwortung für die jüngeren Geschwister möglicherweise überfordert fühlte. Insofern war die Entscheidung von Dilara als Hilferuf an die Eltern zu verstehen, der jedoch kein Gehör fand. Dilara nutzte die morgendlichen Freistunden, sobald ihre Eltern und Geschwister aus dem Haus gingen, um allein zu sein oder um auszuschlafen. Im Nachfrageteil des Interviews berichtet Dilara, dass sie viele Aufgaben für ihre Geschwister übernehmen musste, die auf die Geschwisterbeziehung jedoch keine negativen Auswirkungen gehabt hätten. Sie sei wütend auf ihre Eltern, dass sie als ältere Schwester deren Aufgaben übernehmen musste. Dilaras Eltern hätten nicht mit ihr besprochen, wie viel Verantwortung für Dilara zumutbar sei, sondern es als selbstverständlich angenommen, dass sie für die Geschwister zuständig sei. In der Folge entschied sich Dilara für den Schulabbruch, um sich Entlastung zu verschaffen.

Die von Dilara geschilderte Lebenssituation ist ein Beispiel für die Benachteiligung der Mädchen und jungen Frauen mit türkischem Migrationshintergrund. Die sozioökonomischen Bedingungen beeinflussen die Sozialisation, sodass kindliche Entwicklungen unterschiedlich verlaufen. Kinder aus besser gestellten Schichten erhalten Unterstützung während der kindlichen Entwicklung. Kinder aus sozial benachteiligen Familien erhalten von ihren Eltern häufig nicht diese Unterstützung, sodass es zu weiteren sozioökonomischen Benachteiligungen kommen kann.

4.3   Weitere Verwandtschaftsbeziehungen als Sozialisationsinstanz

Eine weitere bedeutende Sozialisationsinstanz innerhalb des erweiterten Familienkreises sind die näheren Verwandten, zum Beispiel Onkel, Tanten und Großeltern. Sie übernehmen Teile der elterlichen Erziehung und sind berechtigt, einen direkten oder indirekten Einfluss auf das Verhalten der Mädchen und jungen Frauen zu nehmen.

„Die Sozialisationspraktiken, die das ehrerbietige, loyale, gehorsame Familienmitglied hervorbringen, bauen auf die Aufrechterhaltung externer Kontrolle über die Person."[312]

Die Eltern erwarten von ihren Kindern, dass Respekt und Folgsamkeit auch anderen erwachsenen Verwandten und Mitgliedern der Gemeinschaft entgegengebracht werden.[313] Diese Haltung der Eltern signalisiert gegenüber den Verwandten und Bekannten ein Vertrauen, das ihnen das Recht verleiht, sich in die Erziehung der Mädchen und jungen Frauen einzumischen. Es geht dabei ganz allgemein um die Beachtung der kulturellen und religiösen Gebote, aber speziell auch um ein sittsames Auftreten im Hinblick auf Kleidung, voreheliche Freundschaften zu jungen Männern und Freizeitverhalten an Wochenenden. Grundsätzlich wird von den Mädchen und jungen Frauen Gehorsam und Respekt gegenüber den Verwandten erwartet.

Im Nachfrageteil der Interviews wurden die Mädchen und jungen Frauen auf die Frage der Verwandtschaftsbeziehungen erneut angesprochen. Das besondere Interesse an dieser Frage resultiert aus der Annahme, dass die Kindererziehung in der Türkei in der Regel im sozialen Umfeld der Familie stattfindet und auf das Erlernen der sozialen Rollen ausgerichtet ist.[314]

Die Nachfragen haben ergeben, dass die Verwandten für fünf der interviewten Mädchen und jungen Frauen eine bedeutende Sozialisationsinstanz sind. Drei Mädchen und junge Frauen haben keine direkten Verwandten in derselben Stadt und im sozialen Umfeld. Bei zwei Mädchen sind die Verwandten nicht in die Erziehung involviert oder haben keinerlei Mitspracherecht, weil die Eltern keine intakte Beziehung zu diesen Verwandten pflegen.

Ceydas Mutter teilt sich mit ihren Geschwistern die Erziehung ihrer Töchter. Die Erziehungsberechtigung geht mit den elterlichen Erziehungsvorstellungen einher. Ein bestimmtes Verhalten kann ohne die Zustimmung der Eltern eingefordert werden. Ceydas Onkel ist befugt, ohne die Zustimmung der Mutter Kontrolle auszuüben und Verbote in der Erwartung auszusprechen, dass die Weisungen befolgt werden.

> „Wir haben schon Regeln zu Hause, zum Beispiel wann ich zu Hause sein soll. Ab einem bestimmten Zeitpunkt darf ich nicht mehr telefonieren oder vor den PC, solche Regeln halt. Auch wenn meine Mutter nichts sagt, kann das mal sein, dass mein Onkel oder meine Tante was sagen. Mein Onkel wohnt über uns und meine Tante unter uns. Wenn wir mal was machen, schimpft mein Onkel. Meine Schwester hat einen Freund. Wenn mein Onkel das sieht, sagt er, dass dürft ihr nicht, bringt die Jungs nicht mit nach Hause, oder ihr dürft euch nicht mit Jungs treffen. Wenn ich euch erwische, dann passiert was, sagt er dann immer. Einmal wurde meine Schwester

---

312 Kagitcibasi/Sunar 1997: 157.
313 Vgl. Kagitcibasi/Sunar 1997: 157.
314 Vgl. Kagitcibasi/Sunar 1997: 145.

erwischt, dann hat er mit ihr geschimpft, dass er das nie wieder sehen möchte, wenn er sie noch einmal erwischen sollte, passiert was, hat er gesagt. Aber er macht eigentlich gar nichts, er schimpft nur." (Ceyda, 14 Jahre)

Ceydas Eltern haben sich vor einigen Jahren scheiden lassen. Nach der Trennung entschied die Mutter, mit den Kindern in die Nähe ihrer Familie zu ziehen. Einige Zeit später wurde eine Wohnung in dem Haus frei, in dem der Onkel und die Tante bereits lebten. Ceyda erzählt, dass ihre Mutter erwerbstätig und erst am Abend zu Hause sei. Nach der Schule seien der Onkel und die Tante für die Aufsicht ihrer Nichten zuständig. Die Beaufsichtigung schließt auch ein, Verbote auszusprechen. So gibt es für Ceyda nicht nur die Mutter als Erziehungsinstanz, sondern auch die Verwandten. Ceyda stellt die Erziehung ihres Onkels nicht infrage, sondern fügt sich den Forderungen ohne Widerspruch. Ceyda weiß: Auch wenn ihre Mutter einige ihrer Verhaltensweisen erlaubt, kann es sein, dass ihr Onkel ganz anders entscheidet. Ihr Onkel spricht die Mädchen direkt auf ihr Fehlverhalten an und droht ihnen mit Konsequenzen, die aber offen bleiben.

Aylin nimmt die Erziehungsaufgaben ihres Onkels, der die Verhaltensvorschriften stets der Mutter mitteilt und selbst im Hintergrund bleibt, nur indirekt wahr.

„Im Moment hab' ich nur diese einzigen Probleme, dass ich mit meiner Mutter in letzter Zeit sehr viele Probleme hatte, weil mein Onkel sich sehr bei mir einmischt, wenn ich zum Beispiel Ausschnitte trage. Das mag er nicht. Und natürlich respektiere ich das auch. Okay, ich will ja auch nicht, dass, wenn ich mich zum Beispiel bücke, dass man dann alles sieht oder so. Dann ziehe ich mir halt was da drunter, aber er kommt nicht und sagt es mir, sondern er schreit meine Mutter an. Er geht und schreit meine Mutter an und sagt, obwohl er kleiner ist als meine, jünger ist als meine Mutter, schreit er sie an und sie kommt dann zu mir und sagt, ich bekomme immer wegen dir Ärger. Könntest du jetzt bitte mal damit aufhören. Also wir streiten uns regelrecht auch deswegen." (Aylin, 15 Jahre)

Aylin versteht nicht, warum ihr Onkel sie nicht direkt anspricht. Er beschimpft lediglich ihre Mutter. Nach Aylins Verständnis müsste sich ihre Mutter gegen ihren jüngeren Bruder durchsetzen können und schützend vor Aylin stellen. Stattdessen rät die Mutter ihr, die Verhaltensvorschriften ihres Onkels zu befolgen, damit sie nicht „zwischen die Fronten" gerate. Es scheint, als könne sich Aylins Mutter nicht gegen ihren jüngeren Bruder durchsetzen. Die besondere Stellung des Onkels in Erziehungsfragen zeigt sich darin, dass die Mutter einige der infrage kommenden Verhaltensweisen ihrer Tochter akzeptiert. Es erweckt den Anschein, als stieße die Mutter während solcher Konflikte an ihre Grenzen, da der Druck ihres Bruders zu intensiv wird. Sie bittet ihre Tochter, die Verhaltensvorschriften des Onkels zu befolgen, auch mit der Konsequenz, dass es zu fortgesetzten Konflikten zwischen Mutter und Tochter kommen könnte. Während des Interviews bleibt Aylins Beziehung zum Onkel unklar. Einerseits schildert sie eine gute Beziehung zu ihm, andererseits trägt sie Konflikte mit ihrer Mutter aus, weil sie die Verhaltensvorschriften ihres Onkels nicht ohne Weiteres akzeptieren möchte.

Aylin äußert sich während des Interviews ablehnend zu den Verhaltensvorschriften ihres Onkels, die sie zugleich als Anerkennung ihrer Person wahrnimmt. Die widersprüchliche Beziehung zu ihrem Onkel zeigt sich fortwährend im Interview.

> „Vor allem zu meinem Onkel habe ich eine gute Beziehung. Er hat auch keine Mutterliebe bekommen, aber er gibt sehr viel Liebe. Ich weiß nicht, wie das kommt, aber er gibt sehr viel Liebe. Und er passt so gut auf mich auf, dass ich ihn, sag' ich mal, teilweise mehr als meine Eltern mag. Also ich liebe ihn total, weil, umso mehr man sich um jemanden kümmert, umso mehr mag die Person denjenigen auch. Und mein Onkel liegt mir sehr am Herz, sehr am Herzen. Er passt besser auf mich auf als mein Vater." (Aylin, 15 Jahre)

Aylin nimmt ihren Onkel als fürsorglich wahr, der gut auf sie aufpasse und sich um sie kümmert. Er kontrolliert die Uhrzeiten des Nachhausekommens, weil er sich Sorgen um sie mache. Sie beschreibt ihn als Beschützer und Vaterersatz. Die Fürsorge des Onkels verschafft Aylin ein Gefühl von Sicherheit, das sie von ihren Eltern nicht erhält. Das Wort „kümmern" benutzt Aylin als Synonym für Aufmerksamkeit und Liebe. Da ihre Eltern getrennt leben, ist die persönliche Nähe zu ihrem Onkel eher gegeben als die zu ihrem Vater. Ihr Onkel ist immer für Aylin präsent, er macht sich um sie Sorgen und interessiert sich für ihre Bedürfnisse. Aylin erlebte bislang keine direkte Konfrontation mit ihrem Onkel. Ihr gegenüber spricht er keine Verbote aus. Deshalb kann sie sich nicht mit ihrer Mutter solidarisieren und gegen den Onkel auflehnen. Ihre Mutter müsse Verantwortung für sich selbst übernehmen und sich gegenüber dem Bruder durchsetzen, wenn sie mit seinen Äußerungen nicht einverstanden sei.

Dilaras Großmutter ist wie die anderen Familienmitglieder eine gleichberechtigte Erziehungsinstanz.

> „Meine Oma hat sich in unsere Erziehung eingemischt, eigentlich haben sich irgendwie alle eingemischt. Sie haben mitentschieden, wie wir erzogen werden sollen. Vielleicht waren meine Eltern auch unsicher mit der Erziehung, deshalb haben sie das zugelassen, glaube ich." (Dilara, 16 Jahre)

Für Dilara sind nicht nur die Eltern Erziehungsberechtigte, an denen sie sich orientieren muss, auch Verwandte wie ihre Großmutter waren für ihre Erziehung bedeutsam. Im Nachfrageteil des Interviews weist Dilara auf die Bedeutung ihrer

Großmutter bei Entscheidungen in der Familie hin. Jeder Widerspruch gegen die Großmutter wird als respektlos empfunden. Dilara sagt an einer Stelle des Interviews: „Es wäre ihr gegenüber respektlos."[315] Auch Widerspruch gegen die Mutter käme einer Ablehnung und Missachtung einer familiären Autorität gleich.

> „Eine von den Eltern getroffene Entscheidung darf nicht angezweifelt werden. ‚Widersprechen' wird als höchst aufsässiges Verhalten betrachtet."[316]

Dilara gelangt zu der Einschätzung, dass ihre Eltern mit der Erziehung überfordert seien. Ihr Vater habe in ihrer Gegenwart häufig erwähnt, dass die Erziehung seiner Eltern nicht grundsätzlich falsch gewesen sei. Für Dilara ist diese elterliche Grundhaltung schwer hinzunehmen, da ihr das Recht genommen wird, eigene Sichtweisen mit den Eltern zu diskutieren.

Auch Ebru empfindet, dass die Eltern den Verwandten ein hohes Mitspracherecht in der Erziehung zugewiesen haben. Mit der Betonung „alle haben sich eingemischt" und „irgendwie passen alle auf" unterstreicht sie den Einfluss der Verwandten auf ihren Alltag.

> „Irgendwie passen alle auf, mein Onkel, meine Tante, Freunde meiner Eltern, Nachbarn, alle. Man kann sich nicht in Ruhe bewegen, es gibt immer was auszusetzen." (Ebru, 14 Jahre)

Ebru fühlt sich in ihrer Freiheit eingeschränkt, weil die Familienmitglieder ihren Alltag kontrollieren. Sie darf keine eigenen Entscheidungen treffen. Es erweckt den Anschein, als gebe es für Ebrus Verhalten keine Akzeptanz in der Verwandtschaft. So wird Ebrus Alltag vom gesamten sozialen Umfeld beeinflusst.

Auch Gamze benennt ihre Verwandten als erziehungsberechtigte Instanz. Sie hat den Eindruck, dass die Verwandten elterliche Aufgaben übernehmen.

> „Meine Eltern empfinden die Verwandten bei der Erziehung als Entlastung. Meine Tante wohnt in der Nähe, sie schaut oft bei uns rein, um nach dem Rechten zu sehen. Sie kocht für uns und ist für uns da, wenn meine Mutter nicht zu Hause ist. Wir müssen auch meine Tante um Erlaubnis fragen." (Gamze, 16 Jahre)

Gamze erwähnt, dass ihre Mutter eine Vollzeittätigkeit ausübt und deshalb am Nachmittag nicht bei ihren heranwachsenden Kindern sein kann. In Abwesenheit der Mutter übernimmt die Tante die volle Verantwortung für Gamze und ihre Geschwister. Ihr wird eine uneingeschränkte Entscheidungsbefugnis in Erziehungsfragen zugesprochen, auch dann, wenn die Schwestern anderer Meinung sind. Sie

---

315 Diesen Satz spricht Dilara auf Türkisch: *Ona karşı saygısızlık olur.*
316 Kagitcibasi/Sunar 1997: 157.

erzählt, dass ihre Mutter und ihre Tante nicht immer derselben Meinung seien, ihre Mutter jedoch aus Respekt vor ihrer Tante oft schweige. Gamze verdeutlicht diese Haltung, indem sie formuliert: „Zu Älteren darf man nicht ungehorsam sein."[317]

4.4 „Kultur hat doch nichts mit der Religion zu tun" – Die Rolle der Religion im Alltag der Mädchen und jungen Frauen

Einige Studien befassen sich mit dem Thema „Religion bzw. Religiosität von Jugendlichen mit Migrationshintergrund". Dabei gelangen die Autoren zu der Erkenntnis, dass die bewusste Hinwendung zum Islam eine „authentische" Lebensführung bedeutet und einen Verbleib im gemeinsamen Erfahrungsbereich der Eltern ermöglicht. Dieses Interesse gewährt wiederum eine selbstständige Aneignung von Wissensinhalten und verleiht ihnen den Status von Experten gegenüber den Eltern.[318] Dieses Verhalten wird als ein Typus „sanfter Emanzipation" bezeichnet, der die offene Konfrontation mit der Elterngeneration verhindert.

Dieses Ergebnis kann als ein Beispiel dafür gewertet werden, dass es türkischen Jugendlichen gelingen kann, sich von den traditionellen Rollenerwartungen der Elterngeneration zu lösen und „eigene" Lebensentwürfe zu entwickeln. Dabei werden bestimmte Elemente aus der türkischen und der deutschen Kultur, die für sie selbst annehmbar erscheinen, in den Lebensalltag integriert.

Die im Rahmen der vorliegenden Untersuchung interviewten Mädchen und jungen Frauen haben eine eigene Vorstellung davon, welche Regeln der Islam ihnen im Alltag auferlegt und welche Verhaltensvorschriften und Handlungsspielräume sich aus diesen Regeln, Normen und Werten ableiten lassen. Die Hauptquelle des islamischen Gesetzes ist der Koran. Für den gläubigen Muslim ist der Koran das ewige Wort Gottes. Die Vielschichtigkeit des Korans ist der Grund dafür[319], dass die Mädchen und jungen Frauen die Religion in unterschiedlicher Weise erleben, interpretieren und in ihren Alltag integrieren.

Die religiösen Vorstellungen wurden im ersten Teil des Interviews nicht explizit angesprochen. Einige der interviewten Mädchen und jungen Frauen versuchten jedoch, ihr Verhalten mit religiösen Motiven zu erklären. Aufgrund dieser Deutungen gewann das Thema „Religion" im Laufe des Interviews eine große Bedeutung, sodass die Mädchen und jungen Frauen im Nachfrageteil des Interviews explizit auf ihr Verhältnis zur Religion angesprochen wurden.

---

317 Diesen Satz spricht Gamze auf Türkisch: *Büyüklere saygısızlık yapılmaz.*
318 Vgl. Boss-Nünning/Karakasoglu 2006: 24.
319 Vgl. Schimmel 1999: 33.

Während des Interviews stellt Miray in einem anderen Zusammenhang die Frage, was der Unterschied zwischen Religion und Kultur sei. Denn für Miray lässt sich Kultur nicht mit Religion gleichsetzen.

> „Was meinst du, was der Unterschied zwischen Religion und Kultur ist? Also die Kultur ist ja, jeder muss selber wissen, was er macht, ob er in die Moschee geht oder nicht oder Kopftuch trägt oder nicht. Religion ist, dass man sich an die Sachen hält und dass man an die Sachen glaubt. Dass man sich daran hält und kein schlechter Mensch ist gegenüber andere. Dass man kein Alkohol trinken darf, dass man kein Tattoo haben darf, kein Schweinefleisch isst und dass man sich von schlechten Sachen, Umgebung und Menschen fernhält. Also sich treu bleiben. Ich würde gern mehr über die Religion erfahren und das, was unsere Vorfahren gemacht haben. Ich würde gern aufgeklärt werden diesbezüglich." (Miray, 19 Jahre)

Für Miray ist Kultur eine Form von Freiheit, indem jeder für sich selbst entscheiden kann, ob beispielsweise religiöse Riten oder eine strikte Kleiderordnung eingehalten werden. Miray macht die Kultur am unmittelbaren Verhalten der Menschen fest (wie z. B. Moscheebesuche und das Tragen eines Kopftuchs).

Die Religion hingegen unterteilt sie in eine zwischenmenschliche Beziehungsebene und in persönliche Lebensweisen. Als Beispiele führt sie Tätowierungen, Alkoholkonsum und Schweinefleischverzehr an. Sie nennt Beispiele aus dem Alltag, die als Unterscheidungsmerkmale in der öffentlichen Diskussion über die Integration von Migranten immer wieder aufgegriffen werden. Auch die Wahrung von Distanz zu Menschen, die einen schlechten Einfluss ausüben könnten, sei wichtig. Allerdings kann sie weitere Merkmale für Kultur und Religion nicht mit Inhalt füllen und spricht ganz allgemein von „Sachen".

Miray fasst ihr Verständnis von Religion mit den Worten „sich selbst treu bleiben" zusammen. Mit dieser Aussage beschreibt Miray ihren individuellen Verhaltenskodex, der sich nicht explizit auf religiöse Vorstellungen bezieht. Ihre Unsicherheit äußert sich schließlich in dem Wunsch, mehr über dieses Thema und insbesondere über ihre Vorfahren zu erfahren. Gemeint sein könnten ihre Großeltern, die noch in der Türkei leben. Moscheebesuche lehnt sie jedoch ab. Es scheint ihr wichtig, dass die Religion in ihren Vorstellungen existiert, die Einhaltung religiöser Verpflichtungen jedoch nicht in ihr aktuelles Lebenskonzept passt.

Für Irem ist die Religion ein wichtiger Bestandteil des Alltags. Sie ist in einem religiös orientierten Elternhaus aufgewachsen, sodass ihr Verhalten von religiösen Wert- und Normenvorstellungen geprägt ist.

> „Die Religion ist sehr wichtig, ich wurde auch religiös erzogen. Ich habe alles, was ich weiß, von meinen Eltern gelernt, und das wurde alles auch bei mir so eingeprägt. Wenn mir jemand die Frage stellen würde, warum ich religiös bin, könnte ich es nicht beantworten. Weil ich das von

meinen Eltern geerbt bekommen habe. Ich habe das von denen gesehen, wie sie das gemacht haben. Alle aus meinem Umfeld machen das so. Das hat wahrscheinlich auch was mit der Umgebung zu tun, das wird von denen auf andere eingeprägt. Für mich ist es wichtig, dass man sich an die Religion hält. Niemand ist perfekt, keiner kann das alles richtig machen, keiner sollte andere darüber verurteilen, wie sie ihre Religion leben. Manche Menschen machen das so, sie sind selber nicht perfekt, aber meckern über andere Menschen. Ich glaube, die Religion hat auch was damit zu tun, dass man respektvoll miteinander umgeht. Ich würde meine Kinder auch religiös erziehen. Früher bin ich zur Koranschule gegangen, aber heute mache ich das nicht mehr." (Irem, 20 Jahre)

Warum Irem religiös ist, kann sie nicht aus einer selbst angeeigneten Überzeugung erklären; es ist das Ergebnis ihrer Sozialisation in der Familie. Die Eltern übernehmen im Hinblick auf religiöse Werte und Normen eine Vorbildfunktion. Irem hat die religiöse Orientierung ihrer Eltern habitualisiert. Von ihnen hat sie gelernt, wie sie als religiöse Muslimin leben soll. Dazu gehört für sie unter anderem die Bekleidungsvorschrift (sie verweist auf ihr Kopftuch). Hinzu kommt, dass ihr unmittelbares soziales Umfeld dieselben religiösen Lebenseinstellungen teilt und maßgeblich an ihrer religiösen Erziehung beteiligt ist. Das Leben nach religiösen Regeln wird von der Sozialisation der Eltern und dem sozialen Umfeld geprägt. Irem füllt ihr religiöses Verständnis mit Werten wie dem respektvollen Umgang und der Akzeptanz unterschiedlicher Lebenseinstellungen. Für sie sei wichtig, nach den Vorgaben der Religion zu leben, benennt jedoch nicht, um welche religiösen Vorstellungen es sich dabei handelt. Später möchte sie ihre Kinder nach muslimischen Vorstellungen erziehen. Die Religion stellt für Irem einen Orientierungsrahmen bereit, der ihre Erfahrungen in der Alltagswelt strukturiert.

Ela ist die einzige Interviewte, für die das Lesen des Korans eine hohe Bedeutung hat. Ela hat die Religion durch ihre Großmutter vermittelt bekommen. Das Tragen eines Kopftuchs ist für Ela nicht zwangsläufig ein Zeichen für Religiosität.

„Ich trage zwar kein Kopftuch, habe aber den Koran gelesen. Ich werde es das zweite Mal lesen. Da ich das mit meiner Oma gelernt habe. Ich bin immer mit ihr zu einem Hodscha gegangen. Meine Oma betet auch, aber meine Eltern nicht. Wir besprechen das auch immer, was Sünde ist und was nicht. Lügen und Lästern zum Beispiel. Es ist eigentlich auch Sünde, dass wir nicht beten. Kopftuch muss man nicht tragen, das steht nicht im Koran. Aber im Hadith, aber das ist ja egal. Ja, was noch, Alkohol trinken, Schwein essen. Das ist für mich alles Sünde. Es gibt auch was anderes, aber das habe ich jetzt nicht im Kopf. Für mich ist das auch wichtig, dass ich mich daran halte, ich versuche es. Ich habe angefangen, mit neun Jahren den Koran zu lesen, zwischendurch hab ich auch mal nicht gelesen, weil wir im Urlaub waren." (Ela, 17 Jahre)

Ela wird von ihrer Großmutter an die Religion herangeführt, mit der sie gemeinsam einen Hodscha[320] aufsuchte, um dort den Koran[321] rezitieren zu lernen. Die meisten Kinder gläubiger Muslime gehen bereits im Vorschulalter in die Koranschule, um den Koran kennenzulernen. Das Lesen des Korans hat für den gläubigen Muslim eine wichtige Bedeutung, weil er als Gottes Wort angesehen wird. Deshalb dürfen alle Gebete, die auf dem Koran beruhen, von den Gläubigen nur auf Arabisch rezitiert werden.[322] Elas Großmutter ist Bindeglied und Vermittler zwischen der Religion und Elas Alltagswelt. Mit ihr bespricht sie, welche religiösen Normen muslimische Gläubige einhalten sollten. Dabei bemerkt Ela, dass Beten ein wichtiges Ritual für Muslime ist, das ihre Eltern nicht befolgten. Weiterhin benennt sie Lügen, Lästern, Alkoholkonsum und den Verzehr von Schweinefleisch als Sünden. Ela hat noch einige andere religiöse Normen im Kopf, die sie im Interview nicht benennen kann. (Am Ende des Interviews geht Ela noch einmal auf das Tragen des Kopftuchs ein. Dabei scheint es ihr wichtig, die Bedeutung des Kopftuchs zu erläutern.) Für Ela ist das Kopftuch nicht zwangsweise eine aus dem Koran ableitbare religiöse Kleidungsordnung, sondern eine Vorschrift, die aus dem Buch Hadith[323] stammt, das die überlieferten Verhaltensvorschriften für Muslime beschreibt. Das Einhalten der im Koran vorgesehenen Alltagshandlungen wie das Gebet ist für sie wichtig. Sie integriert es in den Alltag.

Aus der Perspektive von Dilara steht das Tragen des Kopftuchs für eine uneingeschränkte Hingabe zum Islam, die der Öffentlichkeit gezeigt wird. Dilara lehnt das Tragen des Kopftuchs ab. In ihrem sozialen Umfeld ist es auch nicht üblich.

> „Wir sind gläubig, aber nicht so strenggläubig. Man muss nicht unbedingt ein Kopftuch tragen, ist bei uns nicht angesagt. Wir haben in der Fastenzeit gefastet, da bin ich auch mit meiner Freundin in die Moschee gegangen und habe gebetet oder dass wir von zehn bis 14 Jahren in die Moschee gehen mussten. Und jetzt, wenn ich sage, dass ich es nicht möchte, muss ich das auch

---

320 Hodscha ist ein islamischer Gelehrter mit einer theologischen Ausbildung.
321 „Die Hauptquelle des islamischen Gesetzes ist der Koran. Für den gläubigen Muslim ist der Koran das ewige Wort Gottes. Er enthält die Worte, die Gott seinem Gesandten Muhammad offenbart hat bzw. durch den Engel Gabriel hat überbringen lassen mit dem Auftrag, sie den Menschen zu verkünden. So sind die Bestimmungen des Korans als Verfügungen Gottes anzunehmen. Sie besitzen eine absolute Autorität und höchste Verbindlichkeit." (Khoury 2008: 16)
322 Vgl. Schimmel 1999: 33.
323 „Die zweite Hauptquelle des Islams ist die Sunna, der vorbildliche Weg des Propheten Muhammad. Für den Glauben der Muslime ist Muhammad der Verkünder der göttlichen Offenbarung [...] Die Art und Weise, wie Muhammad inmitten seiner Gemeinde lebte und seine Pflichten als vorbildlicher Muslim erfüllte, wie er die Gläubigen auf den Weg Gottes führte, seine Sprüche, durch die er das Recht feststellte, das rechte Verhalten lobte, die verwerflichen Werke tadelte, sein Schweigen, durch das er erlaubte Handlungen signalisierte – all das verdeutlichte seinen Weg und wurde durch verschiedene Gewährsleute erzählt. Ihre Berichte und Erzählungen (*Hadith*) wurden später gesammelt. Sie bilden die Tradition des Islams und somit eine Hauptquelle der islamischen Religion." (Khoury 2008: 16)

nicht. Meine Mutter zwingt uns aber nicht mehr, sie sagt nur, es wäre besser, wenn wir dort hingehen würden. Ich bin nicht streng gläubig, aber die meisten Türken haben die Religion mit der Kultur gemischt. Kultur hat doch nichts mit der Religion zu tun. Unsere Religion verbietet uns zu klauen, deshalb klaue ich auch nicht wie die meisten. Auch das Lügen ist nicht erlaubt, ich kann auch nicht richtig lügen. Man sieht es mir sehr schnell an, wenn ich das mal versuche. Manche denken, dass die Religion ein Terrorismus ist, das hat damit ja gar nichts zu tun. Meistens sind Sachen nicht erlaubt, weil sie dir oder andere Leute schaden. Mit dem Kopftuch ist es eine Sache, man soll keine Aufmerksamkeit auf sich ziehen. Manche übertreiben das mit dem Kopftuch, sie ziehen schwarze Schador an, aber das ist natürlich auch eine persönliche Entscheidung." (Dilara, 16 Jahre)

Dilara musste vier Jahre lang den Unterricht in der Moschee besuchen, um sich Kenntnisse über den Islam anzueignen. Mit 16 Jahren durfte sie selbst entscheiden, ob sie den weiterführenden Unterricht in der Moschee besuchen wollte. Da sie sich nicht als strenggläubige Muslimin empfindet, besucht sie die Moschee nur zu religiösen Feiertagen und für Gebete in der Fastenzeit.[324] Außerdem behauptet Dilara, dass die meisten Türken die Religion mit Kultur vermischen würden. Ihr Verständnis von Religion ist, die Regeln des Islams zu befolgen.

Ein eigenes Verständnis von Kultur und Religion benennt sie nicht. Dilara bemängelt, dass einige Menschen im Islam eine Form von Terrorismus sähen. Doch die Ethik des Islams liegt darin begründet, sich und anderen Menschen nicht zu schaden. Dilara lehnt das Tragen des Kopftuchs ab, da Frauen dadurch unnötig Aufmerksamkeit auf sich zögen; ein solches Verhalten sei im Islam jedoch nicht erlaubt. Anschließend relativiert sie ihre Kritik mit dem Argument, dass das Tragen des Kopftuchs eine freiwillige Entscheidung sei. Dilaras Verständnis des Islams bleibt insgesamt unklar und widersprüchlich, sodass sie lediglich Verhaltensregeln nennt, die auch außerhalb religiöser Traditionen als angemessen angesehen werden.

Wie einige andere Mädchen und junge Frauen musste auch Defne zum Erlernen des Korans an Wochenenden den Unterricht in der Moschee besuchen.

„Wir mussten früher am Wochenende in die Moschee gehen und Koran lesen lernen. Nach der Moschee durften wir machen, was wir wollen. Und jetzt, in dem Alter kann sich mein Vater bei uns nicht mehr durchsetzen. Wir gehen jetzt auch nicht mehr in die Moschee, nur mein Bruder ab und zu. Mein Vater betet auch. Manchmal gibt es auch so Sprüche von meinem Vater, ihr sollt auch zur Moschee gehen, und dann sagen meine Onkel, die früher auch gezwungen wurden, in die Moschee zu gehen, die verstehen uns so, die stehen immer hinter uns, wir müssen nicht. Mein Vater macht halt manchmal solche Sprüche. Ich würde meine Kinder auch religiös erziehen. Ich würde auch wollen, dass meine Kinder von elf bis zwölf Jahren in die Moschee

---

324 Im Monat Ramadan, dem neunten Monat des islamischen Mondjahres, darf der Muslim von der Morgendämmerung bis zur Vollendung des Sonnenuntergangs nichts essen, nichts trinken, nichts in den Körper einführen. Nach dem Fastenbrechen besuchen viele, die sonst nicht in die Moschee gehen, die Predigt und verrichten in der Gemeinschaft das Gebet (vgl. Schimmel 1999: 73).

gehen, halt nicht jeden Tag, aber am Wochenende. Ich hatte selber nie Lust, am Wochenende zur Moschee zu gehen. Ich weiß, wie das ist. Aber meine Kinder würde ich hinschicken. Ich weiß, dass dieser Konflikt auch bei meinen Kindern entstehen würde." (Defne, 15 Jahre)

Ihr Vater kann Defne im Alter von 15 Jahren nicht mehr in die Moschee zum Islamunterricht zwingen. Sie wird dabei von ihrem Onkel unterstützt, der damals ebenfalls von seinen Eltern zum Unterricht in der Moschee gezwungen worden sei.

Bemerkenswert ist, dass der Onkel für Defne eine entlastende Funktion ausübt und sie nicht zwingt, in die Moschee zu gehen. An dieser Stelle bestätigt sich, dass Familienmitglieder ganz unterschiedliche Funktionen für die Sozialisation übernehmen können. Defnes Onkel wirkt entlastend, indem er die Forderung des Vaters anzweifelt und Defnes Interessen unterstützt. Defnes jüngerer Bruder muss dagegen in unregelmäßigen Abständen den Moscheeunterricht besuchen. Obwohl Defne selbst den Unterricht in der Moschee ablehnt, möchte sie später die eigenen Kinder dort hinschicken, auch in dem Bewusstsein, dass sie dieselben Konflikte mit ihren Kindern haben könnte, die sie mit ihren Eltern erfährt.

Auch Gamze hat den Unterricht in der Moschee besucht. Die Hinwendung zum Islam ist ihr wichtig.

„Wir sind religiös. Ich bin früher auch zur Moschee gegangen, jetzt mache ich das nicht mehr. Religion ist mir schon wichtig, weil wir islamische Kinder sind. Ich würde auch ein Kopftuch tragen, aber erst wenn ich älter bin. Ich werde meine Kinder auch religiös erziehen." (Gamze, 16 Jahre)

Gamze geht nicht auf die religiösen Inhalte des Islams ein, benennt jedoch das Tragen des Kopftuchs als eine wichtige Vorschrift des Islams. In ihrer jetzigen Lebensphase möchte sich Gamze nicht mit den Inhalten des Islams beschäftigen. Erst mit zunehmendem Alter will sie sich mit religiösen Praktiken befassen und die eigenen Kinder religiös erziehen. Gamze hinterlässt den Eindruck, als sei die Hinwendung zur eigenen Religion eine Verpflichtung, der sie sich irgendwann einmal stellen muss.

Aleyna äußert sich ambivalent zu ihrem religiösen Verständnis. Einerseits empfindet sich als Muslimin und versucht, sich im Alltag an die Regeln und Vorschriften des Islams zu halten. Andererseits empfindet sie ihre Religionszugehörigkeit im Alltag als hinderlich.

„Wenn ich als Muslime einiges nicht machen darf, dann versuche ich, mich daran zu halten. Meine Eltern haben mir nie von alleine über die Religion erzählt. Ich habe selber viel gefragt, ich habe meine Eltern immer gefragt. Die haben mir das dann erzählt. Meine Eltern lesen den Koran. Ich habe nie die Koranschule besucht. Meine Eltern haben mich nie darauf angesprochen. Ich weiß auch nicht, ob ich die Koranschule besucht hätte. Weil, ich bin in Deutschland geboren, ich fühle mich hier zu Hause. Ich fühle mich wie eine Deutsche." (Aleyna, 17 Jahre)

Aleyna hat sich ihr religiöses Wissen bei den Eltern erfragt. Sie ist nicht von ihnen gezwungen worden, in die Moschee zu gehen. Sie weiß nicht, ob sie den Unterricht in der Moschee besucht hätte, wenn die Eltern es verlangt hätten. Aleyna nimmt sich als eine in Deutschland geborene Muslimin wahr und fühlt sich wie eine Deutsche.

> „Ich bin nicht eine sehr gläubige Person. Ich, ja, ich glaube an Gott. Ich respektiere alles, was ich respektieren müsste, sag' ich mal so. Ich bin eine Person, die korrekt ist, sag' ich. Also, korrekt in allem. Ich bin mir immer sehr sicher, dass ich nichts falsch mache. Und ich bin genau die Mitte. Ich bin nicht freizügig, auch nicht sehr streng. Das sagt ja auch unsere Religion." (Aylin, 15 Jahre)

Für Aylin ist die Religion im Verhalten sichtbar. Dazu gehört der respektvolle Umgang mit den Mitmenschen. Sie ist sich in ihrem Verhalten sicher. Sie hält sich weder für freizügig noch für sehr streng, deshalb positioniert sie sich in der Mitte, indem sie sich weder als streng noch als nicht religiös beschreibt. Sie glaubt, diese Selbsteinschätzung sei nach ihrem religiösen Verständnis auch so gewünscht.

In Ceydas Interviewbeitrag wird deutlich, dass sie wie Aylin die Abgrenzung zwischen „sehr religiös" und „weniger religiös" vornimmt. Sie grenzt sich von denjenigen ab, die „richtig religiös" sind.

> „Fasten tun wir schon. Meine Mutter fastet auch, aber sie trägt kein Kopftuch und sie betet auch nicht, aber sie hat mal gebetet. Das ist bei uns gar nicht so religiös wie bei anderen, weil die anderen sind ja richtig religiös, die richtig Kopftuch tragen und richtig auf alles achten. Manche werden aber auch gezwungen, die wollen das ja auch gar nicht. Ich bin gläubig, aber ich tue nicht wirklich was für meine Religion. Also ich würd' schon gern alles lernen, wie die ganzen Gebete und unsere Propheten. Meine Mutter weiß das ja alles schon. Sie hat uns extra Bücher gekauft, damit wir das lernen. Weil sie ganz genau weiß, dass wir nicht in die Moschee wollen, weil am Wochenende wollen wir ja auch rausgehen und uns mit Freunden treffen und nicht zur Moschee gehen." (Ceyda, 14 Jahre)

Für Ceyda macht sich religiöse Orientierung am Tragen des Kopftuchs, am Beten und am Fasten fest. Dabei dient das Verhalten ihrer Mutter als Maßstab. Sie kritisiert, dass einige Mädchen und junge Frauen zum Tragen des Kopftuchs gezwungen würden. Dieser Verpflichtung sei sie nicht ausgesetzt, ihre Mutter trage kein Kopftuch und würde auch nicht mehr beten.

Ceydas Einstellung und Selbstbild zu Religion und Glauben bleibt widersprüchlich. Einerseits sieht sie sich als gläubige Muslimin und würde gern mehr über Religion und Glauben erfahren. Andererseits befasst sie sich nicht aktiv mit dem Thema und lehnt den Unterricht in der Moschee ab. Sie ist überzeugt von der Annahme, dass ihre Mutter über ein religiöses Wissen verfüge, das sie jedoch nicht mit ihren Kindern teile. Stattdessen lege die Mutter ihre Verantwortung ab und verlange von ihren Töchtern, das religiöse Wissen aus Büchern zu lernen.

Auch Miray differenziert zwischen streng religiösen und weniger religiösen Praktiken.

> „Ich kann nicht aus dem Koran lesen. Nur Gebete habe ich gelernt. Ich bin zwar nicht streng religiös, aber ich halte mich daran. Ich gehe nur an bestimmten Tagen in die Moschee, wenn wir Feiertage haben oder so. Ich glaube sehr stark an Allah und halte mich auch daran." (Miray, 19 Jahre)

Miray empfindet sich nicht als streng religiös. Gebete habe sie zwar gelernt, den Koran könne sie aber nicht lesen. Sie gehe an religiösen Feiertagen in die Moschee und versuche, sich im Alltag an die Regeln des Islams zu halten.

5.   Selbst- und Fremdwahrnehmung

Auf der Grundlage von Erfahrungen in der Auseinandersetzung mit der Alltagswelt entwickeln die Mädchen und jungen Frauen differenzierte Selbstbilder. Die Selbst- und Fremdwahrnehmung ist eine Folge von Konstruktionen, die aus Alltagserfahrungen und aus den Urteilen und Zuschreibungen der Mitmenschen über sie selbst entstehen. „In der Welt des Alltags"[325] können die Beziehungen zu Freundinnen insbesondere im Jugendalter für Mädchen und junge Frauen – unabhängig von der Zugehörigkeit zu einem bestimmten Kulturkreis – sehr bedeutsam sein. Sie haben für Gruppenmitglieder sowohl eine unterstützende und liebevolle als auch eine kontrollierende Funktion.[326]

5.1   Freundschaften in demselben Kulturkreis und ihre Bedeutung für die Mädchen und jungen Frauen

Ein wichtiger Bestandteil des Alltags scheinen der gegenseitige Austausch und die unterstützende Funktion von Mädchenfreundschaften in demselben Kulturkreis zu sein.

Der gemeinsame kulturelle Hintergrund kann den Mädchen und jungen Frauen die Möglichkeit bieten, sich mit gemeinsam erfahrenen Lebensthemen und Problemen auseinanderzusetzen und neue Lebenswelten zu erkunden. Freundschaften,

„[...] die Peers, werden als zentrale Orte für die in der Jugendphase typische Suche nach Milieuzugehörigkeit und Lebensorientierung angesehen"[327].

Auf diese Weise entsteht eine spezielle Verbundenheit in den Freundschaften von Mädchen und jungen Frauen mit Migrationshintergrund, die es ihnen ermöglicht, sich sowohl mit lebensweltlichen Sozialisationspraxen der Herkunftsfamilie und systemfunktionalen Handlungsanforderungen der Mehrheitsgesellschaft auseinanderzusetzen als auch eine eigene Lebenswelt zu konstruieren.

---

325 Schütz 1971: 238.
326 Vgl. Boos-Nünning/Karakasoglu 2006: 147.
327 Boos-Nünning/Karakasoglu 2006: 147.

In dem Wortbeitrag von Aleyna wird deutlich, dass sie nicht erwartet, dass ihre Eltern ihre Probleme und Sorgen teilen geschweige denn Verständnis für sie aufbringen. Aleyna lehnt den Lebensstil ihrer Eltern ab. Sie befreit sich von innerfamilialen Rollenzwängen im Austausch mit Freundinnen aus demselben Kulturkreis.

> „Ich habe keine Lust, mit meinen Eltern zu diskutieren. Sie machen mich aggressiv. Deshalb bespreche ich meine Probleme mit Freunden, weil meine Eltern mich zum Teil nicht richtig verstehen und mir auch nicht wirklich weiterhelfen können. Erstens weil sie es nicht verstehen und zweitens denken sie, du bist Muslime, du brauchst das nicht, du brauchst dies nicht, ist eben halt so. Es gibt keine Möglichkeit, meine Probleme mit meinen Eltern zu besprechen. Ich gehe einfach zu meinen Freunden, wenn ich denen das erzähle, geht es mir wieder besser. Sie verstehen mich einfach besser als meine Eltern. Und außerdem ist sie Türkin, wir teilen die gleichen Probleme." (Aleyna, 17 Jahre)

Aleyna fühlt sich von ihren Freunden besser verstanden und angenommen als von ihren Eltern. In ihren Interviewbeiträgen wird deutlich, dass sie mit ihren Eltern keinen persönlichen Austausch pflegt und dass die Eltern die vielfältigen Erfahrungen ihrer Tochter, in beiden Kulturen – der türkischen und der deutschen – zu leben, kaum nachvollziehen können. Möglicherweise decken sich der traditionelle Lebensstil und die Erwartungen der Eltern nicht mit ihrer „sozialen Wirklichkeit".

Aleyna entzieht sich dieser Auseinandersetzung, da es nicht toleriert wird, Empörung, Respektlosigkeit und Widerspruch gegenüber den Eltern zu äußern. Probleme und Erfahrungen im Alltag tauscht sie mit ihren Freundinnen aus. Die biografischen Ähnlichkeiten im Sozialisationsprozess begründen ihre Freundschaftsbeziehungen mit Mädchen und jungen Frauen mit türkischem Migrationshintergrund. Im sozialen Handeln konstituiert sich die gemeinsame Handlungspraxis, die eine Orientierungshilfe für die jungen Mädchen und Frauen im Alltag darstellen kann. Darüber hinaus kann der Austausch die Möglichkeit bieten, alternative Lebensperspektiven zu entwickeln.

> „Wenn ich Probleme habe, je nachdem zu Hause oder draußen, behalte ich es für mich oder ich erzähle es meiner Freundin. Ich rede eigentlich fast nie über meine Probleme mit meinen Eltern, oder zu Hause halt. Ich behalte es immer für mich oder erzähle es meiner türkischen Freundin. Ganz ehrlich, meine Eltern wissen nicht viel über mich, was ich fühle, was ich denke oder was ich möchte oder was meine Wünsche sind oder was meine Erwartungen sind. Das bespreche ich mit meiner Freundin." (Miray, 19 Jahre)

Miray vermittelt den Eindruck, als habe sie im Austausch über ihre Lebenssituation mit ihren Eltern mit Differenzen zu tun gehabt. Es ist anzunehmen, dass sie in der Auseinandersetzung mit ihren Eltern weitere Einschränkungen in ihrem Alltag befürchten muss. Infolgedessen entsteht bei ihr der Eindruck, dass die Eltern nichts von den alltäglichen Anforderungen wissen, denen die Tochter im bikulturellen Alltag ausgesetzt ist. Sowohl in den vorhergehenden als auch in den Interviewbeiträgen von Miray wird deutlich, dass einige der Mädchen und jungen Frauen diesbezüglich keine konkreten Erwartungen an ihre Eltern haben. Diesen Wunsch, sich mit Gleichgesinnten auszutauschen, kompensieren sie in ihrem ethnokulturellen Freundeskreis.

Auch in Gamzes Interviewbeitrag entsteht der Eindruck, als fehle die Möglichkeit, den Eltern aktuelle Bedürfnisse und Probleme mitteilen zu können.

> „Wenn mich was beschäftigt, bin ich eher ruhig und fresse es in mich rein oder ich erzähle es meiner Freundin. Da wir alle ungefähr die gleichen Probleme haben, verstehen wir uns, ich muss mich nicht verstellen oder irgendwelche Geschichten erfinden oder mich rechtfertigen. Wir geben uns Ratschläge und so." (Gamze, 16 Jahre)

Sich in Freundschaften verstanden zu fühlen, hängt für Gamze mit den Beziehungen zu Freundinnen mit dem gleichen kulturellen Hintergrund zusammen. Durch die ähnliche biografische Lebenssituation fühlt sich Gamze bei ihrer Freundin aufgehoben und verstanden. Sie muss sich für ihre Lebenseinstellungen und Interessen nicht rechtfertigen. Das „sich uneingeschränkt" Mitteilen und „sich verstanden" fühlen in Mädchenfreundschaften könnte für Gamze eine Art „Befreiung" darstellen. Die Freundinnen verbünden sich gewissermaßen gegen die „äußere Welt" und modifizieren für sich gültige Kriterien in der Auseinandersetzung mit ihrer Lebenswelt. Sie geben sich Hilfestellung bei der Bearbeitung von Krisensituationen und für die weitere Lebensplanung.

Das kulturelle Zugehörigkeitsgefühl zu ihren Freundinnen in demselben Kulturkreis ist für Defne wichtig, weil sie durch sie Verständnis und Unterstützung für ihre Lebenswelt erhält.

> „Ich habe eher türkische Freunde. Mit meinen türkischen Freundinnen treffen wir uns sehr oft. Sie sind genau wie meine Schwestern, ich erzähle ihnen alles, wir machen alles zusammen. Wir treffen uns und gehen zu unseren Stammplätzen, dann hören wir Musik, essen was, tauschen unsere Probleme aus und beraten uns." (Defne, 15 Jahre)

Defne fühlt eine innige Beziehung zu ihren türkischen Freundinnen. Sie sieht sie als einen Teil ihrer Familie an. Sie vertraut ihren Freundinnen ihre Probleme an. Der geteilte Lebensentwurf in beiden kulturellen Systemen ermöglicht es den Freundinnen, sowohl den Bezug zur türkischen Kultur als auch den zur deutschen Kultur zu bewahren, ohne sich für ihre Einstellungs- und Verhaltensweisen erklären und rechtfertigen zu müssen. Die Freundinnen konstruieren ein eigenes Verständnis von ethnokulturellen Zugehörigkeiten und erkunden für sich neue Lebensstile im bikulturellen Alltag.

Für Irem scheint wie bei den anderen Gesprächspartnerinnen die kulturelle Identität ihrer Freundinnen ein wesentlicher Aspekt für die Entstehung eines kollektiven Gefühls zu sein.

„Mir macht es viel Freude, wenn ich mit meinen engsten Freunden, also Türkinnen, etwas unternehme, das macht mir sehr viel Spaß. Entweder besucht meine Freundin mich oder ich besuche sie. Dann kochen wir zusammen und essen, dann schnacken wir ein bisschen, oder wir gehen raus, einkaufen oder Eis essen oder Kaffee trinken. Wir tauschen uns aus und geben uns Ratschläge." (Irem, 20 Jahre)

Bei Irem stellt sich heraus, dass sie ihre Freundschaftsbeziehungen als Familienersatz empfindet. Die Freundinnen unterstützen sich gegenseitig bei der Bearbeitung von Alltagsproblemen und der Entwicklung selbstständiger Lebensstile. Die Mädchen und jungen Frauen schaffen sich gemeinsame Bezugspunkte und Erfahrungsräume. Dadurch empfindet Irem eine Vertrautheit zu ihren Freundinnen in demselben Kulturkreis. Sie gestaltet mit Freundinnen ihre Freiheit, teilt mit ihnen Erfahrungen, Emotionen und Erlebnisräume, die sie mit ihren Eltern nicht teilen kann.

In einem vorhergehenden Interviewbeitrag äußert Irem, dass mit ihren Eltern im Alltag in Deutschland keinerlei Unternehmungen möglich seien. Als Begründung nennt sie die schwierigen Arbeitsbedingungen und die unterschiedlichen Zeiten, zu denen die Eltern einer Schichtarbeit nachgingen. Dagegen sei der Urlaub in der Türkei mit ihren Eltern für Irem und ihre Schwestern immer ein erfreuliches Erlebnis. Dort würden sie mit ihren Eltern gemeinsam Städtereisen, Bekannten- und Verwandtschaftsbesuche unternehmen, essen gehen usw. Dies sei in Deutschland im Alltag nicht möglich, weil die Eltern kaum Zeit für Irem hätten.

Auch Ebru und ihre Freundinnen in demselben Kulturkreis wurden in beiden Sprachen sozialisiert. Für Ebru ist die Möglichkeit, zwischen der türkischen und der deutschen Sprache mit den Freundinnen ständig wechseln zu können, ein Teil ihrer Identität.

„Hier in diesem Ort kannst du deutsch und türkisch reden, wie ich hier die ganze Zeit spreche, mal deutsch, mal türkisch. Das machen wir dann auch unter unseren Freundinnen. Es ist ein gutes Gefühl, wenn man sich verstanden fühlt." (Ebru, 14 Jahre)

Diese Freiheit gibt Ebru scheinbar Sicherheit, ihre Emotionen und Gefühle „authentisch" zum Ausdruck bringen zu können. Im Interview nutzt Ebru stärker als andere Mädchen und junge Frauen beide Sprachen. Dadurch fühlt sie sich sicher und empfindet eine Vertrautheit. Darüber hinaus ist die Sprache ihrer Vorfahren ein Teil ihres kulturellen Kapitals, mit dem sie Erlebnisse, Gefühle und Emotionen transportieren kann. Diese Annahme bestätigt Ebru mehrfach. Während der Interviewphase wird deutlich, dass sie ihre Gefühle stärker in der türkischen Sprache ausdrückt, wohingegen sie für sachliche Themen die deutsche Sprache anwendet. Sowohl die geteilte Sprache als auch die geteilte Lebenswelt bieten den Freundinnen gegenseitig Orientierungshilfen im Alltag. Wenngleich Aylin angibt, nicht „so streng" erzogen worden zu sein wie ihre Freundin, kann sie aufgrund der eigenen bikulturellen Biografie die Problemlagen ihrer Freundin verstehen und Verständnis aufbringen.

> „Ich habe eine Freundin, die ziemliche Probleme mit ihren Eltern hat. Sie kann ihre Probleme mit anderen nicht teilen. Schon gar nicht mit deutschen Mädchen. Das kann sie mit mir teilen, und ich sag' mal so, ich bin nicht so streng erzogen wie sie, aber ich kann sie verstehen und verurteile sie nicht. Ich gebe ihr auch Ratschläge, aber ich weiß, dass das nicht einfach ist." (Aylin, 15 Jahre)

Die Freundinnen unterstützen sich gegenseitig hinsichtlich der an sie gestellten traditionellen Anforderungen der Eltern und der Anpassungsansprüche der Mehrheitsgesellschaft. Aylin lehnt die Freundin wegen der erfahrenen strengen Erziehung nicht ab und verurteilt sie nicht. Auch wenn es für Aylin unterschiedliche Anforderungen seitens des Elternhauses zu geben scheint, gewährt sie ihrer Freundin im Rahmen ihrer Möglichkeiten Unterstützung. Die Freundin könne sich keinem deutschen Mädchen anvertrauen. Vermutlich hätte sie kein Verständnis für die Lebenslage ihrer Freundin. Aylin vertritt die Einschätzung, dass geschlechtsspezifische Erziehungspraktiken und Einschränkungen von Verhaltensspielräumen für ein deutsches Mädchen kaum nachzuvollziehen seien.

Deshalb steht für die Mädchen und jungen Frauen im Allgemeinen bei der Suche nach Freundschaften die ethnische Zugehörigkeit im Vordergrund. Diese Orientierung geht zurück auf die Erfahrung, dass sie sich in dieser Gemeinschaft verstanden und anerkannt fühlen.

Ein solches Verhalten ist bei Mädchen aus dem deutschen Kulturkreis nicht anders, sodass deutsche Mädchen und Mädchen mit türkischem Migrationshintergrund mehrheitlich unter sich bleiben und wenig über Bedürfnisse und Lebenseinstellungen der jeweils anderen Gruppe erfahren.

Die interviewten Mädchen und jungen Frauen glauben, dass sie aufgrund ihrer Herkunft auf kein Verständnis bei Mädchen und jungen Frauen aus anderen Kulturkreisen stoßen. Diese Selbstausgrenzung führt dazu, dass das soziale Netzwerk auf die eigene Ethnie begrenzt bleibt und sie nur über ein begrenztes soziales Kapital verfügen.[328]

---

328 Diesbezüglich wäre für weitere Untersuchungen in diesem Feld die Forschungsfrage von Interesse, inwieweit ein Bildungsaufstieg davon abhängig sein kann, dass die Grenzen des sozialen Netzwerks aufgebrochen werden und Kontakte und Freundschaften zu Gleichaltrigen außerhalb der eigenen Ethnie entstehen.

5.2 „Ah, die verstehen uns doch eh nicht" – Freundschaften außerhalb des eigenen Kulturkreises

Aus dem Ergebnis der Analyse zum Themenbereich Freundschaften in demselben Kulturkreis und ihre Bedeutung für die Mädchen und jungen Frauen lässt sich die Frage ableiten, welche konkreten Alltagserfahrungen die Mädchen und jungen Frauen mit gleichaltrigen Jugendlichen deutscher Herkunft gemacht haben. Die Versuche der Annäherung bleiben jedoch häufig erfolglos. Irem behauptet, keine deutschen Freunde zu haben. Sie nimmt an, dass deutsche Mädchen und junge Frauen ihre Lebensorientierung nicht als selbstverständlich hinnähmen, weil sie aus unterschiedlichen Kulturkreisen stammen.

> „Ich habe keine deutschen Freunde. Mit den Deutschen verstehen wir uns, glaube ich, nicht so gut. Im Anfang des Schuljahres, letztes Jahr, habe ich es probiert, aber es ging nicht. Die stellen mir zu viele Fragen: Warum machst du das so, warum ist es bei euch so? Und irgendwann geht es mir auf die Nerven. Wie gehst du in der Türkei am Strand rum? Solche Fragen: Musst du ein Kopftuch tragen? Warum machst du das? Ist es bei euch in der Religion so? Halt diese neugierigen Fragen. Viele Fragen kann ich auch beantworten, aber einiges nicht. Denn einiges sind auch Sachen, die ich von meinen Eltern so mitbekommen habe und ich kenne dann die Antworten nicht, warum und weshalb einiges so ist, wie es ist. Auch wenn ich zu Fragen antworte, sind sie damit nicht einverstanden. Sie leben in einer anderen Kultur." (Irem, 20 Jahre)

Irem nimmt an, dass Freundschaftsbeziehungen zu deutschen Jugendlichen nicht möglich seien. Ihre subjektive Einschätzung „mit Deutschen verstehen wir uns, glaube ich, nicht so gut" lässt vermuten, dass Irem ihre Hoffnung auf Freundschaften mit gleichaltrigen Deutschen nicht aufgegeben hat. Trotz ihrer Annahme erzählt sie von dem Versuch einer missglückten Annäherung. Sie empfindet die vielen Fragen der Mitschüler, die sie häufig gar nicht beantworten kann, da es sich um Selbstverständlichkeiten in ihrer kulturell geprägten Lebenswelt handelt, als störend. Für viele Mitschüler dürften solche Gespräche ebenfalls unbefriedigend sein, da viele Fragen unbeantwortet und Missverständnisse zwischen den Kulturen bestehen bleiben. Das Tragen eines Kopftuchs scheint die Mitschüler zu der Annahme zu veranlassen, dass Irem deutlich mehr mit religiös orientierten Fragen konfrontiert werde als die anderen Mädchen und jungen Frauen, weil das Kopftuch eine offensichtliche Kennzeichnung ihrer Disposition[329] darstellt. Irem zeigt sich hilflos gegenüber einigen Fragen, da ihr die konkreten Bezugspunkte zum kulturellen Ursprung fehlen. Wenn eine Schülerin mit lila gefärbten Haaren in die Schule kommt, dann werden sicherlich einige Mitschüler fragen: „Warum

---

329 Mit dem Begriff „Disposition" beschreibt Bourdieu die persönlichen Merkmale des Akteurs, die seine Identität kennzeichnen (vgl. Bourdieu 1999: 143).

machst Du das?" Die Schülerin wird vielleicht antworten: „Ich finde das cool." Die Mitschüler werden es verstehen und nicht weiter fragen. Bei einem Fremden wird das Anderssein dagegen in einen größeren Kontext gestellt. Es wird nach Erklärungen gesucht und möglicherweise abgelehnt. Das Tragen eines Kopftuchs ist keine von den Eltern auferlegte Verpflichtung. Es wird häufig mit der Zuschreibung verbunden, es sei das Attribut einer unterdrückten Frau. Während des Interviews macht Irem alles andere als den Eindruck einer unterdrückten Frau. Trotzdem nimmt sie die vielen Fragen, die allein aus ihrem Anderssein resultieren, als fortwährenden Rechtfertigungszwang wahr. Sie weiß zwar, dass Normen und Werte in Gesellschaften differieren, diese Fragen bewirken jedoch Irems Rückzug. Diesen Umstand beschreibt sie als Hindernis für eine gegenseitige Annäherung. Auch wenn die Fragen ihrer Mitschüler nicht zwangsläufig in böser Absicht gestellt werden, sind sie auf das Anderssein von Irem zurückzuführen und konstituieren die Ungleichheit.

Aleyna sieht sich ebenfalls seitens der deutschen Mitschüler mit Fragen konfrontiert, für die sie nicht immer eine Antwort zu haben scheint.

> „Sie stellen mir immer Fragen, die ich nicht beantworten kann. Ich würde ja gern alles beantworten, es geht aber nicht. Ich habe nicht immer eine Erklärung für alles. Wir konnten auch deshalb keine Freundschaft schließen, weil immer die Fragen im Vordergrund stehen. Es ist nie soweit gekommen, dass ich mich mit einer deutschen Mitschülerin angefreundet habe. Gegenseitig entfernten wir uns, sie wollten mich nicht und ich will die ganzen Fragen nicht." (Aleyna, 17 Jahre)

Sowohl Irem als auch Aleyna fühlen sich durch den Anspruch ihrer Mitschüler überfordert, ständig Fragen beantworten zu müssen. Es scheint so, als empfindet Aleyna die Fragen ihrer Mitschüler nicht als ein empathisches Interesse für ihre Person, sondern als Ausdruck von Misstrauen und Zurückweisung. Für Aleyna sind Fragen der Mitschüler kein Anlass für den Aufbau einer Freundschaftsbeziehung, da sie in der subjektiven Wahrnehmung allein auf ihre Andersartigkeit abzielen.

Es sind nicht nur die interviewten Mädchen und jungen Frauen, denen es schwerfällt, die Fragen der deutschen Mitschüler zu beantworten. Hatice Akyün beschreibt die fortwährende Konfrontation mit Fragen der einheimischen Mehrheit und das Gefühl, das dadurch bei ihr auslöst wird, sehr eindrucksvoll:

> „Manchmal fühle ich mich monatelang kein einziges Mal türkisch. Erst wenn ich neue Menschen kennenlerne, die mich fragen, woher ich komme, reißen sie mich aus meiner deutschen Welt. Aus Berlin, antworte ich. Nein, ursprünglich? – Aus Duisburg, sage ich. Und dann kommt immer diese eine Frage: Nein, ich meine – wo liegen Ihre Wurzeln? Deshalb füge ich bei der Beschreibung meiner Person meist noch einen erklärenden Satz hinzu: Ich bin Deutsche, aber meine Eltern kommen aus der Türkei. Wobei auch das nicht stimmt. Denn eigentlich leben sie in

Duisburg. Meistens sage ich aber: Ich bin Türkin. Dann aber meint mein Gegenüber: Wirklich, Türkisch? Sie sprechen aber gut Deutsch. Und ich beende den Herkunftswirrwarr mit dem Satz: „Hatice. Ich bin Hatice aus Duisburg."[330]

Diese Fragen können durchaus gut gemeint sein und sind erst einmal nicht der Ausdruck von Abneigung oder Misstrauen. Migranten werden auf diese Weise mit der Tatsache konfrontiert, dass sie unter Umständen keinen gleichberechtigten Status als Mitglied in einer sozialen Gruppe haben. Außerdem wird diesen Menschen nicht erlaubt, sich selbst als das Zentrum ihrer sozialen Umwelt zu betrachten.[331] Miray muss sich bei ihren türkischen Freundinnen nicht verstellen. Sie darf so sein, wie sie ist.

„Ich bin eher mit Türken zusammen, weil ich mich mit denen am besten verstehe und die mich am besten verstehen. Ich kann mich den Deutschen nicht anpassen. Auch wenn ich mich anpassen würde, würde immer irgendein Grund da sein, was nicht passt. Die würden mich gar nicht verstehen können, auch wenn sie es wollten. Aber wenn ich mit einer Türkin zusammen bin, dann wissen sie Bescheid, warum und weshalb. Ich sag' auch nicht, dass ich was gegen die deutschen Mädels habe. Aber ich bin mit Leuten zusammen, die mich verstehen und wo ich mich nicht immer erklären muss." (Miray, 19 Jahre)

Nach Mirays Auffassung ist eine Freundschaft zu deutschen Mädchen nur möglich, wenn sie selbst sich anpasst. Eine fehlende Anpassung würde eine freundschaftliche Annäherung verhindern, sodass eine Freundschaft nicht ohne Konflikte verlaufen würde. Miray will sich in einer Freundschaftsbeziehung mit deutschen Mädchen und jungen Frauen verstanden, akzeptiert und anerkannt fühlen. Hinzu kommt, dass sie sich nicht für ihre Herkunft rechtfertigen möchte. Im Austausch mit türkischen Freundinnen empfindet Miray eine Vertrautheit, die sie bei deutschen Mädchen und jungen Frauen nicht zu finden glaubt.

Elas Verhältnis zu deutschen Jugendlichen ist etwas anders, da sie sich enttäuscht zeigt, bislang keine deutschen Freundinnen gefunden zu haben. Auch wiederholte Versuche scheiterten.

„Ich weiß nicht, warum das mit deutschen Freunden nicht klappt. Ich habe keine deutschen Freunde gehabt und ich glaube, dass ich auch nie welche haben werde. Ich glaube, wir verstehen uns nicht besonders. Ich habe immer versucht, deutsche Freunde zu bekommen, aber irgendwie ging das nie gut. Auch in der Grundschule war das schon so, nur weil ich eine Ausländerin bin, wollten sie das nicht. Ich weiß nicht, ich glaube, ich denke einfach anders als sie. Ich gebe mal ein banales Beispiel: Sie dürfen bis vierundzwanzig Uhr weg und ich darf nur bis zweiundzwanzig Uhr. Das finden sie nicht nachvollziehbar. Ich habe keine Lust, mich ständig rechtfertigen zu müssen. Wir haben halt andere Regeln zu Hause." (Ela, 17 Jahre)

---

330 Akyün 2011: 213 f.
331 Vgl. Schütz 2002: 84.

Bereits in der Grundschule gelang es Ela nicht, Freundschaftsbeziehungen zu deutschen Kindern zu knüpfen, obwohl sie sich fortwährend bemühte. Nach Elas Empfinden ist es wegen ihres kulturellen Hintergrunds nie zu Freundschaften mit deutschen Kindern gekommen. Weiterhin versucht Ela die Gründe zu erläutern, weshalb es nach wie vor schwierig zu sein scheint, Freundschaftsbeziehungen aufzubauen. Sie stellt fest, dass sie aufgrund des anderen kulturellen Hintergrunds über differente Denk- und Handlungsmuster verfügt, die sie am Beispiel der Freizeitgestaltung zu verdeutlichen versucht. Für deutsche Jugendliche sind in dieser Form keine bzw. andere Restriktionen und Verhaltensnormen vorgesehen. Es stößt bei ihren deutschen Mitschülern auf Unverständnis, dass sie ohne die Zustimmung ihrer Eltern abends nicht länger außer Haus bleiben kann. Ela muss sich für die Erziehung der Eltern rechtfertigen. Ein für deutsche Jugendliche als selbstverständlich angenommenes Freizeitverhalten ist für Ela alles andere als selbstverständlich. Sie muss den Anpassungsdruck zwischen den von Konsumnormen gewährten Freiheiten der Mehrheitsgesellschaft und den von einer traditionellen Kultur geprägten Erziehungspraktiken der Eltern ausbalancieren.

Auch für Defne liegen die Gründe für den Unterschied zwischen ihr und ihrer deutschen Freundin in den von den Eltern gewährten bzw. nicht gewährten Handlungsspielräumen.

> „Meine deutsche Freundin darf einen Freund haben, sie stellt ihn auch ihrem Vater vor. Das darf ich nicht, sie darf weggehen und so lange weg sein, solange sie will. Das darf ich auch nicht. Deshalb kann sie mich nicht verstehen. Wenn ich ihr sage, ich darf das nicht und dies nicht. Sie sagt dann, warum machst du das denn nicht trotzdem. Sie versteht nicht, warum ich das nicht machen kann und möchte." (Defne, 15 Jahre)

Insbesondere die geschlechtsspezifische Erziehung ist ein Unterscheidungsmerkmal zwischen türkischen und deutschen Familien. Defne nennt einige Beispiele, um diese Aussage zu verdeutlichen. Ihre deutsche Freundin könne ihrem Vater ihren Freund vorstellen und die abendliche Freizeitgestaltung selbstständig regeln. Diese Möglichkeiten bleiben ihr verwehrt. Wenn sie versuchte, ihre begrenzten Handlungsmöglichkeiten ihrer deutschen Freundin mitzuteilen, stieße sie auf Unverständnis. Ihre deutsche Freundin rät ihr, sich den Regeln ihrer Eltern zu widersetzen und den eigenen Bedürfnissen zu folgen. Für Defne erscheint der wohl gut gemeinte Ratschlag ihrer deutschen Freundin mit der eigenen Lebenssituation nicht vereinbar. Auch wenn Defne sich entschiede, ihre Lebensgestaltung in Eigenregie zu führen, wären ihre Möglichkeiten sehr gering, eine intakte Beziehung zu den Eltern zu wahren. Sie erwartet von ihrer deutschen Freundin nicht, dass sie sich in die Wert- und Moralvorstellungen ihrer Eltern hineinversetzen kann.

Die Aussage von Defne macht deutlich, dass Freundschaften zu Mädchen aus demselben Kulturkreis eine hohe Bedeutung für die Persönlichkeitsentwicklung der Mädchen und jungen Frauen im bikulturellen Alltag haben. Gamze hat keine deutschen Freunde, über die sie berichten könnte, und versucht, die Gründe dafür zu erläutern. Sie erzählt nicht davon, welche Eigenschaften ihrer deutschen Mitschüler sie ablehnt, sondern von dem Bild, das diese von ihr haben.

> „Ich habe keine deutschen Freunde. Ich habe von vielen deutschen Mitschülern gehört, dass sie mich nicht wahrnehmen, weil ich ein religiöses Mädchen bin. Ich trage zwar kein Kopftuch, aber wenn es um Alkohol trinken geht, tue ich es nicht. Deswegen bezeichnen sie mich nicht als modern. Ich sei eine Stimmungsverderberin." (Gamze, 16 Jahre)

Gamzes Schwierigkeiten mit deutschen Mitschülern gründen auf der Aussage, sie sei „ein religiöses Mädchen" allein aufgrund ihres Verzichts auf Alkoholkonsum.[332] Daher würden deutsche Mitschüler sie nicht beachten. Gamzes vermeintlich religiöse Orientierung ist äußerlich zwar nicht sichtbar, wird von den Mitschülern aber aus ihrer Sicht einem einzigen Verhaltensmerkmal zugeschrieben: Weil sie sich an die religiösen Vorschriften hält und auf Alkohol verzichtet, wird sie von ihren Mitschülern als „Stimmungsverderberin" und „nicht modern" bezeichnet. Daher nimmt sich Gamze als Außenseitern wahr, der Freundschaften mit deutschen Mitschülern verwehrt bleiben.

> „Ah, die verstehen uns doch eh nicht. Und, was passiert, wenn ich denen mein Problem erzähle, was wollen sie machen. Wollen sie mit mir die Probleme teilen. Sie haben auch kein Verständnis für meine Probleme. Sie können das nicht verstehen. Deshalb habe ich keine deutsche Freundin."
> (Ebru, 14 Jahre)

Ebru hegt nicht die Erwartung, dass deutsche Mädchen für ihre Problemlagen Verständnis aufbringen könnten. Sie weiß nicht, worin Gemeinsamkeiten für eine Freundschaft liegen könnten. Schließlich teilten deutsche Mädchen nicht dieselben vielfältigen Probleme im bikulturellen Alltag. Eine deutsche Freundin ist für Ebru keine geeignete Unterstützung in ihrem Alltag, insbesondere wenn es um die Bearbeitung ihrer spezifischen Probleme geht.

Das Gefühl der kulturellen Unvereinbarkeit mit Freundschaften außerhalb des eigenen Kulturkreises verstärkt unter anderem das Zusammenspiel von Fremdheitsgefühlen und offensichtlicher sowie vermuteter Ausgrenzung, die wiederum Selbstausgrenzung und Enttäuschungsgefühle bei den Mädchen und jungen Frauen bewirkt.

---

332 Bemerkenswert ist an dieser Stelle die Tatsache, dass mit dem Alkoholkonsum von Gamze ein Verhalten erwartet wird, das für Jugendliche unter 16 bzw. 18 Jahre ohnehin verboten ist.

5.3 „Aggressiv, warum denn wohl" – Bewältigung aufgestauter Aggression im Alltag

Die Mädchen und jungen Frauen machen im Alltag vielfältige Ausgrenzungserfahrungen, die sie auf ihre ethnische Herkunft beziehen.

> „Diese Erfahrungen können von unterschiedlicher Qualität sein und individuell unterschiedlich erlebt werden. Sie haben auf jeden Fall negative und belastende Konsequenzen für die Betroffenen."[333]

Die Mädchen und jungen Frauen schildern den Umgang mit enttäuschenden Alltagserlebnissen. In ihren Beschreibungen verwenden sie häufig die allgemeine Zuschreibung „die Deutschen". Auf Nachfrage zeigt sich jedoch, dass nur bestimmte Personen in ihrem sozialen Umfeld gemeint sind.

Die Folge dieser Erfahrungen können Aggressionen sein, die ebenso vielschichtig sind wie die Ausgrenzungserfahrungen selbst.[334] Diese Erkenntnis wird in den Interviews bestätigt.

Aleynas emotionale Reaktion ist eine Antwort auf die aufgestaute Frustration in Bezug auf die ausgrenzenden Handlungen der einheimischen Mehrheit.

> „Früher, als ich fünfzehn Jahre alt war, war ich sehr aggressiv. Aber ich habe nie von alleine angefangen. Ich habe immer gewartet, bis sie mich angriffen haben. Dann habe ich mich gewehrt. Und heute, wenn ich Probleme habe draußen, wenn mich jemand blöd anspricht, versuche ich, das auf einer netten Art und Weise zu lösen. Ich versuche, mit denjenigen zu diskutieren, wieso, weshalb sie mich als Kanaken beschimpfen. Wenn auch das nichts hilft, wehre ich mich. Ich lasse mich doch nicht schlagen." (Aleyna, 17 Jahre)

Im Alter von 15 Jahren hatte Aleyna Schwierigkeiten, sich zu beherrschen, wenn sie einem provozierenden Verhalten ausgesetzt war. Aleyna erzählt, sie sei schon oft als „Kanake" beschimpft worden. Mittlerweile gelinge es ihr besser, auf provokative Verhaltensweisen nicht mit Aggressionen zu reagieren. Sie versuche, die Konflikte mit dem Gegenüber in Gesprächen zu lösen. Erst wenn ihre Bemühungen, die Auseinandersetzung friedlich zu lösen, kein Erfolg hätten, sei sie zum Gegenangriff übergegangen.

Die Gründe für dieses veränderte Verhalten liegen in den Freizeitaktivitäten, mit denen sich Aleyna soziale Anerkennung und Selbstbestätigung verschafft. Im Nachfrageteil des Interviews erläutert Aleyna, dass sie ihr aggressives Verhalten mittlerweile kontrollieren könne, seit sie in ihrer Freizeit mehrmals in der

---

333 Otyakmaz 2000: 88.
334 Aggression ist eine Folge von Frustration, die sich in irgendeiner Form von aggressiven Handlungen den Weg bahnt (vgl. Dollard et al. 1970: 9).

Woche im Verein Fußball spiele. Diese Freizeitaktivität ermögliche ihr, Stress abzubauen und ihr Können unter Beweis zustellen. Die Freizeitbetätigung ist für Aleyna ein Ventil, aufgestaute Frustrationen abzubauen. Durch den Mannschaftssport lernt Aleyna vielfältige Bewältigungsmuster kennen.

Für Ceyda gibt es für die aggressiven Gefühlsausbrüche einen Zusammenhang zwischen elterlichem Erwartungsdruck und gesellschaftlicher Missachtung und Zurückweisung.

> „Wenn man sehr viel Stress zu Hause hat, dann gehen die meisten raus, um sich abzureagieren. Dann gehen sie nach draußen und haben da auch Probleme. Dann fängt das Ganze auch an. Wenn man zu Hause nicht so viel Aufmerksamkeit bekommt, dann kommt das alles, man fühlt sich allein und sucht nach Aufmerksamkeit von draußen. Draußen bekommt man dann außer bei Freunden auch keine Aufmerksamkeit. Dann wird man aggressiv und lässt die Aggression draußen bei anderen. Draußen wird man auch schlecht behandelt, wird nicht als ein Mensch behandelt, nur als ein Scheißdreck. Dann wird man auch geschlagen und nicht akzeptiert." (Ceyda, 14 Jahre)

Ceyda verwendet bei ihrem Beispiel statt der „Ich-Form" das Indefinitpronomen „man". Ceyda bezieht diese Erfahrungen auf sich und auf andere Mädchen und junge Frauen mit türkischer Herkunft. Stresserfahrungen sowohl im Elternhaus als auch außerhalb der Familie können ein Auslöser für Frustration sein. Die Betroffenen suchen die – in der Familie fehlende – Aufmerksamkeit im sozialen Umfeld und leben mit der Erwartung, dass sie außerhalb ihres Freundeskreises keine Wertschätzung und Anerkennung erfahren. Das Gefühl führt zu Frustration und in der Folge zu Wutausbrüchen.

Während Ceyda erzählt, verändert sich ihre Stimme. Sie wird lauter, wirkt verärgert und hilflos. Im Nachfrageteil des Interviews betont sie, dass sie die Verhaltensweisen der deutschen Gesellschaft als inakzeptabel und demütigend empfindet. Sie sagt, man werde wie „Luft" behandelt, als würde man nicht existieren.

Mit der Einführung „eigentlich bin ich nicht aggressiv" relativiert Dilara ihre aufgestauten Aggressionen. Auseinandersetzungen sind für sie eine Folge der Provokationen durch Deutsche.

> „Eigentlich bin ich nicht aggressiv, aber ab und zu kann ich das werden. Aber auch nur, weil die Deutschen mich dann mit ein paar Sachen auch nerven. Eigentlich bin ich nicht gewalttätig, nur wenn ich keine andere Chance habe, dann wehre ich mich. Wenn sie mich provozieren, wenn sie nicht aufhören und weitermachen und immer weiter. Dann fragt man sich, warum die Türken aggressiver sind. Das kommt von den vielen Sprüchen der Gesellschaft." (Dilara, 16 Jahre)

Dilara ergreift von allein nicht die Initiative, um sich gegen deutsche Jugendliche zur Wehr zu setzen. Nur wenn sie keine andere Möglichkeit sieht, den Konflikt friedlich zu lösen, wehrt sie sich.

Auch Ebru stellt fest, dass sie sich früher schneller provozieren ließ und mit aggressiven Gegenangriffen reagierte. Seitdem sie einer Freizeitbeschäftigung nachgeht, hat sie neue Perspektiven für sich entdeckt.

„Früher habe ich mich fast jeden Tag geschlagen. Jeden Tag Scheiße gebaut. Dann habe ich irgendwann mit dem Tanzen angefangen. Ich tanze und singe liebend gern. Seitdem bin ich von der Straße weg und nicht mehr aggressiv. Seit ein paar Monaten habe ich das Gefühl, dass ich auch was anderes kann und mich nicht provozieren lasse. Wo soll man sonst hin mit dem Stress und Aggression." (Ebru, 14 Jahre)

Ebru hat ihr gewalttätiges Verhalten mit dem Tanzen und Singen zurückdrängen können. Diese Freizeitbetätigung verleiht ihr ein stärkeres Selbstwertgefühl und bewirkt, dass sie alte Verhaltensmuster ablegen und ihre Toleranzgrenze erweitern kann. Weiterhin kann sie Verantwortung für das eigene Handeln übernehmen. Für Ebru ist das Tanzen ein Ventil für den Abbau von Stresserfahrung, sodass sie ihren aufgestauten Aggressionen neue Ausdrucksformen geben kann. Über das Tanzen in der Jugendeinrichtung lernt Ebru eine gleichberechtigte und aktive Teilnahme am gesellschaftlichen Leben kennen.

Früher wusste Aylin nicht, welche Schritte sie hätte einleiten müssen, um aggressive Gefühle und gewalttätiges Verhalten abzulegen.

„Manchmal denke ich, die Gesellschaft macht mich aggressiv. Früher dachte ich, wie und wo soll ich meine Aggression rauslassen. Der einzige Ort, Aggressionen rauszulassen, ist bei anderen Leuten. Dann habe ich Leute zusammengeschlagen, die mich aggressiv gemacht haben, mich schief angeguckt und blöde Sprüche gemacht haben. Und heute mache ich es teilweise so, dass ich einfach an denen vorbeigehe, ohne eine Reaktion." (Aylin, 15 Jahre)

Gesellschaftliche Ausgrenzungserfahrungen führen bei Aylin zu aggressiven Gefühlen. Auf Blicke und vermeintliche Provokationen konnte sie früher nur mit aggressivem Verhalten reagieren. Während des Interviews erzählt Aylin stolz, dass sie diesen Menschen heute keine Beachtung mehr schenke. Im Nachfrageteil des Interviews geht sie noch einmal auf die Gründe der Veränderung ein. Auch bei Aylin wird eine Veränderung in ihren sozialen Beziehungen sichtbar. Seit dem Schulwechsel hat sie bessere Schulnoten und dadurch ein höheres Selbstwertgefühl erlangt. Zusätzlich tauscht sie sich mit ihren Freundinnen über ihre Erfahrungen in der Gesellschaft aus. Aylin möchte ihre Konflikte zukünftig nicht mit Gewalt lösen. Schließlich sei es ihr Ziel, einen guten Realschulabschluss zu machen. Sie wünscht sich von der deutschen Gesellschaft eine Beziehung „auf gleicher Augenhöhe", indem ihr dieselben Rechte eingeräumt werden wie den übrigen Menschen.

Miray spricht über die Aggressivität von Jugendlichen mit türkischem Migrationshintergrund. Sie versucht zu erläutern, dass es folgerichtige Gründe für die von der Mehrheitsgesellschaft beklagten aggressiven Verhaltensweisen gibt.

„Viele meinen ja, dass türkische Mädchen und Jungs aggressiv sind und sich nicht integrieren wollen. Wenn man die Leute nicht kennt, sollte man so was nicht sagen. Die sind zwar aggressiv, aber man sollte sie mal fragen, warum sie aggressiv sind. Wie sie dazu kommen, respektlos oder Schläger zu sein. Es gibt immer viele Gründe warum und weshalb. Von außen kann man das ja nicht sehen, man muss sich mit dieser Person unterhalten, anhören und Fragen stellen. Das regt mich am meisten auf, denn sie wissen nicht viel über unsere oder unser Kultur, aber haben viele Vorurteile." (Miray, 19 Jahre)

Nach Mirays Auffassung werden Jugendliche mit türkischem Migrationshintergrund zu Unrecht wegen ihres aggressiven Verhaltens kritisiert. Man sollte mit den Jugendlichen sprechen und sie nach ihren persönlichen Motiven für ihr Verhalten fragen. Auf Nachfrage erläutert Miray die Reaktionen der Jugendlichen: Es sind die ungerechten Anklagen der Mehrheitsgesellschaft gegenüber Türken, die – vermeintlich – nur mit Aggressivität reagieren könnten. Für Miray sind Aggressionen gewissermaßen eine Antwort auf die gesellschaftliche Ausgrenzung von Jugendlichen mit türkischem Migrationshintergrund. Ebenfalls bemängelt sie, dass die Mehrheitsgesellschaft kaum über Kenntnisse der türkischen Kultur verfüge und mit Vorurteilen behaftet sei. Sie hebt abschließend ausdrücklich ihre Enttäuschung über die Unwissenheit der Mehrheitsgesellschaft hervor. Auch wenn sie bemüht ist, das Klischee aufzubrechen, fühlt sie sich nicht beachtet. Man gebe ihr das Gefühl, sie sei wertlos.

Zusammenfassend kann festgestellt werden, dass aus Frustration entstehende Aggression als eine Art Widerstand verstanden werden kannen. Aggresionen treten mit hoher Wahrscheinlichkeit auf, wenn lang anhaltende Frustrationen durch alternative Verhaltensweisen nicht aufgefangen werden können.[335]

Die betroffen Mädchen und jungen Frauen empfinden Gewalt als nicht hilfreich bei der Bewältigung von erfahrener Ausgrenzung und Verachtung im Alltag. Stattdessen suchen sie nach alternativen Möglichkeiten, um die Frustrationen abzubauen. Die Freizeitbeschäftigung, zum Beispiel Tanzen, Singen, Sport, dient als Ventil und vermittelt ein Gemeinschaftsgefühl, das das Selbstwertgefühl stärkt. In der Gemeinschaft mit unterschiedlichen Nationalitäten erfahren sie, dass ihre ethnische Herkunft keine Rolle spielt. Sie nehmen sich dadurch als gleichberechtigte Mitglieder dieser Gruppe wahr. Als Ergebnis formulieren sie, dass Aggressionen und Frustrationen zurückgehen und kontrolliert werden können.

---

335 Vgl. Schmidt 1975: 51.

Das Gefühl von Andersartigkeit bleibt jedoch aufgrund der ethnischen Herkunft, der differenten Kultur und Religion sowie des äußeren Erscheinungsbilds im Alltag bestehen.

5.4   Der Blick von außen – die gefühlte Fremdheit

Die Befunde zu dem Thema Fremdheitsgefühl belegen, dass die betroffenen Mädchen und jungen Frauen innerhalb der Gesellschaft Benachteiligungen aufgrund ihrer kulturellen Herkunft erfahren. Sie nennen als Gründe für ihre Ausgrenzung ihre ethnische Herkunft, differente Kultur und Religion sowie ihre bikulturelle „nicht ganz deutsche und nicht ganz türkische" Lebenswelt.

Obwohl sie ihren Lebensmittelpunkt in Deutschland haben, hier geboren und aufgewachsen sind, haftet ihnen die Zuschreibung als „Ausländer" auch noch in der dritten Generation an. Die Mehrheitsgesellschaft nimmt die Mädchen und jungen Frauen oft allein aufgrund körperlicher Merkmale – Haar- und Hautfarbe, Sprache – das heißt aufgrund des äußeren Erscheinungsbildes, als Fremde wahr. Diese Zuschreibungen können zu Einschränkungen im Alltag und zu Chancenungleichheit in der Ausbildung und bei der Berufswahl führen.

> „Wer als Fremde behandelt wird, fühlt sich fremd. Wer sich fremd fühlt, wird zur Fremden. Wer als Fremde behandelt wird, wird zur Fremden."[336]

Die Mädchen und jungen Frauen schildern detailliert ihre Erfahrungen mit der Mehrheitsgesellschaft, die überwiegend vom Gefühl der Fremdheit und Ausgrenzung im Alltag geprägt sind. Dabei benennen sie die teilweise offene und teilweise subtile Abwertung ihrer Person. Die permanente Abwertung und Infragestellung des „anderen" kann sich gegen jene Menschen richten, denen aufgrund körperlicher oder sozialer Merkmale ein biologisches, kulturelles oder ethnisches Anderssein zugeschrieben wird.[337]

> „Wenn mich die Deutschen draußen sehen, die sind so arrogant. Gucken dich an und denken, was ist das denn für ein Weib. Guck die mal an, wie die sich anzieht oder wie die aussieht oder wie die sich verhält und spricht. Also, mittlerweile ist es mir egal. Dann sag' ich, tut mir leid, dann kannst du einfach deinen Weg gehen. Dann brauchst du nichts mit mir zu tun haben. Was willst du mit einer Person zu tun haben, die du nicht akzeptieren kannst. Dann bringt das doch nichts, das ist dann nur Zeitverschwendung. Deswegen kannst du deinen eigenen Weg gehen." (Aleyna, 17 Jahre)

---

336 Mecheril 2000: 33.
337 Vgl. Otyakmaz 2000: 88.

Aleyna empfindet die deutsche Gesellschaft als „arrogant". Sie glaubt, die Deutschen lehnten sie aufgrund ihrer Kleidung, ihres Aussehens, ihres Verhaltens und ihrer Sprache ab und unterstellt ihnen, sie hätten ein Bild von ihr, das sie als Selbstbild („Weib") übernimmt und sich damit abwertet. Diese Aussagen erwecken den Anschein, als sei es für Aleyna unmöglich zu hinterfragen, ob dieses vermutete Bild *der* Mehrheitsgesellschaft über sie tatsächlich zutrifft, weil sie diese Erfahrung nicht deutlich benennt. An einer anderen Stelle des Interviews (vgl. Abschnitt 6.2) benennt sie genauer, um welche Art der Ablehnung es sich im Umgang mit Deutschen handelt. Es sind provokante Verhaltensweisen Deutscher, die mit verbalen Beschimpfungen einhergehen und in gewalttätige Konflikte ausarten können.

Für Aleyna bilden diese Erfahrungen eine hinreichende Begründung, sich von *den* Deutschen zu distanzieren. Wenn ein Mensch von anderen nicht als ebenbürtig wahrgenommen werde, sei kein Respekt gegenüber diesen Menschen vorhanden und keine Beziehung zu ihnen möglich.

Defne empfindet ihr Verhältnis *zu* Deutschen überwiegend als gut. Gelegentlich erlebt sie die Blicke *der* Deutschen als Ausgrenzung.

> „Mein Verhältnis zu Deutschen ist eigentlich gut. Aber manchmal kommen halt so Sprüche wie guck sie mal an, wie sieht die denn aus oder guck mal, was sie anhat. Wenn du zum Beispiel in der Bahn bist und türkisch redest, dann gucken die Deutschen dich schief an. Man fühlt sich so beobachtet. Dann denke ich, die wollen uns gar nicht. Ich kann ja nicht mal frei die Sprache sprechen, die ich will." (Defne, 15 Jahre)

In dieser Aussage vermischt Defne tatsächliche Erfahrungen der Ausgrenzung mit Bedrohungsgefühlen durch Blicke von Deutschen, wenn sie sich mit ihren Freunden auf Türkisch unterhält. Beide Erfahrungsebenen rufen bei Defne das Gefühl der Ablehnung und Ausgrenzung hervor. Sie fühlt sich in ihrer Freiheit eingeschränkt, die türkische Sprache anzuwenden. Das Gefühl der Fremdheit wird von Defne in anderen Wortbeiträgen mit keinen tatsächlichen Erfahrungsberichten belegt, vielmehr stützt sie sich auf subjektive Wahrnehmungen.

Auch Gamze vermutet, dass *die* Deutschen nur schlecht über sie dächten. Sie beklagt sich über die Wahrnehmung *der* Gesellschaft. Es sei *die* Gesellschaft, die ein problematisches Bild über Ausländer konturiere und sie nur auf dieser Grundlage wahrnehme. Sie lässt allerdings offen, auf welche persönlichen Erfahrungen diese Vermutungen gründen.

> „Mich nervt es, dass man mich vom Aussehen her beurteilt. Die Deutschen denken, dass ich aggressiv bin, weil ich Ausländerin bin. Die sehen das von außen anders, wenn man sich zum Beispiel mit seinen Freunden auf der Straße unterhält. Dann gucken sie ganz komisch, als wollten sie sagen, Ausländer, bee, bloß aufpassen, kann jederzeit was passieren oder so was.

Wechseln dann die Straßenseite. Oder wenn man mit Freunden was Trinken gehen möchte, dann wird man gleich angeguckt, als wäre man von einem anderen Stern. So ist das in der deutschen Gesellschaft. Das alles wegen meinem Aussehen und wegen der dunklen Haut. Weil man auch anders aussieht, halt südländisch." (Gamze, 16 Jahre)

Gamze hat den Eindruck, dass sie aufgrund ihres Aussehens von Deutschen als aggressive Jugendliche wahrgenommen wird. Die Schilderungen machen ihre Hoffnungs- und Aussichtslosigkeit gegenüber den Zuschreibungen in Bezug auf ihre kulturelle Herkunft deutlich. Gamze möchte sich nicht wegen ihrer Herkunft rechtfertigen müssen. Sie fühlt sich wie eine Ausgestoßene, die im Alltag unter ständiger Beobachtung ihrer Mitmenschen steht. An anderer Stelle des Interviews schildert sie persönliche Erfahrungen mit deutschen Mitschülern, die sie wegen ihrer vermeintlichen religiösen Orientierung und des Verzichts auf Alkohol als Außenseiterin wahrnähmen, wodurch ihr die Freundschaft zu deutschen Mitschülern verwehrt bliebe (vgl. Abschnitt 5.2). Gamze reagiert auf die verallgemeinernden Aussagen ihrer deutschen Mitschüler ebenfalls mit Verallgemeinerungen über Deutsche. Dies ist ein Nährboden für eine auseinanderdriftende Gesellschaft, in der sich Fremdheitsgefühle verstärken und Vorurteile und Stereotypisierungen frei entfalten können.

Miray erfährt aufgrund ihrer kulturellen Herkunft ebenfalls soziale Geringschätzung durch andere. Angesichts der bestehenden Vorurteile über Ausländer in Teilen der Gesellschaft dominiere ihrer Ansicht nach die Vorstellung, dass alle Ausländer über kollektive Identitäten verfügten.

„Es gibt viele Vorurteile gegen Ausländer. Okay, manche sind wirklich unartig. Weil einige so sind, werden wir alle in einen Topf geschmissen. Das finde ich gar nicht gut. Das heißt ja nicht, dass wir genauso sind wie die anderen, nur wenn sie Scheiße gebaut haben. Es pocht dann in mir drin, ich werde wütend. Dann denke ich, warum ist es so und warum denken sie denn nur so. Da bekommt man ein schlechtes Gefühl, das macht mich aggressiv. Aber manchmal denke ich, sollen sie doch denken, was sie wollen, ich weiß ja, das es nicht so ist." (Miray, 19 Jahre)

Miray kritisiert zunächst das abweichende Verhalten einiger Ausländer. Sie wehrt sich aber gegen die Verallgemeinerungen, die zu den bekannten Vorurteilen und Stereotypisierungen führen würden. Sie fragt sich, warum die Gesellschaft nicht zwischen den Menschen unterscheiden kann. Die Verallgemeinerungen machen Miray ohnmächtig, hilflos und aggressiv (vgl. Abschnitt 5.3), da die Gesellschaft Menschen auf ihre Herkunft reduziere. Gleichzeitig entsteht der Eindruck, als habe sich Miray mit gesellschaftlichen Vorurteilen gegen Ausländer abgefunden. Sie weiß, dass die vereinfachten Zuschreibungen nicht auf sie zutreffen.

Das Gefühl der Ausgrenzung erfährt Irem im Alltag vor allem durch das Tragen ihres Kopftuchs. Sie nennt konkrete Beispiele, wie sie Vorurteile und ausländerfeindliche Einstellungen der Gesellschaft erlebt hat.

„Ich bin schon sehr oft beleidigt worden wegen meines Kopftuchs. Vor zehn Jahren fing das an, da war ich zehn Jahre alt. Ich wurde von einem Mann, der auf einem Fahrrad saß, beleidigt. Er fing an, mich zu beschimpfen, ich soll wieder in die Türkei gehen, dass alles Schlimme wegen den Türken passiert. Ich wusste nicht, was ich sagen sollte, weil ich ein kleines Kind war. Ich hatte richtig Angst bekommen." (Irem, 20 Jahre)

Irem schildert ein Beispiel aus ihrer Kindheit. Bereits damals bildet das Tragen des Kopftuchs Anlass für eine Beschimpfung, gegen die sie sich als zehnjähriges Mädchen nicht zur Wehr setzen konnte. Als junge Frau kann sie mit solchen Anfeindungen mittlerweile gelassen umgehen:

„Dann ist mir dasselbe vor Kurzem wieder passiert. Es hat mich wieder ein alter Herr angesprochen und mich voll böse angeguckt und meinte, ich soll mein Kopftuch abnehmen. Ich habe ihn angeguckt und nur gelacht, was soll ich auch dazu sagen." (Irem, 20 Jahre)

Irem hat sich mittlerweile an die Anfeindungen im Alltag gewöhnt, indem sie mit einem Lächeln reagiert. Diese Reaktion zeigt aber auch, dass sie nicht gelernt hat, sich gegen diese Angriffe zur Wehr zu setzen und zu widersprechen. Während des Interviews wirkt Irem erschöpft und müde. Auf Nachfragen schildert sie, weil sie sich ständig erklären müsse, weshalb sie ein Kopftuch trage. Das Interview verlief phasenweise sehr stockend. Manchmal schüttelte sie den Kopf und lächelte, als sei sie hilflos gegenüber diesen Zuschreibungen. Gleichzeitig hinterließ Irem den Eindruck, als sei sie mit diesen Alltagserfahrungen überfordert. Irem spürt die Stigmatisierung aufgrund des Kopftuchs, das sie trägt. Sie fühlt sich als unterdrückte Frau wahrgenommen.

„Oder eine Dame mit Krücken hat mich... Ich habe einen sechsjährigen Bruder, ich bin letztens mit ihm zum Arzt gegangen. Und dann ist er die Treppen hochgegangen und die Dame die Treppen runter. Sie hat ihn sehr böse angeguckt und meinte zu ihm, er soll dort, wo er ist, stehen bleiben, sie wolle runterkommen. Mein Bruder hört auf dem einen Ohr sehr schlecht. Ich habe das noch einmal meinem Bruder gesagt, sie kam runter und schaute weiterhin sehr böse und meckerte ihn auch an. Ich meinte zu der alten Dame, sie müssen ihn nicht anmeckern, er hört auf einem Ohr sehr schlecht und er ist noch ein kleines Kind. Er versteht Sie nicht und hört Sie auch nicht. Die alte Dame hat mich nicht einmal angeguckt, meinte im Vorbeigehen, dass die Ausländer mit deren Geld [dem Geld der Deutschen, S. B.-E.] leben würden, dass wir uns verpissen sollten. Also, so was passiert mir sehr oft, immer von den Älteren. Die Gesellschaft nimmt mich auch als eine unterdrückte Frau wahr. Sie denken, dass meine Eltern mich unterdrücken. Die Menschen, die keine Ausländer in ihrer Umgebung haben, wissen ja auch nicht, wie es bei den Ausländern abläuft. Sie hören das ja nur von außen." (Irem, 20 Jahre)

Irem setzt sich nicht gegen die Anfeindungen der alten Dame zur Wehr, wie vielleicht anzunehmen wäre. Stattdessen sucht sie nach Entschuldigungen und begründet diese zunächst unklare Begegnung an der Treppe mit dem Handicap ihres jüngeren Bruders. Die anschließend folgenden ausländerfeindlichen Vorwürfe der alten Dame bewirken dagegen bei Irem keine Reaktionen.

Das Tragen des Kopftuchs in der deutschen Gesellschaft wird nach Irems Ansicht noch immer als ein Zeichen für die Unterdrückung der Frau in der muslimischen Kultur angesehen. Sie ärgert sich einerseits über den gesellschaftlichen Umgang mit Ausländern, andererseits erklärt sie ausländerfeindliche Reaktionen mit dem Unwissen der Gesellschaft über Ausländer.

Ela sieht keinen Sinn in dem Versuch, das bestehende Bild über Türken in der Gesellschaft zu verändern; das Bild von Deutschen über Türken sei von Vorurteilen geprägt. Dies führt sie auf das äußere Erscheinungsbild und das Verhalten von Türken zurück. Allerdings urteilt Ela auf einer sehr allgemeinen Ebene:

„Ich glaube, wir wirken sehr türkisch, weil man uns das ansieht und unser Verhalten anders ist als deren sein Verhalten. Wenn die über die Türken schlechte Sachen reden, regt mich das auf. Dann sag' ich mir, dass sie schon wieder die Türken sagen. Wenn man was dagegen sagt, gucken sie dich dann so blöd an und machen irgendwelche Sprüche und man verwickelt sich in Diskussionen, die nichts bringen. Ich empfinde die meisten Deutschen als oberflächlich und kaltherzig. Wenn ich in der Türkei bin, auch wenn man die Person nicht kennt, sagt man hallo. Man spricht mit denen – oh, ist das Kind süß, sagt ein Türke. Ein Deutscher würde sagen, ey fass' mein Kind nicht an. Das empfinde ich als fremd und kaltblütig. Viele Deutsche sind fremdenfeindlich und grenzen die Ausländer aus, weil sie Kopftuch tragen, dunkle Haare und dunkle Augen haben. Sie lassen es dich spüren, dass du anders bist als sie." (Ela, 17 Jahre)

Ela beschreibt die meisten Deutschen als „oberflächlich" und „kaltherzig". Es sind die subjektiv empfunden gefühlskalten Umgangsformen und die fremdartigen Gedanken der Mehrheitsgesellschaft, die diese Wahrnehmung bei ihr hervorrufen. Für Ela ist dieses Verhalten nicht akzeptabel und führt zu Einschränkungen in ihrem Alltag. Sie offenbart eine distanzierte Haltung zu den „meisten Deutschen" und fühlt sich missverstanden, verletzt und daher nicht als gleichwertiges Mitglied der Gesellschaft. Elas Empfinden nach lassen „viele Deutsche" die Ausländer spüren, dass sie anders seien.

Auch wenn dieser Interviewabschnitt von Ela zunächst pauschalisierend wirkt, da sich in ihrem Beitrag viele Eindrücke mit subjektiven Annahmen („Ich glaube, wir wirken sehr türkisch.") vermischen, benennt Ela an anderer Stelle des Interviews persönliche Ausgrenzungserfahrungen im Schulalltag, die ihre Einschätzungen bestätigen (vgl. Abschnitt 6.1).

Jeder in Deutschland lebende Ausländer befindet sich nach Dilaras Ansicht in einer schwierigen Lebenssituation. Aufgrund von Verallgemeinerungen und Vorurteilen dürfe jedoch niemand generalisierte Aussagen über Menschen treffen.

„Ich denke, dass jeder Ausländer in Deutschland schlecht gestellt ist. Ich finde, in jedem Land sind gute Menschen und schlechte Menschen da. Man kann ja auch nicht alle Deutschen als Nazis betrachten. Man kann auch nicht die Türken und die Iraner als Terroristen bezeichnen. Überall gibt es gute und schlechte Menschen. Die Medien suchen sich oft die schlechten Sachen aus, damit alle ihnen zuhören. Sie berichten ja nicht über ein tolles türkisches Mädchen, die Abi gemacht hat, da hört ja keiner hin, das will ja keiner wissen. Wenn ein deutscher Junge was macht und das steht in der Zeitung, nimmt das keiner so wahr. Wenn ein Türke was macht, zieht er gleich alle Aufmerksamkeit auf sich." (Dilara,16 Jahre)

Dilara lehnt Verallgemeinerungen über Deutsche und Türken ab, da die Herkunft nichts über den Charakter und die Persönlichkeit eines Menschen aussage. Sie macht die Medien für diese Stereotypisierungen über Ausländer verantwortlich; sie prägten die Wahrnehmung von Türken in Deutschland. Außerdem bemängelt Dilara, dass die Medien kein Interesse hätten, eine konstruktive und realitäts-gerechte Berichterstattung über Türken zu leisten. Beispielsweise würde es keine Berichte über türkische „Bildungsaufsteiger" geben. Es sei nicht im öffentlichen Interesse, positive Nachrichten über Türken zu verbreiten. Stattdessen würde hauptsächlich über türkische Jugendliche berichtet, wenn sie Straftaten begingen. Diese Berichterstattung sorge oft für große mediale Aufmerksamkeit.

Für Aylin orientiert sich die Gesellschaft zu sehr an einem Bild von Türken, das von Tradition geprägt ist. Auch Aylin beklagt sich über die mit Vorurteilen behafteten Einstellungen gegenüber Türken.

„Die meisten Deutschen denken ja gleich, oah, Türken, Muslime, so ganz streng, zurückhalten. Aber das stimmt nicht, nicht alle Türken sind gleich. Vor allem ich, ich komme mit jeder Person klar, wenn sie nicht denkt, dass sie was Besseres sind als andere Menschen. Was ja bei den meisten Deutschen der Fall ist." (Aylin, 15 Jahre)

Ebenso empfindet sie die Ablehnung wegen der kulturellen Herkunft durch einen Großteil der deutschen Bevölkerung als unberechtigt und behindernd. Nach Aylins Empfinden fühle sich die Mehrheit der Deutschen den Türken überlegen. Sie komme mit Menschen nicht zurecht, die sich für etwas Besseres hielten und sich über andere, vermeintlich unterlegene Menschen, erhöben. Gleichzeitig äußert Aylin den Wunsch, unabhängig von ihrer kulturellen Herkunft wahrge-nommen zu werden.

Auch bei Ceyda überwiegt der Eindruck, dass die öffentliche Meinung über Türken und im Allgemeinen über Ausländer von Vorurteilen gekennzeichnet ist.

„Die Deutschen haben ein schlechtes Bild von den Türken. Es sind immer gleich die Ausländer, wenn was passiert. Oder manche denken, die nehmen uns die Arbeit, unsere Wohnungen und unser Land weg. Manchmal frage ich mich, warum die Deutschen immer Besserwisser sein sollten als die Ausländer. Die meisten meinen, die könnten alles besser. Die sagen auch immer, du Türke, du kannst doch sowieso nichts. Oder die sagen auch, ist doch meine Heimat, verpisst euch. Manche sagen auch scheiß Ausländer. Aber andersherum dürfen die Türken auch die Deutschen nicht beleidigen. Die leben doch in Deutschland, das sollte man nicht tun." (Ceyda, 14 Jahre)

Für Ceyda werden die Ausländer zu Unrecht für viele Probleme verantwortlich gemacht. Außerdem würden sie mit vielen Vorurteilen konfrontiert. Ceyda kann nicht nachvollziehen, warum ein Deutscher „besser" sein sollte als ein Ausländer.[338] Obwohl Ceyda wie die anderen Mädchen und jungen Frauen mit dem Gefühl der Fremdheit in ihrem Alltag konfrontiert ist, sieht sie die Ursachen für diese Probleme nicht allein in der Mehrheitsgesellschaft. Sie fordert auch von den Türken angemessene Umgangsformen gegenüber den Deutschen. Ceyda fühlt sich mit Deutschland verbunden; unabhängig von der kulturellen Herkunft fordert sie einen gerechten Umgang miteinander.

Ceyda ist ein Beispiel dafür, dass die dritte Generation türkischer Mädchen und junger Frauen eine eigene Definition von Zugehörigkeit zur Gesellschaft entwickelt hat. Sie entscheiden sich nicht für einen bestimmten Lebensentwurf, sondern für einen bikulturellen Lebensstil. Den Begriff „Bikulturalität" definiert Wießmeier folgendermaßen:

„Zwei kulturelle Einflüsse prägen eine menschliche Identität. Ausschlaggebend ist hierbei, dass dieses Aufeinandertreffen zweier Kulturen nicht nur Kennzeichen einer vorübergehenden Lebensphase ist, wie z. B. bei einem Auslandsaufenthalt, sondern elementarer Bestandteil der Lebenserfahrung".[339]

Aufgrund der kulturellen Einflüsse in beiden Gesellschaften verstehen sie sich als ein Teil beider Gesellschaft und nehmen für sich das Recht in Anspruch, sowohl die eine als auch die andere Gesellschaft als Ganzes zu hinterfragen. Sie identifizieren sich gleichzeitig mit beiden Zugehörigkeiten, sodass Ceyda sowohl die Mehrheitsgesellschaft für ihre diskriminierende Haltung kritisiert als auch die türkische Gesellschaft darauf hinweist, die Werte der Mehrheitsgesellschaft zu respektieren und zu befolgen. Trotzdem fällt es ihr als Angehörige der dritten Generation schwer, das Gefühl von Minderwertigkeit abzulegen, weil sie in der Auseinandersetzung mit der Alltagswelt gesellschaftliche Ungleichheit wahrnimmt. Das Fremdheitsgefühl ist das zentrale Moment in der Lebensweltaneignung der Mädchen und jungen Frauen und bestimmend für die Beziehung zur Mehrheitsgesellschaft.

---

338 An anderer Stelle des Interviews erläutert Ceyda genauer, wie sie zu dieser Erkenntnis gelangt ist (vgl. Abschnitt 6.1).
339 Wießmeier 1999: 5.

6. Individuelle Lebensweltaneignung

„Lebenswelt" bezeichnet den umfassenden Bereich des menschlichen Lebens, auf den menschliches Bewusstsein ausgerichtet ist und der seinen Sinn von den sinnstiftenden konstitutiven Leistungen des Menschen erhält. Lebenswelt ist jenseits wissenschaftlicher Theorien sowohl im subjektiv als auch im gruppenspezifisch bestimmten Alltagswissen, -handeln und -erleben konstruktiv-aktiver Menschen angelegt, wie in Normen, Wertvorstellungen, Gewohnheiten, Interaktionsmustern, Konsumgewohnheiten, Freizeit und Familienleben.[340] Die Aneignung der Lebenswelt des Menschen wird als

„[...] tätige Auseinandersetzung mit seiner Umwelt und als Aneignung der gegenständlichen und symbolischen Kultur"[341]

verstanden. Handlungsformen und Handlungsstrategien der Alltagshandelnden sind demnach an unterschiedliche Situationen und vielfältige kulturelle Bedingungen geknüpft.[342] In diesem Zusammenhang werden im Folgenden die Formen der Lebensweltaneignung der interviewten Mädchen und jungen Frauen analysiert, die sie als fraglos gegeben erleben, danach handeln und die für sie als selbstverständlich existieren. Handeln wird zur Handlung, wenn für den Handelnden ein Bezug zu einem Entwurf seiner Lebenspraxis besteht.[343]

„Der Entwurf wird zunächst als das Ziel des Handelns"[344]

betrachtet, wenn Handeln in irgendeiner Weise motiviert und

„alltäglichen Konstrukten sinnhaft-sinnvoller Handlungserfahrung"[345]

folgt.

---

340 Vgl. Bodenburg 2000: 17.
341 Deinet/Krisch 2002: 133.
342 Vgl. Berger/Luckmann 2007.
343 Vgl. Schütz/Luckmann 1984: 22.
344 Schütz/Luckmann 1984: 27.
345 Grathoff 1995: 161.

6.1   Der „goldene Armreif" –
sozialer Aufstieg durch schulische und berufliche Bildung

Der „goldene Armreif"[346] hat einen gesellschaftlichen Wert in der türkischen Kultur. Er ist ein Symbol für die Aneignung von kulturellem Kapital (vgl. Bourdieu), das nur über Bildung erworben werden kann. Bildung steht für einen persönlichen Wert, der nicht entzogen werden kann und Respekt in der Gesellschaft sichert. Die Mädchen und jungen Frauen wissen um die Bedeutung von Bildung für die Verwirklichung ihrer Lebensentwürfe.

Es stellt sich die Frage, welche Bedeutung Bildung in der Lebenswelt der Mädchen und jungen Frauen einnimmt und unter welchen Bedingungen die schulische Aneignung erfolgt. Mit dem Schulerfolg wird in erster Linie eine finanzielle Unabhängigkeit für die Zukunft erwartet. Es besteht ein Wunsch nach sozialem Aufstieg und nach Selbstverwirklichung in Verbindung mit dem Streben nach Anerkennung.

> „Also, für mich ist das wichtig, dass ich eine Ausbildung mache, dass ich dann eine Arbeit habe und dass ich dann alleine wohne und nicht von dem Geld von meinen Eltern lebe. Also ich will was machen, was ich mir selbst verdiene. Das ist halt das Wichtigste für mich, weil ich allen zeigen will, dass ich das kann. Auch wenn meine Leute immer wieder sagen, du schaffst das sowieso nicht, dann bist du auch nicht motiviert. Dann hast du überhaupt keine Lust, etwas zu machen. Wenn meine Lehrer manchmal sagen, das schaffst du sowieso nicht, denn vergeht mir auch die Lust. Bald werde ich es denen zeigen, damit die mal sehen, dass es nicht so war, wie sie das vermutet hatten." (Aleyna, 17 Jahre)

Der Bildungsabschluss bedeutet für Aleyna eine Chance auf finanzielle Unabhängigkeit und ein eigenständiges Leben. Weiterhin verbindet Aleyna mit dem Abschluss die Möglichkeit, selbstständig alle persönlichen Entscheidungen treffen zu können. Zusätzlich hegt sie damit den Wunsch nach Anerkennung, der ihr wegen des mangelnden Schulerfolgs aufgrund der Familiensituation nicht entgegengebracht worden sei. Aleyna will sich mit Prognosen ihrer Lehrer nicht zufriedengeben. Sie möchte allen beweisen, dass sie fähig ist, die gewünschten Leistungen zu erbringen.

Miray fühlte sich während ihrer Schulzeit doppelt benachteiligt. Ihr mangelnder Schulerfolg sei auf ihren Motivationsverlust zurückzuführen.

> „Wenn man manchmal keine Motivation hat und die Lehrer einen auch aufgeben, dann wird man aggressiv. Ich habe nicht viel Hilfe in der Schule bekommen, wie ich es mir gewünscht hätte. Zu Hause habe ich keine schulische Hilfe bekommen und leider in der Schule auch nicht. Vielen geht es so. Deshalb muss es mehr Hilfe in der Schule geben. Nachhilfe, Gespräche mit Lehrern oder

---

346 *Der „goldene Armreif" ist im Türkischen eine Metapher für ein Bildungszertifikat.*

andere schulische Aktivitäten, auch mal nach Schulschluss. Das könnte vielleicht auch helfen, dass man sich mit seinen deutschen Mitschülern auch näherkommt. Hatte ich viel Stress in der Schule, die Lehrer haben mich nicht wahrgenommen, ich wurde öfters aus dem Unterricht nach Hause geschickt. Dadurch habe ich viel Unterrichtsstoff verpasst. Ich bin froh, dass ich meinen Hauptschulabschluss geschafft habe. Ich wollte eigentlich weitermachen, aber die Motivation hat gefehlt und dann habe ich mich einfach hängen lassen. Ich habe mir dann gesagt, ach schaffst du eh nicht. Ich hätte auch gern mein Abi gemacht und etwas erreicht im Leben, wenn ich zu Hause Hilfe bekommen hätte. Ich kann meinen Eltern auch keine Vorwürfe machen. Ich kann nicht von den erwarten, dass ich was von ihn beigebracht bekomme, wenn sie selber Schwierigkeiten haben." (Miray, 19 Jahre)

Möglicherweise resultiert die geringe Motivation aus der problematischen Vater-Tochter-Beziehung und aus der mangelnden Unterstützung der Lehrer. Sie wurde häufig aus dem Unterricht nach Hause geschickt. Mit diesen Konflikten erklärt sie ihre Bildungsdefizite, die nach ihrem Empfinden nicht nachzuholen seien. Miray erhielt keine Hilfe von ihren Eltern sie waren nicht in der Lage, ihr bei den Problemen in der Schule zu helfen. Miray ist glücklich über den mühsam erreichten Hauptschulabschluss. Sie verbindet mit einem höheren Schulabschluss ein stärkeres Selbstwertgefühl und die emotionale Anerkennung ihrer Eltern. Aufgrund ihres Hauptschulabschlusses erfährt sie eine geringe Anerkennung durch ihren Vater (vgl. Abschnitt 4.1). Die fehlende Unterstützung durch ihren Vater hat den mangelnden Schulerfolg von Miray zusätzlich begünstigt. Diese Aussage zeigt, dass sie bereits resigniert hat, da sie keine Initiative mehr ergreift, einen höheren Schulabschluss zu erlangen.

Nach Mirays Wahrnehmung erhalten viele Kinder mit Migrationshintergrund von ihren Eltern keine Hilfestellung in der Schule. Deshalb sei es umso wichtiger, dass die Schule umfangreiche Unterstützung anbiete. Sie ist der Meinung, dass sie einen besseren Schulabschluss erreicht hätte, wenn sie in der Schule mehr Unterstützung durch ihre Lehrer erfahren hätte. Eine solche hätte auch eine bessere Beziehung zu deutschen Schülern schaffen können, um möglicherweise das Miteinander zu fördern und die Partizipation an unterschiedlichem sozialen Kapital zu begünstigen.

„Wenig Freude macht mir, dass ich keinen Ausbildungsplatz finde. Zurzeit ist es sehr schwer, mit einem Hauptschulabschluss eine Ausbildungsstelle zu bekommen. Viele denken, wenn man einen Hauptschulabschluss hat, ist man nicht so intelligent wie andere. Wenn andere einen höheren Abschuss haben, dann bekommen die den Ausbildungsplatz. Mein größter Wunsch ist, einen Ausbildungsplatz zu bekommen, damit ich unabhängig sein kann." (Miray, 19 Jahre)

Nach Mirays Einschätzung wird ein Hauptschulabschluss in der Gesellschaft nicht wertgeschätzt, sodass Bewerber mit einem höheren Schulabschluss bessere Chancen auf einen Ausbildungsplatz erhielten. Der Hauptschulabschuss verweist auf ein relativ geringes Bildungskapital. Im Nachfrageteil des Interviews macht

Miray einen enttäuschten Eindruck, weil sie nach mehreren Bewerbungsschreiben keine Einladung zu einem Vorstellungsgespräch erhalten hat. Möglicherweise führt diese Situation dazu, dass Miray in dem Glauben lebt, mit einem Hauptschulabschluss sei es unmöglich, einen Ausbildungsplatz zu bekommen. Sie befindet sich zum Zeitpunkt des Interviews in einer Jugendeinrichtung, in der sie Hilfestellung in Form von Bewerbungstraining erhält. Sie hat keine weiteren Kontakte, die ihr bei ungeklärten Fragen helfen könnten. Die Interviews zeigen, dass sich die Mädchen und jungen Frauen mit einem Ausbildungsplatz finanzielle Unabhängigkeit und die Chance auf ein selbstbestimmtes Leben erhoffen. Ebenfalls kann angenommen werden, dass sie mit einer abgeschlossenen Ausbildung versuchen, mehr Anerkennung von ihren Eltern zu erhalten.

Gamze wirkt im Interview zielstrebig und zeigt sich entschlossen, nach ihrem Realschulabschluss eine Ausbildung als Bankkauffrau oder Speditionskauffrau zu absolvieren. Trotz des „bildungsfernen" Elternhauses werden ihre Pläne von den Eltern unterstützt.

„Ich versuche, meinen Realschulabschluss zu machen, danach möchte ich eine Ausbildung machen, entweder als Bankkauffrau oder Speditionskauffrau. Nach den Ferien werde ich eine Stelle suchen. Meine Lehrerin hilft mir auch dabei. Meine Lehrerin sagt immer, die Migranten haben mehr Chancen als die Deutschen. Wir haben zwei Mädchen in der Klasse, die ein Kopftuch tragen. Sie haben gemeint, dass sie sowieso keiner nimmt, weil sie ein Kopftuch tragen. Sie haben gesagt, dass die Mühe umsonst ist, einen Ausbildungsplatz zu suchen. Da meinte meine Lehrerin, man soll nicht negativ denken, sondern positiv. Wenn man einen guten Abschluss hat und gut rüber kommt, dann werden die auch angenommen." (Gamze, 16 Jahre)

Unterstützung erhält Gamze in der Schule von einer Lehrerin, die sie in Bezug auf die Chancengleichheit bei guten schulischen Leistungen auch motiviert. Die Pädagogin setzt ein Signal, dass die Mädchen und jungen Frauen mit Migrationshintergrund ihren Erfolg selbst in der Hand hätten und sich nicht von Äußerlichkeiten beeinflussen lassen sollten. Gamzes Lehrerin ermutigt ihre Schülerinnen und wirkt wegweisend. Auch wenn einige Mitschülerinnen ihre Chancen durch das Tragen eines Kopftuchs eingeschränkt sehen, ermutigt die Lehrerin und verweist auf die Bedeutung von schulischen Leistungen für die Chancen auf einen Ausbildungsplatz. Möglicherweise fungiert die Lehrkraft für Gamze als Vorbild, indem sie die Schüler zu höheren Leistungen in der Schule anspornt.

Auch Irems Eltern, die über eine niedrige Schulbildung verfügen, unterstützen ihre Tochter bei ihren schulischen und beruflichen Bildungsambitionen.

„Meine Eltern unterstützen mich. Nach meinem Abi würde ich gerne Psychologie studieren. Aber viele sagen, dass es voll schwer ist und man bräuchte nur ein Einserzeugnis. Das habe ich aber nicht und werde es auch nicht bekommen. Ich bin eher in den Zweier-/Dreierbereichen.

Dann habe ich überlegt, in einer privaten Uni zu studieren, aber privat ist es sehr teuer. Das kann ich von meinen Eltern nicht verlangen, vielleicht würde mein Vater mich unterstützen. Aber ich möchte nicht, dass er sich dafür überanstrengt auf der Arbeit. Mal schauen, was wird. Wichtig ist für mich, dass ich später erfolgreich werde auf dem Arbeitsmarkt. Dass ich auf meinen eigenen Beinen stehen kann und von niemanden abhängig bin." (Irem, 20 Jahre)

Irem hat eine klare Vorstellung von ihrer privaten und beruflichen Zukunft. In erster Linie verbindet sie den Schulabschluss und das anschließende Studium mit Erfolg im Arbeitsleben.

Obwohl Irem ein Kopftuch trägt, wirkt sie während des Interviews keineswegs wie eine unterdrückte Frau, wie in den Medien häufig vermittelt wird. Sie strahlt Sicherheit und Selbstbewusstsein aus. Irem fühle sich als Kopftuchträgerin nicht benachteiligt. Trotz einiger Bedenken aus ihrem sozialen Umfeld, das einen Zugang zum Psychologiestudium aufgrund ihres Notendurchschnitts nicht für möglich hält, sieht Irem in einem Studium die Chance für einen sozialen Aufstieg. Irem verbindet wie einige andere Mädchen und junge Frauen mit dem Bildungserfolg die eigene Unabhängigkeit und Selbstverwirklichung.

Mit der Aussicht auf ein Studium sei eine schrittweise Abnabelung von den Eltern möglich, wie Irem im Nachfrageteil des Interviews hervorhebt. Eine Bildungskarriere sieht Irem als Perspektive, ihre Autonomiebestrebungen umzusetzen und weitgehend unabhängig von ihren Eltern eigene Entscheidungen zu treffen.

Das Streben nach finanzieller und beruflicher Unabhängigkeit, die viele Mädchen und junge Frauen in den Interviews benennen, würden Beobachter auf den ersten Blick nicht vermuten. Mädchen und junge Frauen mit türkischem Migrationshintergrund leben häufig in einem sozialen Umfeld, in dem die Vorurteile überwiegen, abhängig, unselbstständig und kaum selbstbewusst zu sein.[347] Die Interviewbeispiele zeigen jedoch eine andere Erkenntnis.

Ceyda hat eine klare Vorstellung davon, wie ihre private und berufliche Zukunft aussehen soll. Außerdem erhofft sie sich mit einem höheren Schulabschluss mehr Anerkennung in der Familie.

„Ich möchte Abitur machen und dann will ich studieren, vielleicht sogar Jura. Ich möchte auf meinen eigenen Füßen stehen und frei sein. Meine Mutter sagt, wenn ich studiere, kann ich mir eine kleine Wohnung nehmen. Das ist noch ein Grund mehr, um zu studieren." (Ceyda, 14 Jahre)

Ceyda verbindet mit ihrem Bildungserfolg ein unabhängiges Leben. Die Aufnahme eines Studiums wäre ein erster Schritt in die Unabhängigkeit, da sie mit dem Einverständnis ihrer Mutter eine eigene Wohnung beziehen könnte, ohne einen Konflikt mit den Eltern herbeizuführen. Im Nachfrageteil des Interviews

---

347 Vgl. Beck-Gernsheim 2007: 9.

erläutert Ceyda, dass sie ohne Aussicht auf ein Studium, eine Ausbildung oder Heirat die Eltern einem Umzug in eine eigene Wohnung nicht zustimmen würden. Wenn sie einen solchen Schritt dennoch wagte, müsse sie einen Konflikt mit ihren Eltern riskieren, der für Ceyda ausgeschlossen sei. Ein Beziehungsbruch mit ihren Eltern sei für sie mit Isolation und unnötigem Stress verbunden. Ceyda möchte mit dem Einverständnis der Eltern aus der gemeinsamen Wohnung ausziehen und die Anerkennung ihrer Eltern nicht verlieren.

„Ich habe zwar gute Noten, aber bin mit der Schule nicht zufrieden. Ich habe eine Lehrerin, sie sagt immer, typisch oder die Assis. Solche Sachen sagt sie immer, sie betont das auch immer alles so. Ich kann mal ein Beispiel geben. Wir hatten heute mit der Lehrerin Kunst. Sie hat uns alle gefragt, was stellt ihr euch unter Kunst vor. Keiner hat sich gemeldet. Da meinte sie, ich habe euch was geschrieben, da stand das drin. Typisch! *[An dieser Stelle erwähnt die Lehrerin den Stadtteil, der aufgrund der Anonymisierung der Interviews ungenannt bleibt. Der Stadtteil weist einen hohen Anteil von Migranten auf].* Dann hat sie noch gesagt, die Ausländer wollen einfach machen, was ihnen gefällt. Es ist kein Wunder, dass die dann irgendwo landen. Das darf doch eine Lehrerin nicht sagen, oder? Da hat man doch keine Lust mehr." (Ceyda, 14 Jahre)

Aufgrund der diskriminierenden Aussagen einiger Lehrer möchte Ceyda die Schule wechseln. Sie ist unzufrieden mit ihren Lehrern, ganz besonders mit ihrer Kunstlehrerin. Ceyda besucht eine Schule, deren Schülerschaft sich überwiegend aus Kindern mit Migrationshintergrund zusammensetzt. Der hohe Anteil von Migranten in der Klasse habe Auswirkungen auf die Lernleistungen, erläutert Ceyda im Nachfrageteil des Interviews. Ihre Mitschüler hätten aufgrund mangelnder Deutschkenntnisse und der geringen Hilfestellung ihrer Familien Schwierigkeiten, dem Unterricht zu folgen. Die Lehrerin verweise immer wieder auf den mangelnden Erfolg ausländischer Kinder. Die vorurteilsbehaftete Haltung ihrer Lehrerin empfindet Ceyda als demotivierend und ausgrenzend.

Infolge eines Schulwechsels hat sich die Schulleistung von Ela verbessert. Trotz guter Schulnoten erhielt sie in der vorherigen Schule nicht die erwartete Schulempfehlung. Ela berichtet über zwei unterschiedliche Erfahrungen in Bezug auf die besuchten Schulen und die Beziehungen zu ihren Lehrern.

„Seitdem ich die Schule gewechselt habe, bin ich ganz gut in der Schule. Früher war ich auch gut in der Schule, aber meine Lehrer behaupteten, ich sei auf einer Hauptschule besser aufgehoben. Als dann die Zeugnisse vergeben wurden und ich die Empfehlung auf eine Hauptschule bekam, nahmen meine Eltern mich von der Schule und meldeten mich hier an. Ich hatte damals auch ein gutes Zeugnis. Meine Eltern haben mein Notendurchschnitt berechnet und sind zum Ergebnis gekommen, dass ich keine Hauptschülerin, sondern Gymnasiast bin. Ja, das war auf meiner alten Schule so. Die Lehrer wollten nie, dass die Ausländer erfolgreich werden. Da wurde auch immer gesagt, warum könnt ihr, ich weiß nicht, wie ich das sagen soll, kann ich das auf Türkisch sagen? *[Warum könnt ihr nicht sein wie deutsche Schüler, warum seid ihr Türken so schlecht? Deutsche Schüler sind erfolgreicher als ihr, ihr seid hier geboren und groß geworden. Eure Mütter und*

Väter sind doch deutsch geworden. Warum könnt ihr nicht so werden wie die Deutschen?][348] Aber wie sollen sie denn besser werden, wenn sie keine Hilfe zu Hause bekommen? Sie haben halt Schwierigkeiten in der Rechtschreibung und sie sind vielleicht auch ein bisschen faul. Aber das gibt niemanden das Recht, über uns zu urteilen und uns die Chance auf einen Abschluss zu verwehren." (Ela, 17 Jahre)

Trotz ihrer guten Leistung gaben die Lehrer aus der vorherigen Schule bei der Übergangsempfehlung für Ela keine Gymnasial-, sondern eine Hauptschulempfehlung. Die Lehrer waren der Meinung, Ela sei trotz ihrer guten Leistung auf einer Hauptschule besser aufgehoben.

Im Nachfrageteil des Interviews gibt Ela an, dass es diesbezüglich mehrere Gespräche mit den Lehrern und ihren Eltern gegeben habe. Als Begründung für diese Entscheidung habe ihre Lehrerin das hohe Lernniveau auf Realschulen und Gymnasien genannt. Ela sollte vor einem Scheitern bewahrt werden. Zusätzlich erhielten ihre Eltern den Hinweis, dass es für ausländische Eltern schwierig sei, ihre Kinder auf einer höheren Schule zu unterstützen.

> „Bei Migrantenkindern wird zur Begründung von umfassendem Lernversagen vielfach auf negative ethnisch-kulturelle Zuschreibungen zurückgegriffen."[349]

Elas Vater, der selbst über einen Hochschulabschluss verfügt, insofern mit kulturellem Kapital ausgestattet und daher mit den Leistungserwartungen der weiterführenden Schule vertraut war, nahm seine Tochter von dieser Schule und meldete sie auf einem Gymnasium an. Ela befand sich zum Zeitpunkt des Interviews in der 12. Klasse des Gymnasiums. Sie hatte einen Notendurchschnitt von 1,3 und beabsichtigte, Medizin zu studieren.

In ihrer vorherigen Schule hätten die Lehrer trotz guter Leistungen einiger Mitschüler mit Migrationshintergrund nicht an den Bildungserfolg dieser Schüler geglaubt. Die Begründungen für diese Einschätzungen waren mit Vorurteilen behaftet. Die Lehrer hätten nicht nachvollziehen können, warum Kinder mit Migrationshintergrund nicht so erfolgreich sein würden wie deutsche Kinder. Ela begründet diesen Umstand mit mangelnder Unterstützung durch ihre Eltern, fehlender Motivation der Mitschüler („ein bisschen faul") und einer ungerechten Behandlung durch die Lehrer. Ela fordert eine gerechte Beurteilung und Chancengleichheit, um unabhängig vom kulturellen Hintergrund am Bildungssystem partizipieren zu können. Die Begründung der Lehrerin ist ein Ausdruck falscher

---

348 Diesen Satz spricht Ela auf Türkisch: *Yani, niye Alman ögrenciler gibi olamiyorsunuz. Neden siz Türkler kötü sünüz. Almanlar niye sizden daha basarili. Siz burda dogdunuz büyüdünüz, Anneniz Babaniz alman oldu, neden Almanlar gibi olamiyorsunz.*
349 Gomolla/Radtke 2009: 211.

Fürsorge, vielleicht sogar gut gemeint, aber letztlich Ausdruck eines Überlegenheitsgefühls gegenüber Migranten im Sinne von „Wir wissen, was für Euch gut ist"; es bleibt aber eine Art von Entmündigung, die auf der Vorstellung basiert, dass Eltern selbst nicht wissen, was für ihr Kind am besten sein könnte. Ela fühlt sich in ihrer neuen schulischen Umgebung wohl. Sie berichtet im Interview über Schulfächer, die ihr Freude machen.

> „In meiner neuen Schule haben wir ein Schulfach, das heißt Coaching. Da besprechen wir unsere Noten und alles, was uns beschäftigt. Da wird besprochen, wie wir unsere Noten verbessern können. Dann geben die Lehrer uns Tipps, sie sagen, dass wir nach der Schule mit Klassenkameraden lernen sollen. Oder ins Internet gehen sollen, um Englisch oder Spanisch zu lernen. Es gibt leider keine Hausaufgabenhilfe in der Schule. Ich habe eine private Hausaufgabenhilfe, die ich selbst bezahlen muss. Momentan können meine Eltern das nicht zahlen. Nach der Schule gehe ich jobben, um mir das leisten zu können. Ich will Medizin studieren, dafür müssen meine Noten sehr gut sein." (Ela, 17 Jahre)

Ela fühlt sich in ihrer neuen Schule wahrgenommen und erhält für ihre schulischen Leistungen eine hohe Wertschätzung. Sie kann sich mit ihren Lehrern austauschen, bekommt Rückmeldung über ihre Noten, Vorschläge für Verbesserungen und weitere Tipps für Unterstützungsmöglichkeiten. Eine regelmäßige Hausaufgabenunterstützung in der Schule würde Ela entlasten. Da die Schule dieses Angebot nicht vorhält, muss Ela nach der Schule arbeiten gehen, damit sie sich die Nachhilfestunden leisten kann.

Für Ela hat Bildungskapital einen hohen Stellenwert, sodass sie ihren Wunsch nach einem Medizinstudium zielstrebig verfolgt. Die Bildungsaspiration wird möglicherweise durch den Vater zusätzlich verstärkt.

Auch Dilara benennt einen sachlichen Ordnungspunkt für ihre berufliche Zukunft. Trotz der einjährigen Unterbrechung des Schulbesuchs (vgl. Abschnitt 5.1) verfolgt sie konsequent das Ziel, einen hohen Bildungsabschluss zu erreichen. Von der höheren Qualifikation verspricht sich Dilara eine autonome Lebensführung.

> „Mit den Lehrern komme ich eigentlich immer zurecht, nur am Anfang gab es Probleme. Hausaufgabenhilfe kann ich nehmen, aber nicht in allen Fächern, das wird zu teuer. Dann muss ich wieder viel arbeiten, um das zu zahlen. Dann habe ich wieder viele Fehlzeiten in der Schule. Das ist ein Kreislauf. Deshalb mache ich die Hausaufgaben selber. Ich bin eigentlich gut in der Schule. Ich gehe in die 10. Klasse. Ich wiederhole dieses Jahr, weil ich letztes Jahr ausgesetzt habe wegen Probleme zu Hause und ich habe gearbeitet. Deswegen konnte ich meine Prüfung nicht mitschreiben. Jetzt mache ich bald meinen Realschulabschluss und dann möchte ich weitermachen, wenn es geht. Die Noten habe ich eigentlich auch dazu, nur ein paar Noten muss ich noch verbessern. Durch meine Fehlzeiten im letzten Jahr muss ich viel nachholen. Ich möchte unbedingt Abi machen. Falls es nicht klappen sollte, werde ich erst eine Ausbildung machen und dann mein Abi. Ich möchte gern Sozialpädagogin werden. Ich möchte nicht von meinen Eltern abhängig sein." (Dilara, 16 Jahre)

Im Nachfrageteil des Interviews gibt Dilara an, dass sie mit dem Schulwechsel einen Neuanfang eingeleitet hat. Zu Beginn der Schulzeit hatte sie mit ihren Lehrern einige Probleme, die aber ausgeräumt seien. Dilara hatte im letzten Schuljahr viele Fehlzeiten und musste die 10. Klasse der Realschulstufe wiederholen, um ihren Wunsch nach einer Weiterempfehlung in die Oberstufe realisieren zu können. Für den Fall, dass es mit der Empfehlung nicht klappen sollte, möchte sich Dilara um einen Ausbildungsplatz bemühen, um anschließend ihr Abitur nachzuholen.

Sie muss wie Ela nach der Schule arbeiten, um sich die Nachhilfestunden leisten zu können. Je höher der Bedarf an Nachhilfestunden sei, desto mehr müsse Dilara arbeiten, sodass auch mehr Fehlzeiten in der Schule die Folge seien. Im Nachfrageteil des Interviews bezeichnet sie diese Sachzwänge als Kreislauf, der die Chancenungleichheit verdeutlicht. Dilara lebt in einer Art „Falle", da sie auf eine Unterstützung der Eltern nicht zählen kann und zugleich den Leistungsanforderungen der Schule genügen muss, die wiederum finanzielle Sachzwänge schaffen und nach der Schule die Aufnahme einer Aushilfstätigkeit erfordern, um sich Nachhilfestunden leisten zu können. Dilara erwartet keine finanzielle Unterstützung von ihren Eltern. Ihr Streben nach Bildungskapital wird nicht von den Eltern beeinflusst, sondern ist aus dem Wunsch nach Selbstständigkeit und Unabhängigkeit entstanden. Außerdem besteht der Wunsch nach elterlicher Anerkennung, den sie im Nachfrageteil des Interviews mehrfach betont.

Ebru befürchtet, keine Chance auf einen Ausbildungsplatz zu haben, da sie in einem Stadtviertel lebt, das überwiegend von Menschen mit Migrationshintergrund bewohnt wird. Sie nimmt diesen Ort als Stigma wahr.

> „Mein Ziel ist es, meinen Hauptschulabschluss zu machen, danach Real wiederholen. Ich bin nicht so gut in der Schule, ich versuch' so gut zu sein, wie es geht. Ich will unabhängig sein und später auf eigenen Füßen stehen. Ich muss vielleicht die Schule wechseln, weil viele sagen, dass die Umgebung nicht gut ist. Sie sagen, dieser Stadtteil ist ein Ghetto. Dann bekommt man keinen Ausbildungsplatz." (Ebru, 14 Jahre)

Nach dem Hauptschulabschluss möchte Ebru ihren Realschulabschluss machen. Sie erfährt durch ihre Eltern keinerlei Unterstützung in schulischen Angelegenheiten und macht sich Sorgen, weil sie wegen des hohen Anteils von Schülern mit Migrationshintergrund in der Schule Schwierigkeiten bekommen könnte, einen Ausbildungsplatz zu finden. Deshalb spielt Ebru mit dem Gedanken, die Schule zu wechseln. Hinzu kommt, dass der Stadtteil von vielen Menschen als „Ghetto" bezeichnet werde. Menschen aus dem Stadtteil bekämen in der Regel keinen Ausbildungsplatz. Ebru verbindet mit einem Schulabschluss und der Aussicht auf einen Ausbildungsplatz finanzielle Unabhängigkeit und ein eigenverantwortliches Leben. Die hohe Belastung im häuslichen Umfeld bestärkt ihren Wunsch nach einem anerkannten Abschluss. Dieser Abschluss wäre für sie ein erster Schritt in die Selbstständigkeit, wie Ebru im Nachfrageteil des Interviews betont. Im Interview erzählt Aylin sehr erfreut von der Beziehung zu ihren Lehrern, die sie in Bezug auf ihre Probleme mit den Eltern unterstützen würden. Aylin bezeichnet die Beziehung zu ihren Lehrern als vertrauensvoll.

> „Von der Schule könnte ich Ihnen erzählen, dass ich, wenn ich zu Hause Probleme habe, die Lehrer immer für mich da sind. In letzter Zeit habe ich zu Hause oft Probleme, aus dem Grunde vernachlässige ich auch den Unterricht. Ich kann mich nicht ordentlich konzentrieren. Und da meine Lehrer das merken, versuchen sie, mich zu unterstützen. Ich gehe in die Realschule und möchte anschließend mein Abitur machen. In Mathe und Deutsch komme ich auch total gut klar. Englisch ist mein Problemfach, aber ich glaub' trotzdem an mich, Abitur werde ich schaffen. Dann möchte ich Mathe und Pädagogik studieren. Ich möchte selbstständig sein und nicht abhängig von meinen Eltern. Ich habe Pläne, dass ich erst mal meine Schule und dann Studium mache. Wenn ich später eine Beziehung eingehe, möchte ich nicht abhängig von einem Mann sein." (Aylin, 15 Jahre)

Für Aylin sind die Lehrer eine wichtige Stütze, um die Probleme im Elternhaus bearbeiten zu können. Aylin geht gern in die Schule und sieht im Bildungserfolg eine Chance für ein selbstständiges und finanziell unabhängiges Leben. Nach ihrem Realschulabschluss möchte sie Abitur machen, um anschließend Mathematik und Pädagogik zu studieren.

Sie wirkt während des Interviews sehr selbstbewusst und sicher. Weiterhin benennt Aylin für ihre private Zukunft die Bedeutung des Bildungserfolgs auch in Bezug auf eine Beziehung. Eine Abhängigkeit vom späteren Lebenspartner ist für sie nicht akzeptabel.

Das Streben nach Bildungserfolg und damit einhergehender finanzieller Unabhängigkeit führt zu der Frage, welche konkreten Partnerschafts- und Heiratsvorstellungen die Mädchen und jungen Frauen haben. Da die Realisierung der Vorstellungen selbstbestimmt erfolgen sollte, ist sie nur möglich, wenn es gelingt, aus den traditionellen Strukturen auszubrechen, indem der eigene Lebensentwurf von der eigenen Familie und dem späteren Partner akzeptiert wird.

6.2   Partnerschafts- und Heiratsvorstellungen

Beinzger, Kallert und Kolmer (1995) sind zu dem Ergebnis gekommen, dass ausländische Eltern zwar an einer guten Schulausbildung ihrer Töchter interessiert seien und darin auch einen Wert sähen, die Orientierung an einer soliden Schul- oder Berufsausbildung jedoch einer später geplanten Heirat der Tochter untergeordnet sei, wenn die Tochter der familiären Einflusssphäre zu entgleiten drohe.

Als Konsequenz aus diesem Lebensentwurf brächen die Mädchen häufig die Schulausbildung ab oder dürften keine Berufsausbildung machen. Die Weiterführung der Schul- und Berufsausbildung erfordere intensive Kontakte außerhalb der Familie, die jedoch von ausländischen Eltern nicht befürwortet würden, weil sie befürchteten, dass ihre Töchter sich an Normen der westlichen jugendkulturellen Verhaltensweisen orientieren könnten und damit eine Heirat der Töchter nahezu unmöglich sei.[350]

Die Mädchen und jungen Frauen streben nach Bildungstiteln, mit denen sie Freiheit, Unabhängigkeit und Selbstständigkeit verbinden, und erwarten, dass sie von den Eltern unterstützt werden, auch wenn es nur eine emotionale Unterstützung ist (vgl. Abschnitt 6.1). Es stellt sich die Frage, welche Vorstellungen die Mädchen und jungen Frauen mit einer zukünftigen Partnerschaft und Heirat verbinden und inwieweit die Eltern in dieser Hinsicht bestimmte Erwartungen an sie herantragen.

Aleyna erzählt, dass sie bereits mit ihren Eltern über ihre Heiratsvorstellungen gesprochen habe. Eine frühzeitige Eheschließung kommt für Aleyna nicht infrage.

„Ich hab' meinen Eltern gesagt, ich heirate, wann ich will. Früh will ich sowieso nicht heiraten. Ich habe ja nicht mal Zeit für einen Freund. Ich hab' Schule, dann kümmere ich mich um eine Ausbildung. Außerdem spiele ich Fußball, an Wochenenden habe ich keine Zeit. Ich muss dreimal in der Woche trainieren, dann Schule und solche Sachen. Es bleibt einfach keine Zeit für einen Freund. Und bevor ich heirate, muss ich erstmal eine Arbeit haben und 'ne Wohnung. Vielleicht will ich auch gar nicht heiraten. Meine Eltern meinten, ja das ist dein Leben, wenn du nicht heiraten willst, mach' es nicht, du musst es nicht, wir zwingen dich nicht. Meine Eltern sagen, wenn ich irgendwann sage, ja Mama, ich will heiraten, ich hab' einen Freund und ich bin schon lange mit ihm zusammen, dann sagen sie, ja okay, lass uns ihn kennenlernen. Aber ich will zurzeit nichts, weil ich erst ganz andere Pläne habe als ein Freund, heiraten und Kinder." (Aleyna, 17 Jahre)

Für Aleyna ist eine Partnerschaft aufgrund der intensiven Einbindung in schulische Verpflichtungen und Freizeitaktivitäten nicht realisierbar. Bevor sie eine Ehe eingehen will, möchte sie finanziell unabhängig sein und eine eigene Wohnung haben; Heirat hat keine Priorität. Ihre Eltern haben keine Einwände gegen diese Pläne. Es sei allein Aleynas Entscheidung, ob und wann sie beabsichtige zu heiraten. Falls sie sich für eine Heirat entschließen sollte, darf sie ihren Freund den Eltern vorstellen. An diesem Beispiel zeigt sich eine Veränderung gegenüber dem traditionellen Lebensstil, der eine dauerhafte Partnerschaft vor der Eheschließung nicht vorsieht. Aleyna möchte unabhängig von einer späteren Heirat selbstständig bleiben, um diese Entscheidung aus einer Position der Unabhängigkeit

---

350 Beinzger/Kallert/Kolmer 1995: 16 f. Die Autorinnen untersuchten Lebensgeschichten und Perspektiven von iranischen, türkischen, jordanischen, eritreischen und griechischen Mädchen und jungen Frauen in Deutschland.

heraus treffen zu können. Der Bildungsabschluss würde ihr zu Selbstständigkeit und Eigenverantwortlichkeit verhelfen, mit der sie eine allmähliche Autonomie von ihrem Elternhaus anstrebt, wie sie im Nachfrageteil des Interviews ausdrücklich hervorhebt.

Auch Gamze hat eine klare Vorstellung von ihrem Lebensentwurf. Für sie kommt eine Heirat ohne eine vorherige Selbstständigkeit nicht infrage.

„Bevor ich meine Ausbildung nicht zu Ende habe, kommt Heiraten nicht infrage. Bis ich auf meinen eigenen Beinen stehen kann, werde ich zu Hause bleiben. Nach der Schule wartet die Familie auf dich, du hast ein eigenes Zimmer, du musst keine Miete zahlen. Und kein Geld für Essen und Trinken zahlen, es ist stressfreier. Und außerdem ist deine Familie für dich da, falls mal was ist. Heiraten ist mit viel Verantwortung verbunden." (Gamze, 16 Jahre)

Bevor Gamze ihre Ausbildung nicht beendet hat und finanziell nicht unabhängig ist, will sie bei ihren Eltern wohnen. Als Grund nennt sie finanzielle Vorteile, die sie als Schülerin nutzen kann. Hinzu kommt die Unterstützung ihrer Familie, die ihr einen hinreichenden Rückzugsraum bietet. Eine Heirat verlange viel Verantwortung, der sie sich möglicherweise nicht gewachsen fühlt. Im Nachfrageteil des Interviews äußert Gamze, dass ihre Eltern das Thema einer zukünftigen Heirat nicht ansprächen. Sie seien gegen eine frühe Heirat und nur dann damit einverstanden, wenn sie eine solide Ausbildung abgeschlossen habe und unabhängig sei.

Auch für Irem kommt eine frühzeitige Heirat nicht in Betracht.

„Ich möchte irgendwann heiraten, aber jetzt ist nicht der richtige Zeitpunkt, es ist auch noch sehr früh, mit zwanzig zu heiraten. Erst mal möchte ich mein eigenes Geld verdienen, vielleicht nach dem Studium." (Irem, 20 Jahre)

Irem kann sich später eine Heirat vorstellen, aber noch nicht als 20-jährige Frau. Irems Zukunftspläne konzentrieren sich auf den Hochschulabschluss, mit dem sie unter anderem finanzielle Unabhängigkeit verbindet. Ein höherer Bildungstitel ist für Irem ein wesentliches Ziel in der Lebensplanung, wie dem Interview mehrfach zu entnehmen ist. Nach einem erfolgreich abgeschlossenen Hochschulstudium kann Irem sich unter Umständen eine Heirat vorstellen. Über Akzeptanz und Unterstützung ihrer Eltern verfügt Irem, wie sie im Nachfrageteil des Interviews unterstreicht. Diese Einbindung in den familiären Kontext gewährt ihr eine hinreichende Sicherheit, ihre beruflichen Zukunftspläne ohne Einschränkung realisieren zu können.

Das Thema „Heirat" habe sie mit ihren Eltern bisher nicht besprochen, fügt sie im Nachfrageteil des Interviews hinzu. Eine frühzeitige Familiengründung, wie sie noch in der ersten und teilweise zweiten Generation üblich war, ist mittlerweile nicht mehr mit den Lebensentwürfen vereinbar, sodass die Töchter zunehmend in dem Bestreben nach hohen Bildungsabschlüssen und Selbstständigkeit unterstützt werden.

Einige Mütter ihrer Freundinnen ließen sich scheiden. Die meisten von ihnen hätten keine Berufsausbildung absolviert und seien dadurch in finanziellen Schwierigkeiten. Infolgedessen seien viele Mütter daran interessiert, die eigenen Töchter auf dem Weg in die persönliche Unabhängigkeit zu unterstützen. Durch diese Erkenntnis in ihrem Umfeld seien auch ihre Eltern zurückhaltend in der Erwartung, dass die Töchter frühzeitig heiraten, ohne über eine Berufsausbildung zu verfügen.

Mirays Heiratspläne orientieren sich an den Vorstellungen ihres Bruders, der einer abgeschlossenen Berufsausbildung eine höhere Priorität einräumt.

> „Ohne eine abgeschlossene Ausbildung dürfte ich nicht heiraten. Das möchte auch mein Bruder nicht. Er studiert und sagt immer, dass es wichtig ist, dass Frauen eine Ausbildung haben, bevor sie heiraten." (Miray, 19 Jahre)

Erst wenn Miray eine Ausbildung beendet hat, darf sie mit der Zustimmung ihres Bruders heiraten. Der ältere Bruder ist für sie eine wichtige Sozialisationsinstanz. In diesem Fall er, zum Zeitpunkt des Interviews selbst Student, ein Unterstützer für ihren Weg in die Selbstständigkeit: Er hält sie dazu an, vor der Heirat eine Ausbildung abzuschließen. Damit hebt er die Bedeutung einer abgeschlossenen Ausbildung für Frauen hervor. Die traditionelle Rolle des Bruders, Kontrolle über seine Schwester auszuüben, bekommt einen anderen Stellenwert, als es die herkömmlichen Vorstellungen über Geschwisterbeziehungen vorsehen. Der Bruder übernimmt Verantwortung für die eigene Schwester, die er in ihrem Streben nach Unabhängigkeit unterstützt.

Für Ela steht eine erfolgreiche Bildungskarriere im Vordergrund, sie macht sich zum gegenwärtigen Zeitpunkt keine Gedanken über eine frühe Heirat.

> „Über Heiraten mache ich mir keine Gedanken. Meine Mutter sagt immer, erst wenn du dein Studium zu Ende gemacht hast. Sie sagt: *[Erst musst du deinen goldenen Armreif aufsetzen, dann kannst du dir über das Heiraten Gedanken machen.]* "[351] (Ela, 17 Jahre)

Ela würde die Zustimmung ihrer Eltern für eine Heirat nicht erhalten. Voraussetzung für einen solchen Schritt ist in den Augen der Eltern ein abgeschlossenes Studium. Der Vorstellung ihrer Mutter verleiht sie Nachdruck, indem sie eine Aussage ihrer Mutter auf Türkisch wiedergibt. Ela soll erst den goldenen Armreif tragen, bevor sie eine Heirat in Erwägung ziehen darf.

---

351 Diesen Satz spricht Ela auf Türkisch: *Önce altin bilezini koluna takacaksin ondan sonra evlenmeyi düsünebilirsin.*

Ebru kann sich eine spätere Heirat vorstellen, wenn sie einen geeigneten Partner kennenlernt. Eine wichtige Bedingung für einen solchen Schritt ist jedoch
ihre finanzielle Unabhängigkeit.

> „Heiraten möchte ich irgendwann, wenn der Richtige kommt. Aber erst mal meinen Abschluss
> machen und einen Beruf erlernen. Wer weiß, wenn man sich irgendwann von dem Ehemann
> trennt, was soll man ohne ein Beruf machen. Hauptsache man hat einen Abschluss und ein Beruf
> in der Hand." (Ebru, 14 Jahre)

Ebru möchte ihren Schulabschluss erlangen, um einen Beruf erlernen zu können.
Eine Berufsausbildung sichert Ebru Unabhängigkeit auch gegenüber ihrem
zukünftigen Partner. Bei Ebru ist diese Sichtweise möglicherweise eine Konsequenz aus der problematischen Beziehung zu ihren Eltern. Sie erzählt von den
Problemen ihrer Mutter, die unter der Abhängigkeit von ihrem Ehemann leidet
(vgl. Abschnitt 5.1).

Aylin erzählt von ihren Eltern, die bereits in jungen Jahren geheiratet und daher in einer problematischen Ehe gelebt hätten. Deshalb kommt eine frühe Heirat
in ihrer Familie nicht mehr infrage. Aylins Mutter erlebte, welche problematischen Folgen eine frühe Heirat haben kann. Daher wehrt sie auch die Anspie-
lungen von Aylins Tante ab, die Aylin gelegentlich auf Heiratspläne anspricht.

> „Früh heiraten gibt es bei uns gar nicht. Weil meine Eltern haben früh geheiratet und da ist alles
> schiefgegangen. Sie haben sich getrennt. Wenn meine Tante manchmal mich darauf anspricht,
> dann schimpft meine Mutter mit ihr. Ich möchte erst studieren, ohne einen Beruf geht es gar
> nicht. Erst danach, wenn der richtige Mann und der richtige Zeitpunkt gekommen ist, werde ich
> heiraten." (Aylin, 15 Jahre)

Hinzu kommt, dass Aylin eine klare Vorstellung von ihrer beruflichen und
privaten Zukunft hat. Sie hat sich zum Ziel gesetzt, ein Studium abzuschließen.
Erst im Anschluss an ein Studium will sie sich über Partnerschaft und Heirat
Gedanken machen. Wie bei den anderen Mädchen und jungen Frauen hat auch
bei Aylin die Berufs- und Bildungsqualifikation einen hohen Stellenwert und ist
eine Selbstverständlichkeit hinsichtlich ihrer zukünftigen Lebensplanung.

Die Lebensentwürfe der befragten Mädchen und jungen Frauen mit türkischem Migrationshintergrund unterscheiden sich hinsichtlich ihrer Einstellungen
zur Schul- und Berufsausbildung sowie Eheschließung nicht von denen, wie sie
für Mädchen und junge Frauen in westlichen Gesellschaften „typisch" sind.
Sowohl für die Mädchen und jungen Frauen als auch für ihre Eltern gehört eine
Berufsausbildung zum Selbstverständnis. Infolgedessen zeichnet sich in diesem
Interviewergebnis keineswegs die Heirat der Mädchen und jungen Frauen als
oberste Priorität für die Bewahrung der traditionell bestimmten Frauenrolle ab.

Dieses Ergebnis steht im Gegensatz zu der von Beinzger, Kallert und Kolmer (1995) gewonnenen Erkenntnis einer vorrangigen Bedeutung einer Heirat der Töchter für ausländische Eltern und der Nachrangigkeit von Schul- und Berufsausbildung der Mädchen und jungen Frauen. Die Unterschiede in den Forschungsergebnissen sind zugleich ein Beleg für die veränderten Prioritäten zwischen den Generationen.

6.3   „Wir sind nicht unsere Eltern" – Wunsch nach einer eigenständigen Generationenpersönlichkeit

Die traditionellen Werte und Normen scheinen für die interviewten Mädchen und jungen Frauen an Bedeutung verloren zu haben. Eine Ausnahme bildet lediglich die religiöse Erziehung der Eltern.

Die Abgrenzung zur Familie scheint bei den Mädchen und jungen Frauen eine große Bedeutung zu haben. Zum einen ist die Familie ein Schutzraum, der emotionalen Halt und Sicherheit gewährleistet, und zum anderen stoßen die traditionellen Lebenspraxen häufig auf Ablehnung bei den Mädchen und jungen Frauen. Die Familienmitglieder sind Teil einer anderen sozialen Welt, der sie sich zu Loyalität verpflichtet fühlen und zu deren Gunsten sie ihr milieuspezifisches Engagement ruhen lassen oder sich von ihren Lebenspraxen distanzieren.[352]

Der Konflikt mit den Eltern drückt sich unter anderem auch darin aus, dass die Mädchen und jungen Frauen über kein konkretes Rollenverständnis in ihren Familien verfügen. Sowohl die unklare Rollenverteilung als auch die Vermittlung von verwertbarem kulturellen Kapital durch ihre Eltern können bei den Mädchen und jungen Frauen zusätzlich Ressourcen binden, die sie für systemfunktionale Anforderungen, wie beispielsweise für schulische Leistungen und den Erwerb von kulturellen Kompetenzen[353] (vgl. Abschnitt 6.1), benötigen.

Acht der interviewten Mädchen und jungen Frauen beziehen zwar deutlich Position gegen die Werte- und Normenvorstellungen ihrer Eltern, die Erziehung wird jedoch nicht grundsätzlich infrage gestellt.[354] Sie verweisen zwar auf unterschiedliche Lebenseinstellungen der beiden Generationen, jedoch nicht mit einer deutlichen Abgrenzung und Distanzierung zu den Eltern.

Miray distanziert sich von der Erziehung ihrer Eltern. Sie würde ihre Kinder anders erziehen. Erziehung und Bildung misst sie einen hohen Stellenwert bei.

---

352 Vgl.Soeffner/Zifonun 2005: 397.
353 Vgl. Bourdieu 1997: 49 ff.
354 Zwei Interviewte sprechen dieses Thema nicht explizit an.

Für sie beschränkt sich Erziehung nicht allein auf die Vermittlung von religiösen und kulturellen Werten.

> „Ich würde meine Kinder anders erziehen als meine Eltern. Was Schule angeht und Ausbildung angeht. Viel mit ihnen unternehmen und für die das sein, was meine Eltern nicht für mich sind. Von dem Religiösen her würde ich sie auch so erziehen wie meine Eltern. Nur würde ich meine Kinder nicht zwingen, in die Moschee zu gehen. Aber sie müssen schon was über die Religion und Kultur wissen, nur nicht so streng. Und außerdem leben wir in Deutschland, auch die deutsche Kultur müssen sie lernen." (Miray, 19 Jahre)

Bei Miray zeigt sich der Generationenkonflikt darin, dass sie andere Ansprüche an Erziehung, Bildung, Vermittlung von Religion und Leben in der deutschen Kultur hat als ihre Eltern. Sie nimmt die türkische Kultur als Einschränkung ihrer individuellen Möglichkeiten wahr. Die vermittelte türkische Kultur bleibt für sie konfus. Es scheint kein einheitliches Handlungsmodell für die kulturellen und religiösen Lebenspraxen zu geben. Miray hätte sich von ihren Eltern mehr Unterstützung, Anerkennung und Motivation nicht zuletzt in schulischen Angelegenheiten gewünscht. Der fehlende Rückhalt ihres Vaters, der nicht daran glaubt, dass sie eine Ausbildungsstelle finden wird, wirkt demotivierend auf Miray.

Miray erzählt, wie sie ihre Kinder erzöge, als sei es bereits zu spät, um für sich und in ihrer Familie eine Veränderung der schwierigen Lebenssituation zu bewirken. Es scheint, als habe sie keine weiteren Erwartungen an ihr Leben als die Mutterrolle. Sie sieht aufgrund ihrer schulischen Defizite keine berufliche Perspektive. Der Wunsch nach gemeinsamen Unternehmungen steht nicht nur für eine Gemeinsamkeit, sondern auch für eine andere Form von Annäherung, Zuneigung und Aufmerksamkeit in der Familie. Trotz Ablehnung der elterlichen Erziehungspraktiken möchte Miray eine religiöse und kulturelle Erziehung an die eigenen Kinder später ohne Zwang vermitteln. Wie auch die meisten anderen interviewten Mädchen und jungen Frauen wünscht sich Miray die Zugehörigkeit zur deutschen Gesellschaft. Für sie gehört die deutsche Kultur genauso zu ihrer Lebenswelt wie die türkische.

> „Wir leben in einer anderen Zeit als unsere Eltern, das haben die noch nicht mitbekommen, habe ich manchmal das Gefühl. Sogar die Leute in der Türkei sind moderner als die Türken in Deutschland." (Miray, 19 Jahre)

Miray unterstellt, dass die Eltern, die noch der zweiten Generation angehören, nicht mit der Zeit gegangen seien. Deshalb hätten sie nicht bemerkt, dass die dritte Generation in einer anderen Zeit mit anderen Werten lebt als ihre Eltern. Zugleich unterstellt sie, dass die Bevölkerung in der Türkei moderner eingestellt sei als die in Deutschland lebenden Türken, die in einer traditionellen Lebenseinstellung verharrten und Alltagsprobleme nicht an sich heranließen.

Aleyna empfindet die Erziehung ihrer Eltern als defizitär, indem sie behauptet, dass sie nicht wie ihre Eltern sei und sich mit dieser Aussage abgrenzt. Aleyna zählt die Prinzipien auf, die sie in Bezug auf die Erziehung eigener Kinder später verfolgen würde, die aber auch Ausdruck eigener Wünsche an die Eltern sind.

„Ich bin nicht wie meine Eltern. Ich würde meine Kinder respektvoll erziehen, aber nicht hier großziehen, sondern weit weg von dieser Umgebung. Nicht aggressiv, so wie ich, die sollen nicht so werden wie ich, auf keinem Fall. Schön die Schule machen und was lernen. Also ganz anders, nicht wie wir waren. Ich würde es anders machen als meine Eltern. Ich würde denen von Anfang an Freiheit geben, die sie brauchen. Aber auch nur in gewisse Sachen. Natürlich werde ich Konsequenzen setzen und erst mal Verbote aussprechen. Aber ich werde es so formulieren, dass sie es verstehen und wenn man es so macht, dann denke ich, werden sie es verstehen. Ich würde mit meinen Kindern jeden Tag Fußballspiele spielen und ins Kino gehen. Ich würde alles das machen, was Spaß macht. Außerdem würde ich meinen Kindern in der Schule helfen, Hausaufgaben gemeinsam machen und sonst unterstützen, das, was ich nicht hatte, würde ich den geben. Und natürlich eine gesunde Ernährung." (Aleyna, 17 Jahre)

Aleyna möchte nicht, dass die eigenen Kinder später in demselben sozialen Umfeld leben müssen, in dem sie aufgewachsen ist. Sie möchte, dass ihre Kinder respektvoll aufwachsen und keine aggressiven Verhaltensweisen erlernen.

Bei ihr wird eine kindliche Sehnsucht nach Aufmerksamkeit und Zuneigung deutlich, die sie sich zwar von ihren Eltern gewünscht hätte, jedoch nicht erhielt. Sie vermutet, dass Kindererziehung nicht ohne Reibung verlaufen kann; es sei jedoch wichtig, wie man mit seinen Kindern umgehe und Verbote formuliere. In ihren Interviewbeiträgen äußert Aleyna diesen Wunsch fortwährend. Den Unterschied zwischen der zweiten und dritten Generation skizziert Aleyna mit einer eigenen Vorstellung über Erziehungsformen und den Umgang.

Für Gamze unterscheiden sich die Generationen auch deshalb, weil die dritte Generation in Deutschland geboren ist und ihren Lebensmittelpunkt in Deutschland hat. Sie versucht, Verständnis für die Situation ihrer Eltern aufzubringen.

„Die zweite Generation war halt anders, die durften ja nicht alles machen, die wurden strenger erzogen. Und ich finde, die dritte Generation ist freier, man merkt das auch von den Jugendlichen. Wir sind in Deutschland geboren und aufgewachsen, wir sprechen besser deutsch als türkisch. Und außerdem haben wir ganz andere Vorstellung und Meinung von unserm Leben." (Gamze, 16 Jahre)

Gamze spricht für die gesamte dritte Generation, indem sie die Wir-Form wählt. Die dritte Generation beherrsche die deutsche Sprache besser als die türkische. Sie habe ebenfalls andere Vorstellungen vom Leben. Für Gamze sind diese Unterschiede im Vergleich zur dritten Generation sichtbar. Die strenge Erziehung der

Eltern wird als ein weiteres Differenzierungsmerkmal benannt. Die zweite Generation sei strenger erzogen worden und vermutlich noch im traditionellen Denken und Handeln verhaftet.

Für Ceyda liegt der Unterschied zwischen ihr und ihrer Mutter in der Erziehung begründet.

> „Meine Mutter hat mir von ihrer Erziehung damals erzählt. Sie hat gesagt, sie musste immer arbeiten und putzen nach der Schule. Nach der Schule musste sie sofort nach Hause kommen und aufräumen. Sie durfte gar nicht raus, nicht mal vor die Tür. Sie musste immer das machen, was die Mutter wollte, kochen und aufräumen. Sie hatte nichts von ihrer Kindheit. Ihre Zeit war anders als meine Zeit." (Ceyda, 14 Jahre)

Als Beweis für diese Aussage verweist Ceyda auf die Erziehung ihrer Mutter, die während ihrer Kindheit sehr schwierigen Lebensverhältnissen in der Familie ausgesetzt war, schon in jungen Jahren sehr viel für die Familie arbeiten musste und wenig Freiheiten hatte. Aufgrund dieser Erzählungen erkennt Ceyda die Unterschiede zu der Kindheit ihrer Mutter.

> „Es gibt einen großen Unterschied zwischen mir und meinen Eltern. Ich bin hier geboren und gehe hier zu Schule. Ich kenne beide Kulturen und lebe danach. Es ist nicht immer leicht, das meinen Eltern klarzumachen." (Ebru, 14 Jahre)

Ebru empfindet die gleichzeitige Zugehörigkeit zur türkischen und zur deutschen Kultur nicht als Nachteil, sondern als Bereicherung. Sie verfügt damit über vielfältigere Wissenszugänge als ihre Eltern. Schwierigkeiten sieht sie nicht im Umgang mit beiden Kulturen, sondern im fehlenden Verständnis der Eltern, dass sie in beiden Kulturen lebt. Diese Erkenntnis führt scheinbar zu Konflikten mit den Eltern.

So bezieht auch Dilara eine klare Position zu ihrer bikulturellen Zugehörigkeit und betont die unterschiedlichen Lebenseinstellungen der Generationen.

> „Wir sind nicht unsere Eltern. Ich bewege mich eher in der Mitte. Also manche Regeln sind echt zu stark bei den türkischen Familien und bei den deutschen Familien zu frei. Ich würde lieber in der Mitte bleiben. Also ich fühle mich in der Mitte wohl. Warum sollte ich mich für eine Richtung entscheiden, ich bin in Deutschland geboren und lebe hier. Die türkische Seite habe ich von meinen Eltern. Aber wir haben doch beides in uns." (Dilara, 16 Jahre)

Dilara sieht die Zugehörigkeit zu zwei Kulturen ebenfalls nicht als Handicap. Sie möchte sich weder für die eine noch für die andere Kultur entscheiden und empfindet die unterschiedlichen kulturellen Orientierungsmuster als Bereicherung für ihr Leben. Damit sieht sie sich als Angehörige der dritten Generation gegenüber der Elterngeneration im Vorteil.

Für Aylin herrscht keine klare Rollenverteilung in ihrer Familie. Aylin behauptet, sie habe ihre Erziehung nicht von ihren Eltern erhalten, sondern sich selbst erzogen. Mit ihren Aussagen grenzt sich Aylin von ihren Eltern ab, die sie auch als Erziehungsinstanz infrage stellt.

> „Meine Mutter ist ganz anders als ich. Sie sagt auch manchmal, du siehst mir gar nicht. Du ähnelst mir gar nicht, sagt sie manchmal. Ich sag' das von mir selber auch so. Du ähnelst mir nicht. Weil ich ganz anders als sie denke, ganz, ganz anders lebe. Ich hab' mich selbst auferzogen. Sie sich teilweise auch, weil sie keine Mutter hatte, aber sie hatte einen Vater. Sie hatte einen Vater, der gesagt hat, so und so wird das gemacht. Meine Mutter versucht mir das auch zu geben, aber sie kann mir keine Vorschriften machen, schon gar nicht, wenn es ohne Sinn ist." (Aylin, 15 Jahre)

Wenn Mutter und Tochter sich nicht ähnlich sind, wie Aylin es schildert, dann scheint die Distanz zwischen diesen beiden Frauen besonders groß zu sein. Die Aussage „Ich hab' mich selbst auferzogen" offenbart, wie wenig die Mutter ein Vorbild für Aylin während der Kindheit war. In der Generationenfolge setzt sich die Reihe fehlender weiblicher Vorbilder in der Familie fort, da bereits die Mutter selbst keine Mutter als konstante Sozialisationsinstanz und Vorbild kennengelernt hat. Eine strenge Erziehung hat Aylins Mutter lediglich von ihrem Vater erhalten.

> „Sie versucht, mir auch Werte zu geben, aber was sie mir versucht zu geben, das habe ich schon vor fünf Jahren gelernt. Das ist nun mal so. Ich sag' ihr das jedes Mal. Mama, ich kenn' das alles schon, das brauchst du mir nicht zu erzählen, erzähle mir neue Sachen. Und das Problem ist, sie kennt keine neuen Sachen. Diese neuen Sachen, wie gesagt, in der dritten Generation sind wir hier Jetzt ist es anders. Da kann ich mal etwas anderes machen. Ich bin nicht mehr in der zweiten Generation oder so, wo meine Mutter zur Schule ging. Deshalb kann sie vieles nicht verstehen. Ich fühle mich halb deutsch, halb türkisch, so sag' ich mal. Die dritte Generation ist jetzt ganz anders, die ist, alle sind gleich sozusagen." (Aylin, 15 Jahre)

Aylin erkennt zwar das Bemühen der Mutter („Sie versucht, mir auch Werte zu geben"), aber diese Zuwendung bleibt ohne Wirkung, da sie keine „neuen Sachen" beinhaltet. Die Mutter-Tochter-Beziehung erscheint daher von immer wiederkehrenden Konflikten gekennzeichnet zu sein. Aylin fühlt sich überlegen und unterstellt ihrer Mutter eine gewisse Rückständigkeit. Die Zugehörigkeit zur dritten Generation bildet für Aylin das Merkmal ihrer Überlegenheit. Das Leben in beiden Kulturen begreift Aylin vor allem als Vorteil in Konkurrenz zu ihrer Mutter, ohne damit irgendwelche Ideen für Lebensentwürfe abzuleiten. Aylin distanziert sich daher ebenfalls mit ihrer bikulturellen Zugehörigkeit von ihrer Mutter. Schließlich leitet sie aus ihrer hybriden Identität[355] ein optimistisches Bild über die Zukunft der dritten Generation ab, indem sie darin ein Merkmal für mehr Chancengleichheit sieht („alle sind gleich sozusagen").

> „Wenn man nicht ganz türkisch ist und nicht ganz deutsch, ist man ja nicht zwischen den Stühlen, sondern man ist sich selbst. Die dritte Generation hat sich ja mit allen Grenzen und Vorzügen als ein neues Individuum zusammengesetzt. Sie haben sich andere Wege geschaffen in der Gesellschaft, sie haben eine eigene Identität." (Defne, 15 Jahre)

Defne formuliert eine Sichtweise von der dritten Generation, die sich zwischen der türkischen und deutschen Kultur als eine eigenständige Generation entwickelt. Sie empfindet diesen Zustand nicht als Belastung oder gar als Makel, sondern als Chance, eine eigene Identität zu entwickeln. Die eigene Vorstellung über das Leben in Deutschland sei nicht identisch mit der ihrer Elterngeneration.

Die Mädchen und jungen Frauen beklagen sich über das fehlende Verständnis der Eltern gegenüber ihrer Lebenswelt in zwei Kulturen und den daraus folgenden Anforderungen. Die unterschiedlichen kulturellen Wahrnehmungen und Handlungen sind nicht wie bei den Eltern der kulturellen Orientierung zuzuschreiben, sondern sind ein Geflecht von lebensweltlichen Handlungsanforderungen der Familien und systemfunktionalen Handlungsanforderungen der Mehrheitsgesellschaft mit individuellen Erlebnisdimensionen. Hinzu kommt die entwicklungsbedingte Veränderung zwischen den Generationen, die jedoch nicht nur als Generationskonflikt betrachtet werden kann, weil sich nicht Altersklassen gegenüberstehen, die durch natürliche Eigenschaften voneinander getrennt sind,

> „[...] sondern Habitusformen, die verschieden entstanden sind, d. h. unter Existenzbedingungen, welche aufgrund verschiedener Definitionen des Unmöglichen, des Möglichen und des Wahrscheinlichen dafür sorgen, dass einige Menschen Praktiken oder Bestrebungen als selbstverständlich oder sinnvoll erleben und andere als undenkbar und skandalös verübeln, und umgekehrt"[356].

Als Beispiel für eine skandalöse Lebensweise könnte das Tragen eines Kopftuches gelten, das bei der Familie Akzeptanz finden kann, aber von der Mehrheitsgesellschaft möglicherweise abgelehnt wird. Ein anderes Beispiel wäre, dass eine junge Frau eine partnerschaftliche Beziehung ohne Trauschein eingehen

---

355 Der Begriff „Hybridität" wird in den Geistes- und Sozialwissenschaften mit Beginn der Postcolonial Studies vermehrt in einem kulturellen Kontext benutzt. Er bezeichnet ein weites Spektrum, welches sich mit Aushandlungen kultureller Zugehörigkeiten auseinandersetzt. „Hybride Identität" bedeutet, dass ein Mensch sich zwei oder mehreren kulturellen Räumen gleichermaßen zugehörig fühlt (vgl. Foroutan/Schäfer 2009: 11 f.).

356 Bourdieu 1987: 116 f.

möchte; dieser Wunsch kann von der Familie ablehnt werden, aber in der Peer-group und am Arbeitsplatz als Fortschritt und Ausdruck von Emanzipation angesehen werden. In diesem Spannungsfeld von Gegensätzen leben die Mädchen und jungen Frauen. Der Habitus der Mädchen und jungen Frauen ist ein vielschichtiges System von Denk-, Wahrnehmungs- und Handlungsmustern, die das individuelle Verhalten mitbestimmen. Diese Denk-, Wahrnehmungs- und Handlungsmuster haben einen gesellschaftlichen Ursprung, der sich für die Mädchen und jungen Frauen vor allem in alltäglichen Handlungen der Eltern bemerkbar macht. Immer wieder beklagen sie das nicht vorhandene Verständnis der Eltern gegenüber eigenen Lebensentwürfen. Die Eltern stehen den Lebensentwürfen nicht grundsätzlich ablehnend gegenüber, sondern die Interviewbeiträge erwecken eher den Eindruck, dass die Eltern überfordert sind. Sie reagieren mit Verboten und Verhaltenseinschränkungen, ohne plausible Erklärungen zu liefern, die für die Mädchen und jungen Frauen zu einer gewissen Akzeptanz gegenüber diesen Verboten führen könnten. Die Distanzierung der Mädchen und jungen Frauen von den elterlichen Lebensvorstellungen zeigt sich nicht anhand von Beziehungsbrüchen mit den Eltern, sondern im Ausbalancieren der eigenen Autonomiewünsche. Ein enger Bezug zu Eltern und anderen Familienmitgliedern steht dabei nicht im Widerspruch zum gleichzeitigen Wunsch nach einem eigenständigen Leben. Mit diesen Interviewaussagen bestätigt sich, dass die Mädchen und jungen Frauen für eine Generationspersönlichkeit stehen, die sich von der vorhergehenden Generation unterscheidet. Von ihren Müttern wissen sie, dass für jene eine konfliktfreie Ablösung vom Elternhaus ohne eine vorhergehende Eheschließung nicht möglich gewesen ist.

Die dritte Generation hingegen nimmt die Loslösung vom Elternhaus als selbstverständlich wahr und handelt mit den Eltern die Planung für den möglichen Auszug aus. Eine Loslösung vom Elternhaus scheint für die dritte Generation kein konfliktbeladener Lebensabschnitt zu sein, wie es für die zweite Generation der Fall war. Insgesamt fühlt sich die dritte Generation durchsetzungsstärker als ihre Mütter zur damaligen Zeit. Dieser Unterschied wird besonders deutlich in der Ablehnung der traditionellen Geschlechterverhältnisse und der damit verbundenen Hausfrauenrolle. Die Mädchen und jungen Frauen fordern Gleichberechtigung und lehnen die traditionelle Arbeitsteilung der Geschlechter ab. In dieser Rolle fühlen sie sich sicher. Diese Selbstwahrnehmung gerät in Zweifel, wenn sie mit ihrem „Anderssein" ihrem sozialen Umfeld entgegentreten.

Diese Generationspersönlichkeit steht für einen eigenen Habitus, der sich von dem der Elterngeneration und dem der Mehrheitsgesellschaft unterscheidet. Die Rahmenbedingungen für diese Generation unterscheiden sich von denen der Eltern. Die zunehmende Bildungsorientierung und die Generationenkonstellation nicht „zwischen den Kulturen", sondern „mit zwei Kulturen" sehen sie als Chance und ihre kulturelle Vielfalt als Ressource.

6.4 „In der Ferne gibt es noch das Land deiner Vorfahren" – emotionale Beziehungen zur Türkei

In diesem Abschnitt wird die Frage untersucht, wie die Mädchen und jungen Frauen ihre Beziehung zur Türkei einschätzen und welche emotionale Bindung sie zum Land ihrer Vorfahren haben. Inwieweit hegen sie ein stärkeres Zugehörigkeitsgefühl zur Türkei als zu ihrem Geburtsland, weil sie dort ein stärkeres Zugehörigkeitsgefühl erleben? Inwieweit beeinflussen gesellschaftliche Ausgrenzungserfahrungen und Fremdheitsgefühle mögliche Rückkehrabsichten der interviewten Mädchen und jungen Frauen in die Türkei? Außerdem stellt sich die Frage, welches Verständnis von Heimat unter diesen Bedingungen entsteht.

Auch wenn Aleynas Eltern gelegentlich das Land ihrer kulturellen Herkunft ansprechen, hat Aleyna Schwierigkeiten, eine emotionale Bindung zur Türkei aufzubauen.

> „Manchmal sagen meine Eltern, in der Ferne gibt es noch das Land deiner Vorfahren. Damit kann ich aber nichts anfangen. Ich war in der Türkei, als ich klein war. Ich kenne die Türkei nicht." (Aleyna, 17 Jahre)

Aleyna fühlt sich emotional nicht mit dem Land ihrer Vorfahren verbunden. Sie kennt die Türkei auch nicht als Urlaubsort, da sie lediglich als Kleinkind mit ihren Eltern dort war. Deshalb verbindet Aleyna keine Erinnerungen mit dem Land. Folglich sieht sie ihren Lebensmittelpunkt in Deutschland. Auch wenn ihre Eltern gelegentlich das Land ihrer Vorfahren thematisieren, haben sie möglicherweise keine emotionale Verbindung zur Türkei, da sie seit einigen Jahren nicht dort waren.

Im Nachfrageteil des Interviews begründet Aleyna weiterhin, dass ihre nächsten Verwandten in Deutschland leben und infolgedessen auch nicht der Wunsch bestehe, Verwandte in der Türkei zu besuchen. Anders sei es bei ihren Großeltern, deren gesamte Familien in der Türkei leben. Das Gefühl von Sehnsucht habe sie bei ihren Großeltern wahrgenommen, wenn sie über die Türkei sprechen; seit dem Renteneintritt leben sie jeweils ein halbes Jahr in Deutschland und in der Türkei. Ob ihre Eltern Sehnsucht nach der Türkei hegten, kann Aleyna nicht bestätigen. Gelegentlich sprächen sie über einige entfernte Verwandte, die anriefen oder von Neuigkeiten erzählten. Aleyna kann sich jedoch kein Bild von ihren Verwandten in der Türkei machen. Die Ursache für dieses Gefühl sieht Aleyna bei ihren Eltern, die es versäumt hätten, sie und ihre Brüder mit den Verwandten in der Türkei vertraut zu machen und gelegentlich in den Ferien dort hinzufahren, wie es viele ihrer Freunde tun.

Aylin fühlt sich in der Türkei wohl und verbindet damit ein Gefühl der Vertrautheit.

> „In der Türkei fühle ich mich total wohl, genauso wie hier. Wenn ich aus dem Flugzeug aussteige, rieche ich erst mal die Luft von dort, die ist erst mal ganz anders als hier. Ich fühle mich da total zu Hause. Dann denke ich, oah, gleich bin ich zu Hause, das finde ich toll. Wenn dann die Urlaubszeit zu Ende ist, möchte ich auch wieder zurück nach Deutschland. Ich vermisse meine Freunde." (Aylin, 15 Jahre)

Für Aylin ist die Türkei ein Urlaubsort, der ihr ein vertrautes Gefühl vermittelt. Zugleich betont sie, dass sie dieselben Gefühle auch für ihr Geburtsland hegt. Auch wenn die Türkei unterschiedliche Eindrücke bietet, ist sie am Ende der Ferien wieder froh, nach Deutschland zurückzukehren, auch deshalb, weil sie ihre Freunde vermisst.

Ein Türkei-Aufenthalt ist für Irem eine sehr abwechslungsreiche Zeit, die sie gemeinsam mit ihren Eltern verbringt.

> „Ich freue mich, wenn wir in der Türkei sind. Da unternehmen wir gemeinsam mit meinen Eltern immer etwas. Wir fahren unsere Verwandten besuchen, gehen essen und so. Alles das, was wir in Deutschland nicht zusammen machen, machen wir dort. Sonst gibt es für mich nicht so viel, was mich dort hält. Bei meinen Eltern ist das noch was anderes, sie haben Familie und auch Freunde dort. Nach den Ferien freue ich mich wieder auf Deutschland." (Irem, 20 Jahre)

Es geht für Irem weniger um die Verbindung mit der Türkei als vielmehr um die dort gemeinsam verbrachte Zeit mit ihren Eltern und Geschwistern. Irem hat ansonsten keinerlei emotionale Bindung zur Türkei. Bei ihren Eltern hingegen besteht noch eine intensive Beziehung zu dort lebenden Verwandten. Wenngleich sich Irem auf die gemeinsame Zeit mit ihren Eltern in der Türkei freut, freut sie sich nach der Beendigung der Ferien wieder auf eine Rückkehr nach Deutschland.

Ebru fühlt sich in der Türkei zu Hause. Ihren Lebensmittelpunkt sieht sie jedoch in Deutschland.

„Wenn ich in der Türkei bin, fühle ich mich zu Hause. Aber in Deutschland fühle mich am
wohlsten. In Deutschland möchte ich leben. Und außerdem ist es komisch, wenn ich hier mit
meinen Freunden türkisch rede, spreche ich fließend. Wenn ich in der Türkei spreche, stottere
ich. *[Ich komme nicht auf einen Punkt, wollte ich sagen.]*[357] Das verunsichert mich auch, ich
spreche besser deutsch als türkisch." (Ebru, 14 Jahre)

Ebru sieht ihre Zukunft in Deutschland. Obwohl sie gern in die Türkei reist, ist
sie aufgrund ihrer unzureichenden Türkischkenntnisse verunsichert, weil sie sich
nicht fließend mit den Menschen dort unterhalten kann. Diese Aussage macht
deutlich, dass sie sich weder der deutschen noch der türkischen Kultur vollständig
zugehörig fühlt. Ebru wechselt auch während des Interviews häufig die Sprachen. Sie benutzt mehr als andere interviewte Mädchen und junge Frauen beide
Sprachen, indem sich Sätze in türkischer und deutscher Sprache abwechseln. Sie
hat in der Türkei nicht die Möglichkeit, beide Sprachen gleichzeitig einzusetzen.
Daher kann Ebru sich nicht fehlerfrei mit den Menschen in der Türkei unterhalten, ohne zu „stottern", wie sie es nennt. Weil sie ihre Gedanken nicht in beiden Sprachen nutzen kann, versucht sie, ihre Gedanken in der türkischen Sprache
auszudrücken, die ihr jedoch schwerfällt. Auch im Interview verwendet sie die
türkische Sprache, um ihren Ausführungen Nachdruck zu verleihen. Die Auswahl zwischen zwei Sprachen verleiht ihr die Möglichkeit, ohne das Gefühl der
Verunsicherung eigene Gedanken frei zu formulieren und schneller auf einen
Punkt zu kommen. Zumindest trifft diese Annahme während des Interviews zu.

Sowohl Ebru als auch die anderen Mädchen und jungen Frauen wurden in
beiden Sprachen sozialisiert, sodass Zweisprachigkeit ein Teil ihrer Lebenswelt
ist. Infolgedessen kann die Eingrenzung, nur eine der beiden Sprachen anwenden
zu müssen, die Mädchen und jungen Frauen verunsichern.

Defne nimmt dieselben Schwierigkeiten wie Ebru wahr. Sie versteht die
Menschen in der Türkei nicht besonders gut.

„Ich bin gern in der Türkei. Ich habe nur Schwierigkeiten, die Leute richtig zu verstehen, weil sie
perfekt türkisch sprechen. Einige Worte kann ich dann nicht verstehen, weil ich zu Hause mit
meinen Eltern deutsch spreche und manchmal türkisch. Ich bin gern in der Türkei, aber nur in
den Ferien." (Defne, 15 Jahre)

Defnes türkische Sprachkenntnisse reichen nicht aus, um die Menschen in der
Türkei vollständig zu verstehen. Als Grund nennt sie, dass sie sich mit ihren
Eltern hauptsächlich auf Deutsch unterhält und gelegentlich türkisch spricht.

---

357 Diesen Satz spricht Ebru auf Türkisch: *Bir noktaya gelemiyorum demek istiyorum.*

Auch für Defne ist die Türkei vor allem ein Urlaubsort, den sie nur in den Ferien besucht. Defne freut sich sowohl auf die Ferien in der Türkei als auch auf die Rückkehr nach Deutschland.

Miray ist die einzige Interviewte, die die Türkei als „Heimat" bezeichnet.

> „Wir fahren einmal im Jahr in die Türkei, um Urlaub zu machen. Das ist einfach ein schönes Feeling, in der Heimat zu sein, in einer ganz anderen Welt zu sein. Denn das ist ja einfach das Gegenteil von Deutschland. Da ist es einfach sehr schön, sehr warm, viel Sonne, andere Umgebung und Umfeld. Es ist einfach sehr schön, dort zu sein." (Miray, 19 Jahre)

Für Miray ist die Türkei ein Urlaubsort, dem sie sich emotional verbunden fühlt. Für sie ist der Aufenthalt in der Türkei mit schönen Erinnerungen besetzt. Sie bezeichnet das Land als eine „andere Welt" als die, die sie in ihrem Alltag in Deutschland kennt. Die Türkei ist für sie das Gegenteil von Deutschland, da die warmen Temperaturen ein besonders gutes Gefühl bei ihr hervorrufen. Die warmen Temperaturen sind austauschbar und nicht „typisch" türkisch. Im Nachfrageteil des Interviews wird deutlich, dass Miray beide Länder als ihre Heimat ansieht. Sie fühlt sich beachtet von ihren Verwandten, die sich für sie als Person interessieren. Diese Aussicht begünstigt ihren Wunsch, die Verwandten in den Ferien zu besuchen. Mit dieser Aussage wird Miray konkreter, was es heißt, in der Heimat zu sein. Sie findet im zwischenmenschlichen Bereich (Beachtung, Interesse an ihrer Person) die Bindungen, die ihr in Deutschland fehlen. Infolgedessen begünstigt das Fremdheitsgefühl von Miray in Deutschland (vgl. Abschnitt 5.4) das Zugehörigkeitsgefühl zu ihrer vertrauten Gemeinschaft (vgl. Abschnitt 5.1). Trotz ihrer emotionalen Bindung zu den Verwandten in der Türkei sind Mirays Zukunftspläne auf ein Leben in Deutschland ausgerichtet, das sie auch als ihre Heimat bezeichnet.

Ela zeigt sich fest entschlossen, nach Beendigung ihres Studiums in die Türkei zurückzukehren.

> „Nach meinem Medizinstudium möchte ich für immer in der Türkei leben. Ich fühle mich dort wohler als in Deutschland. Da wird man nicht ausgegrenzt wie hier. Die Menschen dort sind warmherzig und freundlich. Meine gesamte Familie lebt in der Türkei und Freunde habe ich dort auch." (Ela, 17 Jahre)

Ela beabsichtigt, nach dem Studium ihre Existenz in der Türkei aufbauen zu wollen. Sie fühlt sich emotional mit der Türkei verbunden. Dort leben ihre Familie und Freunde, mit denen sie sich verbunden fühlt. Die Türkei ist ihr vertraut. Ela ist zwar in Deutschland geboren, empfindet aber kein Zugehörigkeitsgefühl zur deutschen Gesellschaft. Als Gründe dafür nennt Ela das Fremdheitsgefühl (vgl. Abschnitt 5.4) und ihre schulischen Erfahrungen (vgl. Abschnitt 6.1).

Ela kennt die Türkei nur als Urlaubsort und ist bereit, das Leben in Deutschland aufzugeben. Im Nachfrageteil des Interviews verweist Ela auf die intensiven verwandtschaftlichen Beziehungen als einen wesentlichen Grund für ihre Rückkehrabsichten. Hinzu kommt, dass Ela als Einzige der interviewten Mädchen und jungen Frauen die wahrgenommene gesellschaftliche Ausgrenzung als einen Grund für ihre Rückkehrabsichten nennt. Ihre Eltern würden ebenfalls den Wunsch äußern, in die Türkei zurückkehren zu wollen, sobald Ela und ihre jüngere Schwester das Studium beendet hätten.

Die in den vorangegangenen drei Kapiteln gewonnenen empirischen Erkenntnisse werden im Folgenden zusammengeführt. Dabei geht es um die Rekonstruktion unterschiedlicher Facetten von Sozialisationsinstanzen und sozialer Bedingungen von Lebensweltaneignung der Mädchen und jungen Frauen.

7.   Zusammenführung der empirischen Ergebnisse

Bei der Analyse der Interviews geht es um die Frage, wie Mädchen und junge Frauen der dritten Generation mit türkischem Migrationshintergrund ihre Wirklichkeit konstruieren und wie sie ihre Alltagswelt erleben und deuten. Dabei wird auf eine hypothesengeleitete Datengenerierung verzichtet,[358] weil das Interesse besteht, jedes Interview als einzigartig zu betrachten und theoretische Verallgemeinerungen nicht für den Einzelfall zu treffen. Ganz allgemein besteht der Anspruch dieser Arbeit darin, sich vom Gegenstand belehren zu lassen. Die Mädchen und jungen Frauen sind Expertinnen ihres Alltags und benennen die Relevanzstrukturen ihrer sozialen Welt. Auf dieser Basis sind die lebensweltorientierten Themen dieser Arbeit strukturiert worden; die Expertinnen gaben die Bedeutung der Themen in den Interviews selbst vor. Die Interviews geben damit einen Einblick in die Lebenswelt der Mädchen und jungen Frauen.

In diesem Kapitel geht es darum, die Ergebnisse der empirischen Analyse zu verdichten. Vor diesem Hintergrund wird gezeigt, wie sich die unterschiedlichen Facetten der Sozialisation in Familie, Schule, Gesellschaft und Peergroup auf die Lebensweltaneignung der Mädchen und jungen Frauen auswirken. Außerdem geht es um die Frage, wie sie soziale Beziehungen in ihrer Alltagswelt gestalten. Schließlich gilt es zu rekonstruieren, unter welchen sozialen Bedingungen sich die Lebensweltaneignung der Mädchen und jungen Frauen vollzieht.

Anhand der Interviews hat sich gezeigt, dass sich die interviewten Mädchen und jungen Frauen der dritten Generation mit türkischem Migrationshintergrund losgelöst von der ersten und zweiten Generation als eigenständige Generationenpersönlichkeit wahrnehmen. Mit diesem Selbstbild wollen sie auch von der gesamten Gesellschaft anerkannt und akzeptiert werden. Sie teilen nicht die Werte und Normen ihrer Vorfahren und auch nicht die der deutschen Mehrheitsgesellschaft. Sie sind in Deutschland geboren und aufgewachsen. Sie sehen ihre Lebenswelt in Deutschland und definieren sich als eine neue Generationenpersönlichkeit. Die empirischen Ergebnisse werden im Folgenden zusammengeführt.

---

358   Vgl. Rosenthal 2008: 39.

7.1   Familienbeziehungen zwischen Autonomie und Anpassung

Das Autonomiebestreben der Mädchen und jungen Frauen führt einerseits in

> „einen Zustand der ‚Gesetzlosigkeit' bzw. die Untergrabung der Wirksamkeit von Normen"[359].

Andererseits besteht eine graduelle Pflicht zur

> „Anpassung an das Normensystem der Familie, das [...] ihnen ‚Sicheinpassen' oder das Hinnehmen gegebener Existenzbedingungen in einem vorbestimmten Rahmen"[360]

abverlangt. Die Mädchen und jungen Frauen nehmen gegenüber der Situation in der Familie eine kritische Haltung ein, die sie begründen können, indem sie die Lebenserfahrungen ihrer Eltern nachzeichnen. Obwohl die Konflikte mit den Eltern latent sind, bewirkt die kritische Haltung keine grundsätzliche Ablehnung. Die Alltagskonflikte mit den Eltern werden immer wieder relativiert und eröffnen die Möglichkeit der Versöhnung.[361] Zusätzlich führt die Relativierung auch dazu, die eigenen Autonomiebestrebungen hintanzustellen.

Während die Mädchen und jungen Frauen eine distanzierte Haltung gegenüber den Eltern einnehmen, versuchen sie, die schwierigen Lebensverhältnisse ihrer Eltern mit verständnisvoller Rechtfertigung zu begründen. Sie äußern sich sehr distanziert zu den Problemlagen ihrer Familien. Es zeigt sich in den Interviews, dass die Eltern keine klare Haltung gegenüber ihren Töchtern und deren Lebensentwürfen entwickelt haben. Infolgedessen scheint es für die Mädchen und jungen Frauen keine klar definierte Beziehung zu den Eltern zu geben. Sie benennen Probleme, die häufig auf die familiären Bindungen, auf unklare Rollen, auf den Konflikt zwischen Tradition und Individualität der Moderne zurückzuführen sind. Die Mädchen und jungen Frauen nehmen das Festhalten an Traditionen eher als Form der Abhängigkeit wahr, das Streben nach eigenen Lebensentwürfen dagegen als eine Form der Autonomie. Sie hinterfragen die unklare Beziehung zu ihren Eltern, denen sie vorwerfen, keine verbindlichen Werte und eindeutigen Verhaltensnormen zu benennen. Es scheint keine eindeutigen Bezugspunkte für die Verhaltensvorschriften der Eltern zu geben. Es sind entweder die überlieferten Verhaltensnormen ihrer Großeltern, ein nicht näher definierter religiöser Verhaltenskodex oder aber auch unbegründete Gebote und Vorschriften.

---

359 Kandil 2006: 22.
360 König 1969: 29.
361 „Manchmal denk' ich, vielleicht habe ich ja auch einen Fehler gemacht, wenn Stress zu Hause ist." (Aleyna, 17 Jahre)

Infolgedessen werden Handlungsstrategien und die Bezugspunkte der Erziehung, die eine soziale Praxis des Zusammenlebens begründen und die Vermittlung von Sprache, Erziehung, Bildung und kulturellen Normen ermöglichen,[362] von den Mädchen und jungen Frauen als fehlende Stütze in der Erziehung thematisiert.

Auffällig ist das nicht eindeutig definierte „generalisierte Rollenverständnis"[363] zwischen Müttern und Vätern sowie zwischen Vätern bzw. Müttern und Töchtern. Die Rollen der Eltern variieren je nach Situation und stehen daher nicht als Vorbilder für ihre Töchter zur Verfügung. Es ist beispielsweise keineswegs so, dass die Väter unangefochtene Autoritäten in den Familien sind. Vielmehr wird diese Rolle von den Mädchen und jungen Frauen als Vermutung angenommen, die sie unter bestimmten Umständen zu einem „vorauseilenden Gehorsam" verleitet. Die Einschätzung über die schwierige Rolle des Vaters als familiäre Autorität bleibt weitgehend eine Ausnahme. Väter verhalten sich eher passiv, schweigen und sind daher als Erziehungsinstanz für ihre Töchter nicht präsent, die sich mit ihren Problemen im Zweifel an die Mütter wenden. Die Mütter neigen ebenfalls dazu, das Verhalten ihrer Töchter, wenn auch nur schweigend, zu tolerieren, zumindest aber situationsabhängig eine Orientierung bieten. Es löst Unsicherheit bei den Mädchen und jungen Frauen aus, wenn sie Erwartungen erfüllen müssen, die die Eltern nicht begründen können. Das unklar definierte Rollenverhalten bewirkt bei den Mädchen und jungen Frauen erst recht den Wunsch nach stabilen Orientierungsmustern.

Dieses sehr früh erlernte Rollenverhalten vollzieht sich in der primären Sozialisation, wenn sich der Sinn des eigenen Handelns erst durch die Reaktion einer Bezugsperson auf das Handeln konstituiert.[364] Auf diese Weise verinnerlichen Kinder das soziale Verhalten ihrer Umgebung. Sie lernen, indem sie sich in die Rollen der Erwachsenen hineinversetzen, diese nachahmen und immer wieder modifizieren.[365] Rollenverteilung und Verhaltensnormen der Eltern bleiben in den Familien jedoch diffus. Sie sind dennoch ein zentrales Thema, das Verunsicherung und unklare Verhaltensweisen bei den Mädchen und jungen Frauen verstärkt. Ihnen fehlen stützende Vorbilder, Erfahrungswissen und ein Halt gebender Orientierungsrahmen in der Familie. Die Verhaltensmuster beziehen sich vor allem auf die Fähigkeit,

> „[...] soziale Handlungssituationen vor dem Hintergrund der aktuellen Lebensverhältnisse so einschätzen zu können, dass die eigenen Handlungsziele mit den zur Verfügung stehenden individuellen Handlungsressourcen erreichbar sind"[366].

---

362 Vgl. Berger/Luckmann 2007.
363 Grundmann 2006: 175.
364 Vgl. Grundmann 2006: 69.
365 Vgl. Mead 1980.
366 Grundmann 2006: 197.

Es geht nicht um übergeordnete Werte, die sich aus Tradition, Kultur und Religion ableiten lassen und auf die sich die Mädchen und jungen Frauen stützen könnten.[367] Es ist anzunehmen, dass sie die Erwartungen ihrer Eltern stärker mit traditionellen und religiösen Werten in Verbindung bringen, weil ihnen der konkrete Bezugsrahmen zu den Eltern fehlt.

Hinzu kommt, dass die Interviewten immer wieder auf die fehlende Kommunikation mit ihren Eltern hinweisen. Sie erwarten, dass jene mit ihnen über den Bezugsrahmen ihrer Erziehung sprechen, um deren Erwartungen verstehen zu können. Vor diesem Hintergrund existiert bei den Mädchen und jungen Frauen eine Erwartungshaltung gegenüber den Eltern, die aber aufgrund der fehlenden Interaktion nicht erfüllt wird. Sie versuchen, die bestehenden Familienstrukturen zu hinterfragen und zu verändern. Sie suchen teilweise nach Erklärungen, warum ihre Eltern so sind und nicht anders. Sie verachten ihre Eltern nicht, sie versuchen, mit Rechtfertigungen (eigene konfliktreiche Familienerfahrungen der Elterngeneration, schwierige Arbeitsbedingungen, soziale, religiöse Vorschriften usw.) deren Verhalten zu entschuldigen. Auf diese Weise ist ein offener Austausch mit den Eltern kaum möglich.

Sie fordern von ihren Eltern vor allem Anerkennung und Respekt. Für einige Mädchen und junge Frauen sollte Respekt nicht nur einseitig von den Kindern entgegengebracht werden, sondern auf Gegenseitigkeit beruhen. Respekt ist eine immer wiederkehrende Erwartung, die in den Interviews eingefordert wird. Infolgedessen bestimmt das Einfordern von Respekt die Beziehung zu den Eltern.

Unabhängig davon scheint es einerseits Themen im Leben der Mädchen und jungen Frauen zu geben, die für die Eltern verhandelbar sind, und andererseits solche, zu denen sie eine klare, nicht verhandelbare Position vertreten. So wird beispielsweise das aufkommende Interesse für das andere Geschlecht, das typisch für die Adoleszenzphase ist, aufgrund von Respekt gegenüber den Eltern häufig nicht thematisiert, da die Töchter einem enormen familiären Druck ausgesetzt sind, gehorsam, zurückhaltend und angepasst zu sein. Die Söhne genießen hingegen viele Freiheiten und werden darauf vorbereitet, im späteren Leben eine dominante und selbstbewusste Rolle einzunehmen.[368] Die Folge davon sind unterschiedliche Sozialisationspraktiken und stereotype Geschlechterrollen. [369]

Die Geschwisterbeziehungen sind vielfältig und orientieren sich nicht an einem eindeutigen Muster, sondern hängen davon ab, welche Geschwisterkon-

---

367 Diese Erkenntnis zeigt sich mit Ausnahme einer interviewten Frau (vgl. Aleyna) in fast allen Interviews. Aleyna begründet ihre Erwartung an ihre Eltern mit übergeordneten Werten.
368 Vgl. Kagitcibasi/Sunar 1997: 155.
369 Vgl. Kagitcibasi/Sunar 1997: 155.

stellation vorliegt: ob ältere oder jüngere Brüder vorhanden sind und inwieweit die älteren Geschwister Erziehungsaufgaben wahrnehmen müssen, die eigentlich in der Verantwortung der Eltern liegen sollten.

Die älteren Brüder werden in ihrer Rolle als Beschützer und Helfer eher als lästige Kontrollinstanz wahrgenommen, die den Autonomiebestrebungen zuwiderläuft, da die Mädchen und jungen Frauen die Bevormundung der Brüder als einen Eingriff in ihre persönliche Freiheit sehen. Den Brüdern wird weit mehr Autonomie zugestanden als den Mädchen und jungen Frauen.[370] Den älteren Brüdern wird eine Erziehungskompetenz gegenüber den Mädchen zugesprochen, die sie im Sinne der Eltern ausüben.

Auch wenn bei der geschlechtsspezifischen Sozialisation angenommen wird, dass die Identifikation mit einer Geschlechterrolle aus einer Identifikation mit einem familialen Vorbild resultiert,[371] lässt sich diese Erkenntnis in Bezug auf die Rollenzuweisung der Geschlechter innerhalb der Geschwisterbeziehungen nicht ohne Weiteres auf die Situation der interviewten Mädchen und jungen Frauen übertragen. Innerhalb der Geschwisterbeziehungen wird deutlich, dass sich die dritte Generation nicht mit den Rollenzuschreibungen der Eltern identifiziert. Sie setzt sich kritisch mit den spezifischen Rollenerwartungen ihrer Familienmitglieder auseinander und lehnt das traditionelle Verständnis von Geschlechterrollen ab. Es sind vielmehr die Verwandten der zweiten Generation, die dieses Verhalten der Mädchen und jungen Frauen nicht akzeptieren können. Die Eltern greifen für die Erziehung ihrer Kinder auf Familienmitglieder aus dem Verwandtenkreis zurück, weil sie sich um den Lebensunterhalt der Familie kümmern müssen. Infolgedessen nehmen bei der Sozialisation der Mädchen und jungen Frauen die Verwandten eine zentrale Rolle ein, die unterschiedliche Regeln und Normen vorgeben.

Es gibt im Sozialisierungsprozess keine Bezugspersonen, die eindeutige Verhaltensnormen vermitteln können. Die signifikanten anderen (Eltern, Familienmitglieder, Verwandte) präsentieren für die Mädchen und jungen Frauen vielfältige Wirklichkeitskonstruktionen ihrer Lebenswelt. Enge Beziehungen zu den Verwandten bewirken eine zusätzliche soziale Kontrolle, indem sie den Eltern unerwünschte oder nicht zu akzeptierende Verhaltensweisen ihrer Töchter mitteilen, in der Annahme, dass sie im Sinne der Eltern handeln und damit einen wesentlichen Einfluss auf die Erziehung ausüben. Den Eltern bleibt es dann selbst überlassen, ob sie bei der Erziehung ihrer Töchter den Erwartungen der Gemeinschaft folgen oder ihnen ablehnend gegenüberstehen.

---

370 Vgl. Gapp 2007: 141.
371 Vgl. Zimmermann 2006: 188.

Insgesamt zeigt sich, dass die traditionellen Normen und Werte für viele Lebensbereiche der Mädchen und jungen Frauen der dritten Generation nur eine geringe verhaltenssteuernde Funktion haben. Das Begehren nach Autonomie zeigt sich in den eigenen Lebensentwürfen, im Streben nach Bildung, sozialem Aufstieg und materieller Sicherheit unabhängig von der Familie und einem späteren Lebenspartner.[372]

Ebenfalls zeigt sich, dass die Mädchen und jungen Frauen den Einfluss des traditionellen Werte- und Normensystems der ersten Generation kaum noch wahrnehmen, da etwaige Ansprüche der Großeltern in Bezug auf Erziehungs- und Verhaltensnormen in den Interviews nur am Rande erwähnt werden. Benannt werden zwar die Erziehungsvorstellungen ihrer Familien, es zeigt sich jedoch, dass die traditionellen Werte und Normen nur dann eine Bedeutung haben, wenn sie mit der eigenen Lebenspraxis vereinbar sind. Sie lehnen nicht alle Lebenseinstellungen der Eltern ab. Ganz selbstverständlich ist für sie zum Beispiel, dass sie die religiösen Lebenseinstellungen ihrer Eltern auf eine eigene Art und Weise fortführen. Aufgrund der heterogenen Struktur der türkischen Familien besteht keine standardisierte Form der religiösen Sozialisation. Dieses Thema ist für diese Arbeit auch nicht relevant, weil nicht nach einer Genealogie für eine religiöse Sozialisation in den islamisch orientierten türkischen Familien gesucht wird. Vielmehr ist es das Hauptanliegen, nachzuzeichnen, wie die Mädchen und jungen Frauen religiöses Wissen produzieren, wie sie es wahrnehmen und welche Konsequenzen dieser Umgang für ihre Lebensweltaneignung hat.

So wird in den Interviews deutlich, dass sich die Interviewten als gläubige Muslime empfinden, jedoch ein sehr unklares Verständnis von Religion und Glauben haben, das sie mit konkretem Wissen füllen könnten. Einige Mädchen und junge Frauen machen Abstufungen zwischen der inneren Verbundenheit und differenzieren Religiosität nach Intensität. Die intensive Verbundenheit zum islamischen Glauben orientiert sich an Alltagshandlungen und Glaubenssätzen, die innerhalb der Peergroup thematisiert und vermittelt werden, ohne diese religiösen Verhaltensvorschriften mit Inhalt zu füllen.

Es wird deutlich, dass das Kopftuch ein umstrittenes Kleidungsstück für die Mädchen und jungen Frauen ist. Das Tragen des Kopftuchs wird als Symbol für die uneingeschränkte Hinwendung zum Islam empfunden, die eine hohe Verantwortung abverlangt. Darüber hinaus nehmen die Interviewten das Kopftuch als ein Zeichen der elterlichen Unterdrückung und des normativen Drucks ihrer Umgebung wahr.

---

372 „Wenn ich studiere, darf ich ausziehen. Nach meinem Studium bin ich finanziell unabhängig, das ist mir sehr wichtig. Dann kann ich tun und lassen, was ich will." (Ela, 17 Jahre)

Die Mehrzahl der Mädchen und jungen Frauen musste den Unterricht in der Moschee besuchen. Daher wäre anzunehmen, dass sie ihre Religiosität an den religiös motivierten Alltagshandlungen ihrer unmittelbaren Umgebung orientieren. Die Befragten empfinden die Einhaltung der religiösen Normen als ständigen Konflikt. Auch wenn sie im Bestreben nach Autonomie nicht ohne Weiteres auf religiöse Vorstellungen und Praktiken ihrer Familie zurückgreifen, spüren sie eine Abhängigkeit. Einerseits nehmen sie ihr religiöses Wissen lückenhaft wahr, andererseits greifen sie darauf zurück, um die eigene kulturelle Orientierung aus dieser Perspektive zu erklären. Die Religion ist ein Teil ihrer Identität und bleibt in ihrer Lebenswelt als Gerüst für die Orientierung präsent. Einige Mädchen und junge Frauen versuchen, zwischen kultureller und religiöser Lebenswelt zu trennen. Diese Trennung bleibt jedoch sehr vage und ohne inhaltliches Fundament. Sie scheinen sich darüber bewusst zu sein, dass der Islam keine Kultur, sondern eine Religion ist,

„[...] die in den verschiedensten Kulturen unterschiedlichste Ausprägungen entwickelt, differente kulturelle Elemente integriert und somit nur als ein vielgestaltiges Gebilde existiert"[373].

Im Hinblick auf die religiöse Erziehung wird deutlich, dass in den Familien kein bewusster Umgang mit religiösen Traditionen besteht, auf die die Mädchen und jungen Frauen zurückgreifen könnten. Ein Grund für das Fehlen einer klaren religiösen Haltung könnte darauf zurückzuführen sein, dass die Eltern, die der zweiten Generation angehören, selbst mit mangelndem religiösem Wissen durch ihre Eltern, die erste Generation, sozialisiert worden sind.

„Daraus kann gefolgert werden, daß die Situation muslimischer Eltern, die nach Deutschland immigriert sind, im Hinblick auf die religiöse Erziehung der Kinder durch Isolation geprägt ist."[374]

Diese Aussage könnte auch eine Erklärung dafür sein, dass die Eltern den Unterricht in der Moschee im Hinblick auf die Weitergabe religiöser Wissensvermittlung als Ersatz für die elterliche Erziehung in Anspruch nehmen.

Des Weiteren ist es für die Mädchen und jungen Frauen schwierig, die eigenen religiösen Motive mit Wissen zu füllen und die an sie gerichteten familiären Erwartungen in Bezug auf ein religiös angemessenes Verhalten einzuordnen. Die religiösen Bezüge ihrer Eltern und Großeltern sind ihnen weitgehend unbekannt.

Die Familie als Sozialisationsinstanz verliert mit zunehmendem Alter immer mehr an Einfluss auf das Verhalten der Mädchen und jungen Frauen. Infolgedessen ist es für die Eltern auch immer schwieriger, die Töchter auf religiöse

---

373 Rumpf 2003: 19.
374 Swietlik 2000: 143.

Verhaltensnormen festzulegen und sie regelmäßig zum Moscheebesuch anzuhalten. Es wird deutlich, dass die Vorstellungen über religiöse Werte und Normen für die Mädchen und jungen Frauen unklar bleiben. Sie fordern grundlegende Werte ein und greifen in ihren Erläuterungen immer wieder auf Werte und Verhaltensnormen wie Respekt und die Akzeptanz von unterschiedlichen Lebenseinstellungen (Toleranz) zurück.

Zusammenfassend kann festgestellt werden, dass sie die Normen- und Wertesysteme beider Gesellschaften – der türkischen und der Mehrheitsgesellschaft – gegenüberstellen und die Sichtweise adaptieren, die für die eigene Wirklichkeitskonstruktion nützlich erscheint. Dazu gehört die nötige kritische und selektive Einstellung, die die interviewten Mädchen und jungen Frauen deutlich zu erkennen geben. Sie nehmen ihre Wünsche nicht zugunsten ihrer Familien zurück, vielmehr zeigt sich, dass sie relativ selbstbewusst die unterschiedliche Sozialisation zwischen ihrer Generation und der ihrer Eltern benennen, die sich in der Lebenspraxis verdeutlicht. Sie respektieren die Entscheidungen ihrer Eltern, jedoch suchen sie immer wieder nach eindeutig zugewiesenen Rollen und Lebenseinstellungen.

Die Beziehungen zu den Eltern sind von einem Zwiespalt geprägt: Einerseits sprechen die Mädchen und jungen Frauen ihren Eltern die Erziehungskompetenz ab und beklagen die fehlende emotionale Bindung und Wertschätzung. Andererseits rechtfertigen sie deren Verhaltensweisen und erkennen die permanente Überforderung der Eltern im Alltag. Für sie resultiert das Fehlen von emotionaler Bindung zu den eigenen Eltern aus deren defizitären Familienerfahrungen mit der Großelterngeneration. Auch hier schafft die Rechtfertigung der defizitären Erziehung der Eltern eine Anpassung und zugleich das Zurückhalten der eigenen Bestrebungen nach Autonomie.

Es zeigt sich, dass das unklare Rollenverständnis und die Konflikte mit den Eltern Ressourcen der Mädchen und jungen Frauen binden. Ihnen fehlen Bezugspersonen, die Unterstützung im Alltag geben; sie leben in einer weitgehenden Orientierungslosigkeit, die sich am deutlichsten im schulischen Alltag zeigt, weil sie mit vielschichtigen Problemlagen konfrontiert werden. Dabei geht es nicht um die Unterstützung bei Schularbeiten, Nachhilfeunterricht, Informiertheit über das Bildungswesen und die Berufsmöglichkeiten. Es geht vielmehr darum, dass die Eltern ihren Kindern nicht ein bestimmtes kulturelles Kapital und ein System impliziter und verinnerlichter Werte weitergeben können, sodass unter anderem die Einstellungen der Mädchen und jungen Frauen zur schulischen Institution entscheidend beeinflusst werden.[375]

---

375 Vgl. Bourdieu 2001: 26.

„Das kulturelle Erbe, das unter beiden Aspekten nach sozialen Klassen variiert, ist für die ursprüngliche Ungleichheit der Kinder in Bezug auf die schulische Bewältigungsprobe und damit die unterschiedlichen Erfolgsquoten verantwortlich."[376]

Die Vermittlung von kulturellem Kapital durch die Eltern findet nur in geringem Maß statt. Es wird jedoch benötigt, um alltagsrelevante Themen (Adoleszenz, schulische und berufliche Anforderungen) mit Selbstverständnis zu meistern und Kenntnisse über andere Optionen für die Verfolgung von Lebensentwürfen zu erhalten. Das Streben nach Autonomie drückt sich im Wesentlichen in der Teilhabe am Bildungsaufstieg aus, der den Mädchen und jungen Frauen zumindest die Anerkennung und die Unterstützung der Eltern garantiert, auch wenn einige Eltern ansonsten keine Unterstützung für den Bildungserfolg geben können. Es ist den Mädchen und jungen Frauen der dritten Generation bewusst, dass sie das bestehende Wertesystem der Eltern zwar nicht grundlegend verändern, jedoch mit gesellschaftlich gültigen und familiär anerkannten Bildungstiteln eine Loslösung von ihrem Elternhaus realisieren können. Die Einforderung von Respekt und Gehorsam gegenüber den übrigen Familienmitgliedern und Verwandten zeigt, dass das Streben nach Autonomie für die Mädchen und jungen Frauen mit erheblichen Anstrengungen im Alltag verbunden ist. Das Recht, Dinge infrage zu stellen, um dadurch neue Wege für sich zu erkunden, ist ein schwieriger Abnabelungsprozess. Bei allem Wunsch nach Eigenständigkeit und Individualität wird ihre Lebenswirklichkeit wesentlich durch ihre Familien und Verwandten bestimmt.[377]

7.2 Selbst- und Fremdwahrnehmung

In der Auseinandersetzung mit der Alltagswelt nehmen die Mädchen und jungen Frauen gesellschaftliche Ungleichheit wahr, die sich sowohl auf Erlebtes als auch auf bloße Vermutungen stützt. Aufgrund ihrer Anpassungsleistungen in beiden Kulturen und angesichts zahlreicher sozialer Benachteiligungen

„aufgrund ihrer ethnischen Herkunft, ihrer sozialen Schicht sowie aufgrund ihres Geschlechts"[378]

konstruieren die Mädchen und jungen Frauen ein Selbstbild, das im Wechselspiel von eigenen Bildern über sich selbst und den Bildern, die sie von anderen

---

376 Bourdieu 2001: 26.
377 Vgl. Orth/Fritz 2007: 81.
378 Boos-Nünning/Otyakmaz 2000: 11.

erhalten,[379] oder aber auch von den ihnen zugeschriebenen Rollen, die vom sozialen Umfeld erwartet werden, entsteht.[380] Zu diesem Bild gehören die vielfältigen bikulturellen Alltagserfahrungen und -wahrnehmungen, die sich unter anderem in Ausgrenzungs- und Fremdheitsgefühlen zeigen und infolgedessen eine Herausforderung für die Mädchen und jungen Frauen sind.

Zu dem Selbstverständnis der dritten Generation türkischer Mädchen und junger Frauen gehört, dass sie einerseits eine klare Stellung gegen das herrschende Bild über muslimische Frauen einnehmen und sich selbst als Gegenbeispiel in den Mittelpunkt stellen. Andererseits ist den Interviews zu entnehmen, dass sie selbst auf die ihnen zugeschriebenen Merkmale und Eigenschaften zurückgreifen, auch wenn die Selbstwahrnehmung nicht mit den sie auf ihre Herkunft reduzierenden Vorurteilen identisch ist. Sie identifizieren sich mit den Wahrnehmungs- und Bewertungsschemata, die das soziale Umfeld konstruiert, oder finden sich mit den zugeschriebenen Eigenschaften ab und kreieren diese Zuschreibungen als Teil ihres Selbstbildes. Sie setzen diese Unterscheidungsmerkmale für sich ein, sodass das eigene Gefühl von Ungleichheit bestätigt wird.

Auch wenn sie den gesellschaftlichen Anforderungen gerecht werden, scheitern sie häufig aus ihrer Sicht am Vorurteil, sodass die selbstaufbauende und selbstentlastende Strategie wirksam wird und sie sich mit der Figur des Fremden identifizieren.[381] Mit dieser Form der Identifikation mit der Figur des Fremden wird die Wiederherstellung von Reziprozität (zirkuläre Selbst- und Fremdwahrnehmung) in interkulturellen Begegnungen bezweckt.[382] Selbst wenn sich die Mädchen und jungen Frauen der Mehrheitsgesellschaft zugehörig fühlen, erfahren sie in ihrer deutschen Umwelt nicht dieselbe Bereitschaft, sie als Teil der Gesellschaft anzuerkennen. Sie möchten nicht als Fremde in der Mehrheitsgesellschaft wahrgenommen werden, weil sie sich selbst als einen Teil der Gesellschaft begreifen. Jedoch machen sie in ihrem Alltag Erfahrungen, dass ihnen nicht die gewünschte Anerkennung entgegengebracht wird. In ihren Augen werden sie zu Fremden gemacht. Resignierend übernehmen sie die Zuschreibung der Mehrheitsgesellschaft in ihr Selbstbild.

Das Resultat dessen wird für sie zu einer sich selbst erfüllenden Prophezeiung und als Identifikation mit der Figur des Fremden wirksam.[383] Unabhängig davon, wie sich die Mädchen und jungen Frauen verhalten, fühlen sie sich häufig als Fremde, weil ihnen die Mehrheitsgesellschaft kaum Verständnis für die

---

379 Vgl. Boos-Nünning/Otyakmaz 2000: 91.
380 Vgl. Goffman 2010.
381 Badawia 2002: 224 f.
382 Vgl. Badawia 2002: 225.
383 „[...] ja und, dann bin ich halt ein scheiß Türke, was soll's." (Aleyna, 17 Jahre)

schwierigen Lebenslagen entgegenbringt. Sie ziehen daraus die Schlussfolgerung, dass ihnen der Zugang zur Gesellschaft nicht ohne Weiteres gewährt wird. Die Mädchen und jungen Frauen nehmen wahr, dass die legitime Kultur der Mehrheitsgesellschaft über das Privileg verfügt, nach den selbstdefinierten Normen zu leben und die „Normalität" als verbindlich für alle Migranten zu definieren.[384] Sie nehmen die gesellschaftlichen Normen aber als Barrieren wahr, die die gesellschaftliche Teilhabe beispielsweise am Bildungsaufstieg, an Arbeitsmarkt- und Karrierechancen und an sozialen Beziehungen erschwert. Für die Mädchen und jungen Frauen sind diese Zugangsbarrieren unter anderem in der Schule und bei der Suche nach einem Ausbildungsplatz spürbar.

Die Erfahrungen mit Zugangsbarrieren resultieren einerseits aus eigenen Erfahrungen (systemfunktionale Handlungsanforderungen in der Schule, vgl. Abschnitt 6.1) und andererseits aus Erfahrungen anderer („Meine Freundin findet keinen Ausbildungsplatz, weil sie ein Kopftuch trägt."). Aus diesen Perspektiven nehmen sie gesellschaftliche Ungleichheit wahr. Sie sind Träger unterschiedlicher Lebenswelten, die nach ihrer Wahrnehmung über kein gesellschaftliches Ansehen verfügen. Sie leben mit dem Gefühl, in ihrem Geburtsland nicht anerkannt zu sein.

> „Denn sie erleben immer wieder Situationen, in denen ihnen zu verstehen gegeben wird, dass sie nicht Deutsche sein können, nicht mit dem Namen, den sie tragen, und nicht mit ihrem Aussehen. Die Reaktion auf diese Kränkung fällt unterschiedlich aus: Manche gehen gestärkt daraus hervor und entwickeln Ehrgeiz, setzen auf die Karrierekarte, um es ‚den' Deutschen zu zeigen; manche werden aber auch wütend und aggressiv und kriminell, andere wiederum sprachlos und schwach."[385]

Es geht aus den Interviews mehrfach hervor, dass die wahrgenommene mangelnde Anerkennung durch die Mehrheitsgesellschaft ein deutliches Kennzeichen für die soziale Benachteiligung ist, die zugleich die Fremdheitsgefühle verstärkt.

In der Auseinandersetzung mit diesen Erfahrungen zeigen sie zum Teil Aggressivität als Gegenreaktion. Aggressionen erscheinen als Ausdrucksform einer fortwährenden Überforderung und Hilflosigkeit. Bei den meisten interviewten Mädchen und jungen Frauen dominiert in Bezug auf das Leben in der deutschen Gesellschaft ein Fremdheitsgefühl, das Aggressionen begünstigt. Das Fremdheitsgefühl wirkt zurück auf die Selbstwahrnehmung gegenüber „den" Deutschen, die ebenfalls als fremd wahrgenommen werden. Im Umkehrschluss zeigt sich, dass allein die Zugehörigkeit zu einer Freizeitgruppe (z. B. Tanzen, Fußball, Singen) bewirken kann, dass Fremdheitsgefühle in den Hintergrund treten. Das Fremdheitsgefühl löst sich scheinbar auf, wenn Selbstwertgefühl

---

384 Vgl. Bourdieu 1997: 2001.
385 Topcu 2009: 25.

aufgebaut wird und die Mädchen und jungen Frauen soziale Anerkennung erhalten. Ebenso trägt die heterogene Freizeitgruppe dazu bei, dass Zugehörigkeitsgefühl und Verantwortung sowohl für das eigene Handeln als auch für die
Gruppe entwickelt werden, sodass die vorhandenen Aggressionen nicht mehr als
Ausdrucksform präsent sind.

Des Weiteren sehen die Mädchen und jungen Frauen die Freizeitbeschäftigung als ein Ventil, sich von Aggressionen und Frustrationen zu befreien. Den
Nährboden für ihre Frustration sehen sie in der gesellschaftlichen Ausgrenzung,
die ein Fremdheitsgefühl verursacht.

> „Die Wirkung von Zuschreibung wie auch die Etikettierung ergibt sich daraus, daß Personen
> primär von ihren zugeschriebenen Merkmalen aus wahrgenommen und behandelt werden."[386]

Auf dieser Basis empfinden die interviewten Mädchen und jungen Frauen ein
anhaltendes und sich immer wieder verstärkendes Gefühl der persönlichen
„Zweitrangigkeit".[387]

Teilweise empfinden sie ihr Aussehen, das auf ihre ethnische Herkunft hinweist, teilweise ihre Sprache oder aber auch die kulturell spezifische Lebensführung als Merkmale für diese selektive Zuschreibung. Dieses Selbstbild erzeugt
ein als defizitär wahrgenommenes Selbstwertgefühl, das sich im Gefühl der
Fremdheit manifestiert. Die Fremdheit ist ein Gefühl, das teils aus eigenen
Erfahrungen, teils aus Vermutungen oder aus Glaubensgrundsätzen resultiert.
Durch die Kombination eigener Erlebnisse und/oder Alltagserlebnisse der anderen machen sich die Mädchen und jungen Frauen diese fremde Erfahrung zu
eigen, sodass es sich für sie anfühlt, als sei es eine Selbsterfahrung. Beispielsweise bekommt eine Freundin der Mädchen und jungen Frauen keinen Ausbildungsplatz, weil sie ein Kopftuch trägt. Diese teilt die eigene Frustration und die
Enttäuschung mit ihrer Freundin, da sie denkt, dass sie wegen ihres Kopftuchs
diskriminiert wird. Die in erster Linie unbeteiligten Freundinnen nehmen diese
Diskriminierungserfahrung als eine Selbsterfahrung wahr. Eine solche nicht ei-
gens erlebte Erfahrung kann soweit gehen, dass sich die Mädchen und jungen
Frauen in ihrem Alltag selbstentfremden oder ausgrenzen. Dieses Verhalten ist
einer der Gründe, weshalb einige der interviewten Mädchen und jungen Frauen
in einem Spannungsfeld leben. Dieses Spannungsfeld zeichnet sich dadurch das,
dass ihre Erlebniswelt nicht immer konform mit der ihrer Eltern und der ihrer
Freunde ist.

---

386 Reuter 2002: 35.
387 Vgl. Nökel 2002: 139.

Das Fremdheitsgefühl ist das zentrale Moment in der Lebensweltaneignung der Mädchen und jungen Frauen. Es ist bestimmend für die Beziehung zur Mehrheitsgesellschaft. Dieses Gefühl offenbart sich vor allem in der Auseinandersetzung mit gleichaltrigen deutschen Mädchen und jungen Frauen. Es fehlt ein hinreichendes Vertrauen, dass deutsche Jugendliche Verständnis für die eigene Lebenssituation aufbringen könnten. Als Begründung für diese Annahme nennen sie vor allem die strengen Erziehungspraktiken der Eltern. Die daraus folgenden kulturellen Anforderungen sehen sie als Hindernis für Freundschaften zu deutschen Mädchen und jungen Frauen. Allerdings reduzieren sie die Unterschiede genau auf die Alltagspraktiken und Verhaltensweisen, die unter Jugendlichen mit hohem sozialen Prestige und Anerkennung verbreitet sind. Zu nennen sei das Alkoholverbot, die zeitliche Begrenzung der abendlichen Freizeitgestaltung und das Verbot, einen festen Freund zu haben. Diese Beschränkungen werden verantwortlich dafür gemacht, dass deutsche Jugendliche den Mädchen und jungen Frauen türkischer Herkunft weder Respekt noch Verständnis für die vermeintlich schwierige Lebenssituation entgegenbringen.

Die Analyse der Interviews hat gezeigt, dass Respekt für die Mädchen und jungen Frauen ein zentraler Wert für den Aufbau und den Erhalt intakter Beziehungen ist. Sie wünschen sich von deutschen Jugendlichen soziale Anerkennung, die nicht auf Leistung gründet und die kulturelle Herkunft nicht in den Vordergrund stellt. Infolgedessen empfinden sie die von deutschen Jugendlichen häufig gestellten Fragen, die allein auf die Herkunft abzielen, nicht als beziehungsfördernd, sondern als Bestätigung der Differenz zwischen deutschen und türkischen Jugendlichen. Alle Interviewten nehmen sich als gesellschaftliche Außenseiterinnen wahr, da ihnen Respekt und Anerkennung von deutschen Jugendlichen verwehrt bleiben. Diese Wahrnehmung beruht häufig nicht auf aggressivem Verhalten oder direkten Beleidigungen, sondern die fehlende Beachtung ist verletzend. Die Mädchen und jungen Frauen gehören nicht zu dem Personenkreis, dessen Anwesenheit etwas zählt.[388]

Auf der Grundlage des Fremdheitsgefühls konstruieren die Mädchen und jungen Frauen ein Selbstbild, das sich auf die Erwartungen und Forderungen der Mehrheitsgesellschaft bezieht. In der Auseinandersetzung mit ihrer Lebenswelt sehen sie in deutschen Jugendlichen keine geeignete Unterstützung für ihre Alltagsprobleme. Mit türkischen Freunden hingegen bilden sie eine Erfahrungs- und Schicksalsgemeinschaft.[389] Diese tiefgreifende Erfahrung bestärkt die Mädchen und jungen Frauen in dem Gefühl, mit vertrauten ethnischen Bindungen das Fremd-

---

388 Vgl. Geisen 2007: 44.
389 Vgl. Beck-Gernsheim 2007: 108.

heitsgefühl zu überwinden. Ethnisch orientierte Freundschaftsbeziehungen sind sehr bedeutsam für die Bewältigung von Fremdheitsgefühlen, denn sonst wären die Mädchen und jungen Frauen mit ihren Problemen auf sich allein gestellt.[390] Die Auseinandersetzung mit persönlichen Problemen findet in der eigenen ethnischen Gruppe statt.

> „Wo im Verhältnis zu den deutschen Altersgenossen vieles mühsam ist, vieler Worte bedarf, findet man hier ein Klima der Vertrautheit und selbstverständlichen Nähe."[391]

Sie fühlen sich im Freundeskreis respektiert, anerkannt und gleichberechtigt. Für sie besteht innerhalb dieser Gruppe keine Ungleichheit, weil sie über einen kollektiven Habitus verfügen (Sprache, Lebensstil usw.) und sich über eine gemeinsame Lebenswelt verständigen können. Mit den ethnisch orientierten Freundschaften entziehen sie sich dem Zwang, sich immer wieder aufgrund ihres differenten kulturellen Hintergrundes erklären und rechtfertigen sowie gegen Vorurteile der autochthonen Gesellschaft ankämpfen und Stellung beziehen zu müssen.

> „Durch die permanente Zuordnung zu einer anderen Nationalkultur – inklusive dem entsprechenden Klischeebild – geraten die Kinder und Jugendlichen unter einen doppelten Rechtfertigungszwang."[392]

Die Mädchen und jungen Frauen weisen die Einordnung als „türkisch" oder „deutsch" zurück, weil sie sich mit beiden Ethnien identifizieren, sodass Aufforderungen, sich als türkisch oder deutsch festzulegen, ihnen Schwierigkeiten bereiten.[393] Darüber hinaus haben die Freundschaftsbeziehungen die Funktion, die schwierige Familiensituation zu ersetzen. Es wird deutlich, dass das fehlende Verständnis der Eltern für die Alltagsprobleme der heranwachsenden Töchter durch die reziproke Zuneigungen und Attraktivität von gleichaltrigen türkischen Mädchen und jungen Frauen kompensiert wird. Sie finden Halt und Unterstützung in den Freundschaftsbeziehungen und entziehen sich dem Druck und den Erwartungen des sozialen Umfeldes.

Auch entgegen der Forderung, dass freundschaftliche Beziehungen zu deutschen Jugendlichen die Integration in die deutsche Gesellschaft fördern,[394] haben ethnisch ausgerichtete Freundschaftsbeziehungen eine kompensatorische Funktion, um die Konflikte zu bearbeiten, die sich aus den Widersprüchen lebens-

---

390 Vgl. Beck-Gernsheim 2007: 108.
391 Beck-Gernsheim 2007: 108.
392 Otyakmaz 2000: 92.
393 Vgl. Otyakmaz 2000: 92.
394 Vgl. Boos-Nünning/Karakasoglu 2006: 153.

weltlicher Sozialisationspraxen und systemfunktionaler Handlungsanforderungen ergeben. Außerdem können die „signifikanten anderen" wie Eltern und Freunde, die die Mädchen und jungen Frauen respektieren und wertschätzen, einen Beitrag leisten, stereotype Zuschreibungen der Mehrheitsgesellschaft nicht auf sich persönlich zu beziehen, sondern als „institutionelles" Vorurteil zurückzuweisen.[395] Ethnische Freundschaftsbeziehungen sind kein Ausdruck für einen mangelnden Integrationswillen; es geht nicht um das „Türkischsein" als kulturelle Gemeinsamkeit, sondern vielmehr um den gemeinsamen sozialen Hintergrund und die Bewältigung von prekären Lebenssituationen.[396]

Es zeigt sich, dass ein Zusammenspiel von Fremdheitsgefühlen und offensichtlicher sowie vermuteter Ausgrenzung eine Abgrenzung und eine Selbstausgrenzung bewirkt, die wiederum Ungleichheit in dem von Bourdieu verstandenen Sinne konstituieren, da sich die Mädchen und jungen Frauen unwissentlich vom Zugang zu sozialem und kulturellem Kapital abschneiden. Diese Wahrnehmung resultiert im Wesentlichen aus der Inkorporierung der objektiven Strukturen des sozialen Raums (kulturelles, ökonomisches Kapital und soziale Stellung), der den Menschen umgebenden Welt.[397]

Das stillschweigende Akzeptieren der sozialen Stellung wird bei fast allen Interviewten deutlich. Durch die Verinnerlichung gesellschaftlicher Zuschreibung wird diese zu einem festen Bestandteil ihres Selbstbildes, das heißt zu ihrem Habitus. Besonders deutlich wird die Inkorporation des sozialen Raums bei den interviewten jungen Frauen.[398] Die stereotypen Zuschreibungen sind relativ beliebig, denn bei den Mädchen und jungen Frauen definiert entweder das Aussehen, die Sprache oder ein anderes äußeres Merkmal das Fremdsein. Infolgedessen ist ihre Selbstwahrnehmung das Resultat eines sozialen Zuschreibungsprozesses,[399] mit dem sie ihre Fremdheit als gegeben annehmen. Das Bewusstsein eines Fremdheitsgefühls ist das zentrale Moment in ihrer Lebensweltaneignung. Jede neue Diskriminierungserfahrung bestätigt und verstärkt das Gefühl der kulturellen Unvereinbarkeit mit den Ansprüchen der Mehrheitsgesellschaft.

Generell ist festzustellen, dass trotz der Zugehörigkeit zu Deutschland die Mädchen und jungen Frauen mit vielfältigen Vorurteilen in ihrem Alltag zu kämpfen haben.

---

395 Vgl. Weber 1989: 56.
396 Vgl. Beck-Gernsheim 2007: 107.
397 Vgl. Bourdieu 1997: 55 f.
398 Als Beispiel sei Irem genannt, die trotz ihres selbstbewussten Auftretens und ihres ambitionierten Lebensentwurfs (Psychologiestudium, berufliche Karriere) allein aufgrund ihres Kopftuchs immer wieder Diskriminierungserfahrungen machen muss.
399 Vgl. Grundmann 1992: 41.

Das Gefühl der Ausgrenzung ist für alle Interviewten immer wieder eine schmerzhafte Erfahrung. Sie empfinden sich mit ihrer Bikulturalität nicht anerkannt und folglich in ihren Freiheiten und Möglichkeiten eingeschränkt. Sie nehmen wahr, dass sie im Vergleich zu deutschen Jugendlichen kaum Chancen in der Schule und bei der Suche nach einem Ausbildungsplatz haben.

Mit dem erschwerten Zugang zu einer beruflichen Tätigkeit aus Gründen kultureller Andersartigkeit befassen sich Otyakmaz und Boos-Nünning in der Expertise „Multikultiviert oder doppelt benachteiligt".[400] Sie stellen fest, dass Mädchen und jungen Frauen mit insbesondere türkischem Migrationshintergrund Tätigkeitsfelder zugesprochen werden, die weniger deutsche schriftsprachliche Fähigkeiten abverlangen als die Berufe im Bürobereich, zum Beispiel die Ausbildung zur Einzelhandelskauffrau. Dabei wird im Hinblick auf die Nichteinstellung von Mädchen und jungen Frauen mit Migrationshintergrund auf stereotype Denkmuster zurückgegriffen.

> „Es werden Defizite in der Sozialisation und das Fehlen von kulturellem Hintergrundwissen bemängelt. Auch diese Vorstellung richtet sich grundsätzlich [...] auf Mädchen und junge Frauen, trifft aber Mädchen und junge Frauen mit Migrationshintergrund, insbesondere türkischem Migrationshintergrund, deutlich mehr."[401]

Weiterhin stellen die Autorinnen fest, dass Sozialisationsdefizite bei Jugendlichen mit Migrationshintergrund auch in der Literatur, insbesondere in wissenschaftlichen Arbeiten, als weit verbreitete These formuliert werden. In einer Untersuchung von Schaub beispielsweise wird von Berufsausbildern als Sozialisationsdefizit die „kulturelle Andersartigkeit" vorgetragen.[402] Dabei wird die gegensätzliche Mentalität von Jugendlichen mit Migrationshintergrund zu deutschen Jugendlichen häufiger erwähnt als Sprachschwierigkeiten. Weiterhin führen die Autorinnen eine Untersuchung von Rieker an:[403]

> „Hinzu kommt, dass die deutschen Ausbilder ausländischen Familien und den peer-groups ausländischer Jugendlicher misstrauisch gegenüberstehen. Die Familienstrukturen erscheinen ihnen autoritär, rückständig und undurchsichtig; Gruppen ausländischer Jugendlicher haben sie im Verdacht, die betriebliche Ordnung zu unterlaufen. Um diese mit der Fremdheit junger Ausländer assoziierten Gefahren zu minimieren, streben sie deren Integration in die deutsche Umgebung an. Jugendliche, die nicht bereits bei ihrer Bewerbung erkennen lassen, dass sie einer Integration offen gegenüberstehen, dürften zum gegenwärtigen Zeitpunkt kaum Chancen auf einen Ausbildungsplatz haben."[404]

---

400 Vgl. Boos-Nünning/Otyakmaz 2000: 50.
401 Otyakmaz 2000: 50.
402 Vgl. Schaub 1991: 87.
403 Vgl. Boos-Nünning/Otyakmaz 2000: 50 f.
404 Rieker/Stölting 1991: 177.

Die Übernahme von Mädchen und jungen Frauen mit Migrationshintergrund in eine Ausbildungsstelle wird von den Ausbildungsbetrieben als Wagnis angesehen, weil eine Heirat einen Abbruch der Ausbildung zur Folge hätte. Vonseiten der Eltern würde die Teilnahme an einer Fortbildung nicht erlaubt werden oder der Erfolg der Tochter in der Ausbildung als bedrohender Faktor angesehen.[405]

> „Die Zuspitzung der Diskussion in Deutschland um die Rolle der Frau in muslimischen Familien verschärft die Aufnahmebedingungen für eine Ausbildung von Mädchen und jungen Frauen mit türkischem Migrationshintergrund in das duale System. Auch wenn die Deutschkenntnisse exzellent, die Zeugnisse hervorragend sind, bleibt die zugeschriebene andere Mentalität, der Familienhintergrund als Risikofaktor bestehen. Wenn es deutsche Bewerberinnen mit ähnlichen Voraussetzungen gibt, werden sie vorgezogen."[406]

In diesem Gefühl der Chancenlosigkeit und der erschwerten Bedingungen vollzieht sich die Lebensweltaneignung der Mädchen und jungen Frauen mit türkischem Migrationshintergrund. Diese Bedingungen sorgen dafür, dass sie in dem Selbstverständnis leben, es besteht ihnen gegenüber auf dem Arbeitsmarkt eine institutionelle Benachteiligung, auch wenn sie die gewünschten Anforderungen der Tätigkeitsfelder erfüllen.

7.3 Individuelle Lebensweltaneignung

Hinsichtlich der individuellen Lebensweltaneignung der Mädchen und jungen Frauen ist festzustellen, dass die dritte Generation andere Lebensentwürfe entwickelt als die Elterngeneration. Am deutlichsten zeigt sich dieser Prozess in der beruflichen Planung, den Einstellungen zu Partnerschaftsbeziehungen sowie Verbleibabsichten. Die Mädchen und jungen Frauen empfinden sich selbst als Expertinnen ihres Alltags und infolgedessen sehen sie sich als eine „neue" Generationspersönlichkeit, die sich zunehmend von Ansprüchen, Werten und Normen der Elterngeneration entfernt.

Ein Unterschied zeigt sich im ausgeprägten Wunsch nach sozialem Aufstieg durch Bildung. Weiterhin werden unterschiedliche Vorstellungen über Traditionsverbundenheit als Unterschied zwischen beiden Generationen genannt, die sich deutlich in der Religiosität und in der traditionellen Erziehung der Eltern (vgl. Kapitel 5) zeigt. Infolgedessen werden Werte und Normen der Eltern kaum als Vorbild für die Zukunft empfunden.

---

405 Vgl. Otyakmaz 2000: 51.
406 Otyakmaz 2000: 51.

Es besteht ein ausgeprägtes Verlangen nach Bildungserfolg, der finanzielle Unabhängigkeit und ein eigenverantwortliches Leben ermöglichen soll. Die Mädchen und jungen Frauen streben an, mit einer abgeschlossenen Ausbildung oder einem Studium die gewünschte Anerkennung von ihren Eltern und dem sozialen Umfeld zu erlangen. Vonseiten der Eltern wird so ein hoher Anspruch an Bildungsabschlüsse und Berufsperspektiven der Töchter gestellt.[407] Dieses Ergebnis der vorliegenden Untersuchung wird von den Studien von Granato von Meissner (1994), Krüger und Potts (1995) sowie Niehaus (2008) bestätigt. Daher ist die Vorstellung,

> „dass ausländische Eltern keinen Wert auf eine Schul- und Berufsbildung ihrer Töchter legen, [...] falsch. Alle bekannten Untersuchungen zu den beruflichen Wünschen ausländischer Eltern widersprechen dieser Meinung. Sie belegen, dass Eltern für ihre Töchter und Mädchen und junge Frauen mit Migrationshintergrund für sich selbst hohe Bildungserwartungen besitzen"[408].

Häufig sind die Eltern im Gegenzug keine geeignete Unterstützung für die Realisierung der Lebensentwürfe der Töchter. Auch wenn die Eltern keine große Hilfe in Bezug auf die schulischen Anforderungen leisten können, weil sie keine oder nur geringe schulische Ausbildung erhalten haben, sind sie am Bildungserfolg ihrer Töchter interessiert. Jedoch erwähnen die Mädchen und jungen Frauen, in Bezug auf einen Bildungsabschluss moralische bzw. symbolische Unterstützung seitens ihrer Eltern zu erfahren.

Dieses Missverhältnis zwischen dem elterlichen Anspruch an die Töchter und der eigenen Bildungsbiografie zeigt sich mit einer Ausnahme in allen Interviews. Folglich bietet der Schulalltag für die meisten Mädchen und jungen Frauen vielfältige Hürden, die ständig überwunden werden müssen, um einen erfolgreichen Schulabschluss erlangen zu können.

Für Mädchen und junge Frauen, die unterstützende Lehrer an ihrer Seite haben und geeignete Fördermaßnahmen erhalten, wirkt sich diese Beziehung positiv auf den Schulerfolg aus. Den Einfluss der Lehrer beschreiben sechs von zehn interviewten Mädchen und jungen Frauen als unterstützend und motivierend. Sie partizipieren von der Bereitschaft der Lehrer, sie dabei zu unterstützen, sich den herausfordernden schulischen Aufgaben nicht mit Versagensängsten zu stellen, sondern mit Lernbereitschaft und dem Willen zum Erfolg.

Ein Mädchen erzählt, dass eine Lehrerin im Werben um einen Ausbildungsplatz keine Benachteiligung darin sieht, wenn ein Mädchen oder eine junge Frau ein Kopftuch trägt (vgl. Abschnitt 6.1). Die Lehrerin versucht, die Schülerin zu

---

407 Vgl. Granato/Meissner 1994; Krüger/Potts 1995; Niehaus 2008: 27 ff./82 ff.
408 Otyakmaz 2000: 53 f.

motivieren, indem sie rät, sich durch gute Leistungen in der Schule hervorzu-
heben, der wahrgenommenen gesellschaftlichen Zuschreibung keine Bedeutung
beizumessen und sie nicht auf sich zu beziehen.

Es kann jedoch unter Berücksichtigung der seit Jahren geführten öffentlichen
Diskussionen zum Thema „Kopftuch" angenommen werden, dass Kopftuch tra-
gende Mädchen und junge Frauen mit einem gleichwertigen Schulabschluss ge-
ringere Chancen auf einen Ausbildungsplatz haben – insbesondere im öffentlichen Dienst oder in Berufszweigen mit Kundenkontakt – als Gleichaltrige ohne
Kopftuch.

Vier der interviewten Mädchen und jungen Frauen nehmen das Verhalten
ihrer Lehrer als problematisch und belastend wahr, weil sie sich stereotypisierenden Zuschreibungen ausgesetzt sehen: Migrantenfamilien hätten bei der Erziehung ihrer Töchter vor allem den Erhalt des kulturellen Erbes der Herkunftsgesellschaft im Blick[409] und würden kaum Wert auf Bildung, Emanzipation und
Selbstständigkeit der Töchter legen. Der Schulerfolg kann sich durch eine
negative Einstellung der Lehrer nachteilig auf die Leistungen in der Schule
auswirken, sodass die Mädchen und jungen Frauen immer weniger motiviert
sind, sich für die Schule zu engagieren. Zudem nehmen sie Beurteilungen ihrer
schulischen Leistungen aufgrund ihrer ethnischen Herkunft beispielsweise im
Rahmen von Schulempfehlungen als ungerecht wahr.

Typisch ist diesbezüglich die Erfahrung von Ela, die zunächst eine Empfehlung für die Hauptschule erhält, da das Niveau auf der Realschule und dem
Gymnasien zu hoch sei und das Mädchen vor möglichen Versagen bewahrt
werden solle. Erst mit der Intervention der Eltern gelingt es, diese Herabstufung
rückgängig zu machen und die Tochter auf ein Gymnasium zu schicken, auf dem
sie sich mit guten Leistungen bewährt (vgl. Abschnitt 6.1). In diesem Fall ist die
Begründung der Lehrer ein falscher Ausdruck von Fürsorge, die eine Überlegenheit gegenüber den Betroffenen signalisiert. Die Lehrerin antizipiert, dass
zwischen dem allgemeinen Bildungsniveau der Eltern und dem zu erwartenden
Schulerfolg der Kinder ein Zusammenhang bestünde und infolgedessen entsprechende Entscheidungen zu treffen seien.

„Im Zusammenhang mit einem Sonderschulaufnahmeverfahren wird dann das Scheitern
türkischer Schülerinnen und Schüler in der Grundschule z. B. auch auf den islamisch-religiösen
Hintergrund der Familien oder den Koranschulbesuch zurückgeführt. Exklusionsentscheidungen
werden mit der Feindseligkeit gegenüber der deutschen Mehrheitsgesellschaft und Integrationsunwilligkeit der Familien begründet. Die untersuchten Entscheidungsmuster weisen jedoch

---

409 Vgl. Morgenroth/Merkens 1997: 303.

ebenfalls darauf hin, dass die jeweiligen pädagogischen und schulorganisatorischen Handlungs-
stile und der Grad an professioneller Reflektiertheit der Lehrerinnen und Lehrer zu Unterschieden im Ausmaß von diskriminierenden Praktiken führen." [410]

Die Handlungspraktiken der Bildungsinstitutionen sind den interviewten Mädchen und jungen Frauen bewusst. Die Einschätzung von Lehrern, die ihnen
nichts zutrauen, führt zu Demotivation. Fremdheitsgefühl und Selbstausgrenzung
sind die Folgen.

Außerdem zeigt sich, dass die Adaption einer harmonischen Beziehung
sowohl zur Herkunfts- als auch zur Mehrheitskultur positive Auswirkungen auf
den schulischen Erfolg der Mädchen und jungen Frauen hat.

„Jugendliche mit Migrationshintergrund sollten ermutigt werden, einen Bezug zu ihrer Herkunftskultur zu erhalten und gleichzeitig enge Verbindungen zur Aufnahmegesellschaft aufzubauen." [411]

Hingegen scheinen Kinder mit Migrationshintergrund, die sich wegen dieses Hintergrundes, ihrer sozialen Herkunft und Stellung diskriminiert fühlen, schlechtere
schulische Leistungen zu erbringen. [412]

In einer Studie über institutionelle Diskriminierung untersuchten Gomolla
und Radtke die Herstellung ethnischer Differenz in der Schule. Dabei ermittelten
sie unter anderem, dass für die Entscheidungs- und Begründungsmuster an der
Übergangsschwelle von der Primar- zur Sekundarstufe für Kinder mit Migrationshintergrund unterschiedliche Beweggründe seitens des Lehrpersonals ausschlaggebend sind.

Zur Veranschaulichung dieser Erkenntnis schildern die Autoren folgendes
Beispiel: Ein Schuldirektor begründet seine Entscheidung, ein türkisches Mädchen in der sechsten Klasse von der Realschule zu verweisen, folgendermaßen:

„Das Kind habe mit den Fächern Deutsch und Englisch schon Schwierigkeiten, daher würde es
am Französischunterricht mit Sicherheit scheitern (vierte Sprache)." [413]

Für diese Entscheidung werden von dem Direktor unterschiedliche psycholo-
gische Begründungen dargelegt. Einerseits sei ein Scheitern für das Kind
untragbar und es solle vor Misserfolg bewahrt bleiben, andererseits werde diese
Entscheidung organisatorisch begründet:

---

410   Gomolla 2006: 97.
411   Allemann-Ghionda et al. 2010: 7.
412   Vgl. Allemann-Ghionda et al. 2010: 7.
413   Gomolla/Radtke 2009: 250.

„Leistungsdiskrepanzen in der Klasse würden zu groß, wenn das Mädchen bliebe (die legen ja richtig los, fast gymnasialreif vs. die, die gar nichts schaffen)."[414]

Die Behauptungen der Lehrer von einigen der in der vorliegenden Studie interviewten Mädchen und jungen Frauen mit türkischem Migrationshintergrund stützen sich auf Vermutungen, fast schon Glaubensgrundsätze, wie die zukünftigen Leistungen der Schülerinnen einzuschätzen sind. Mit dieser Einschätzung erfahren die Mädchen und jungen Frauen, dass ihnen nichts zugetraut wird. Die vier Interviews, in denen das Verhalten der Lehrer als problematisch und belastend wahrgenommen wurde, erwecken den Eindruck, als stützten sich alle Beteiligten eher auf den Glauben an etwas, was eine Form der Lebensweltaneignung darstellt. Demotivation, Fremdheitsgefühl, das Gefühl, auf sich allein gestellt zu sein und Selbstausgrenzung sind die Folgen.

Diese Erfahrung kann sich bei den Mädchen und jungen Frauen nachteilig auf den schulischen Erfolg und auf das Zusammenleben in der Mehrheitsgesellschaft auswirken.[415] Es zeigt sich, dass diese doppelte Benachteiligung deren Ungleichheitsempfinden verstärkt. Es gilt zu berücksichtigen, dass Mädchen und junge Frauen mit türkischem Migrationshintergrund im Vergleich zu denen der Mehrheitsgesellschaft anderen lebensweltlichen Sozialisationspraxen und systemfunktionalen Handlungsanforderungen ausgesetzt sind.

Die traditionellen Rollenerwartungen, Werte und Normen der türkischen Familien und eine auf individuelle Freiheit und Selbstbestimmung ausgerichtete deutsche Gegenwartskultur stehen sich für die Mädchen und jungen Frauen scheinbar unvereinbar gegenüber.

Bemerkenswert ist, dass diese Schülerinnen trotz dieser ambivalenten und schwierigen Schulsituation erfolgreiche Bildungskarrieren anstreben, um sich dadurch Respekt und Anerkennung zu verschaffen. Auch wenn die verinnerlichten Grenzen des Habitus, beispielsweise einerseits durch Geringschätzung der eigenen kulturellen Fähigkeiten und andererseits durch externe Strukturverhältnisse wie fehlendem Zugang zu höherer Bildung oder defizitären Zuschreibungen aufgrund des Sozialstatus, die Handlungsoptionen der Mädchen und jungen Frauen beschränken.

Hinsichtlich der Lebensplanung besteht ein ausgeprägtes Bedürfnis nach finanzieller Unabhängigkeit durch den Erwerb von Bildungstiteln, sodass vor einer Partnerschaft oder möglichen Heirat zunächst eine berufliche Absicherung im Vordergrund steht. Die Mädchen und jungen Frauen grenzen sich von der traditionellen Frauenrolle ab, in die noch ihre Mütter im Rahmen der Sozialisation

---

414 Gomolla/Radtke 2009: 251.
415 Vgl. Allemann-Ghionda et al. 2010: 11.

eingeführt wurden. Dazu zählt vor allem der Wunsch nach Gleichberechtigung zwischen Mann und Frau. Der Erwerb von Bildungstiteln wird als Möglichkeit für die Realisierung dieses Ziels gesehen.

Die Mädchen und jungen Frauen fühlen sich gleichberechtigt und emanzipiert, sodass sie ihr Leben selbstbestimmt und nicht in Abhängigkeit von ihren zukünftigen Ehemännern führen wollen. Fünf der Interviewten geben an, nach dem Erwerb einer beruflichen Qualifikation erst einmal allein leben zu wollen. Eine abgeschlossene Berufsausbildung oder ein Studium wird als Schlüssel für ein selbstbestimmtes Leben empfunden.

Auch für die Eltern steht Bildung im Vordergrund, sodass die Töchter dazu angehalten werden, den Erwerb eines Bildungstitels einer Heirat vorzuziehen. Bildung bedeutet für die Eltern, dass den Töchtern ein einfacheres und besseres Leben offensteht.[416] Außerdem wissen die Mädchen und jungen Frauen aufgrund der Erfahrungen der Müttergeneration und des sozialen Umfelds, dass ohne eine berufliche Tätigkeit die Gefahr besteht, die traditionelle Frauenrolle in der Familie einnehmen zu müssen. Sechs der zehn Mädchen und jungen Frauen, deren Mütter eine berufliche Tätigkeit ausüben (vgl. Anhang), verfügen auch über Entscheidungsbefugnisse innerhalb der Familie. Diese Gegebenheit wirkt sich motivierend auf die Mädchen und jungen Frauen aus, eine Ausbildung oder ein Studium anzustreben. Insofern vermitteln die Töchter ein ausgeprägtes Streben nach Emanzipation, die sie durch eine Bildungsqualifikation erreichen wollen.

Es zeigt sich, dass die Mütter präsent sind in Bezug auf die Unterstützung der Entwicklung der Lebensentwürfe ihrer Töchter. Sie unterstützen die Mädchen und jungen Frauen in dem Wunsch nach Unabhängigkeit, Freiheit und Selbstständigkeit. Im Gegensatz zu den Müttern sind die Väter wenig präsent, wenn es um Fragen der Bildung und um Partnerschafts- und Heiratsvorstellungen ihrer Töchter geht.

Mit diesen Erkenntnissen wird das von den Medien vermittelte Bild widerlegt, dass die Werte und Normen in Familien mit Migrationshintergrund nach wie vor von der agrarisch-feudalistischen Herkunftsgesellschaft geprägt seien und Väter das Familienoberhaupt repräsentierten, dem sich die gesamte Familie unterzuordnen und dessen unwiderruflichen Entscheidungen sie sich zu fügen habe.[417] Dieses Vorurteil bestätigt sich nicht in den vorliegenden Interviews.

Insgesamt ist in den Interviews auffallend, dass sich die Mädchen und jungen Frauen immer wieder als eine neue Generationspersönlichkeit präsentieren und in Bezug auf Lebensstil und -entwürfe deutlich von ihren Eltern unterscheiden.

---

416 Vgl. Niehaus 2008: 27.
417 Vgl. König 1989; Riesner 1990; Kraheck 1997; Geist 2007.

Dabei werden Bleibeabsichten in Deutschland und die fehlende Bindung an das Land der Vorfahren als weitere Unterscheidungsmerkmale zu der Elterngeneration genannt. Sie nennen konkrete Vorstellungen in Bezug auf die Frage, in welchem Land sie ihre Zukunft sehen. Bis auf eine junge Frau möchten alle Interviewten in Deutschland bleiben. Sie fühlen sich trotzdem emotional mit der Türkei verbunden. Diese emotionale Bindung stützt sich lediglich auf Besuche bei Verwandten und Familienangehörigen. Teilweise ist es in den Ferien aber auch nur der Urlaubsort, der die Möglichkeit bietet, mit den Eltern gemeinsame Zeit oder Freizeitaktivitäten zu gestalten, für die im deutschen Arbeitsalltag keine Zeit bleibt. Insofern kann die Urlaubszeit eine günstige Ausnahmesituation sein, in der es keine Stresssituationen oder Konflikte gibt, sondern genügend Zeit für ein harmonisches Miteinander besteht. Diese Erlebnisse bleiben den Mädchen und jungen Frauen in Deutschland häufig verwehrt. Infolgedessen ist die Türkei eine Art „zweite Heimat", so etwas wie ein Halt gebender Anker, da dort im zwischenmenschlichen Bereich bestimmte Erwartungen – zum Beispiel Respekt, Interesse an der eigenen Person, vorübergehend intakte familiäre Bindungen – erfüllt werden, die im Alltag in Deutschland fehlen. Folglich bietet der Aufenthalt in der Türkei einen geschützten Raum, mit dem sie Zugehörigkeitsgefühle und emotionale Beziehungen verbinden, die sie in ihrem deutschen Lebensalltag als Mangel wahrnehmen.

Trotz dieser auf den ersten Blick sehr ausgeprägten emotionalen Bindung zur Türkei entscheiden sich die Mädchen und jungen Frauen für die Loslösung von dem Geburtsort ihrer Vorfahren. Wenngleich sie die gemeinsame Zeit mit den Eltern in der Türkei genießen, freuen sie sich mit Beendigung des Urlaubs über eine Rückkehr nach Deutschland. Im Gegensatz zu der dritten Generation haben die Eltern zu den in der Türkei lebenden Verwandten eine intensive Beziehung, die geprägt ist von dem Gefühl der Sehnsucht und der Idealisierung von Erinnerungen an die Kindheit und Jugend. Dieses Gefühl wird noch verstärkt, wenn mit der Einwanderung der Eltern nach Deutschland ein Bruch mit dem Lebensumfeld in der Türkei stattgefunden hat. Die nur bruchstückhaft vorhandenen Erinnerungen werden von den Eltern mit einem hohen Grad an Vollkommenheit aufrechterhalten.

„Was man dort ‚zurückgelassen' hat, wird häufig idealisiert und in einer Art sehnsüchtigem Rückgriff ‚eingefroren' – verstärkt noch durch die Distanz, die Unwägbarkeiten und Unsicherheiten des Lebens. Die so heftig vermisste Welt der Vergangenheit, die mehr oder weniger ‚imaginiert' ist, wird metaphorisch umgeformt, damit sie in der Lage ist, den Migranten ein lang ersehntes Gefühl der Sicherheit zu geben."[418]

---

418 Alund 2003: 39.

Diese Erinnerungen und Bilder teilt die dritte Generation nicht mit der Eltern-generation. Mit jeder folgenden Generation nehmen die verwandtschaftlichen Bindungen mit den in der Türkei lebenden Familienmitgliedern ab, sodass „Hei-mat" eher als ein Konstrukt bei den Mädchen und jungen Frauen besteht und auf dieser Grundlage aufrechterhalten wird. So sehen neun der befragten Mädchen und jungen Frauen trotz fehlender Anerkennung und der wahrgenommenen Fremdheitsgefühle ihre Zukunft in Deutschland. Eine junge Frau äußert Rück-kehrabsichten in die Türkei, weil sie sich aufgrund ihrer ethnischen Herkunft ausgegrenzt und benachteiligt fühlt (vgl. Abschnitt 5.4). Die von den Mädchen und jungen Frauen mehrfach erwähnten fehlenden emotionalen Beziehungen im deutschen Alltag kompensieren sie im sozialen Umfeld, beispielsweise in ethni-schen Freundschaftsbeziehungen.

Es lässt sich feststellen, dass sich die dritte Generation in Bezug auf die Lebensweltorientierung von der Elterngeneration distanziert. Diese Konstellation bezeichnet Otyakmaz als das „Zwei-Welten-Modell".

> „Das Bündel unterschiedlicher Normen schnüren sie zu einem Paket zusammen, von dem sie sich fundamental distanzieren. Den Konflikt zwischen radikaler Ablehnung einerseits und dem Gefühl der Abhängigkeit von den Eltern andererseits lösen sie mit einem ‚Zwei-Welten-Modell'. Auf der einen Seite steht die ‚Welt der Eltern', der sie sich scheinbar unterwerfen, auf der anderen Seite steht ‚ihre Welt', in der sie nach eigenen Angaben ausschließlich, selbst gesetzten Prinzipien'' folgen."[419]

Infolgedessen verweisen die interviewten Mädchen und jungen Frauen immer wieder auf Unterschiede zwischen ihrer Generation und der ihrer Eltern, um als eigenständige Generationenpersönlichkeit wahrgenommen zu werden. Sie leben in beiden Kulturen, sprechen zugleich deutsch und türkisch. Sie wurden in Deutschland geboren und erhielten dort ihre schulische Sozialisation, folglich sehen sie ihren Lebensmittelpunkt in Deutschland. Sie wollen mit ihren vor-handenen bikulturellen Eigenschaften als ein Teil dieser Gesellschaft anerkannt und akzeptiert und nicht als eine „differente" ethnische Gruppe wahrgenommen werden. Sie verstehen sich als integraler Teil einer multikulturellen, von Diver-sität geprägten Gesellschaft[420].

Folglich ist die Gesellschaft gefragt, ob und wie sie sich gegenüber dieser ethnischen Gruppe bekennt. Denn

---

419 Otyakmaz 1995: 123.
420 Vgl. Wippermann/Flaig 2009: 5.

„in einer Kultur, in der die Identifikation mit dem Ganzen als Voraussetzung für gesellschaftliche Partizipation gewertet wird, hat der Fremde von vornherein einen schwierigen Stand"[421].

Unter dieser Voraussetzung wird die Lebensweltaneignung weiterer Generationen
von Fremdheitsgefühlen begleitet sein. Denn sie äußern nicht den Wunsch, sich
für eine bestimmte ethnische und kulturelle Zugehörigkeit entscheiden zu müssen. Eine solche Entscheidung würde ihnen stets Probleme bereiten, da das Bekenntnis zur einen oder zur anderen ethnischen Gruppe immer die Verleugnung
der einen oder anderen kulturellen Zugehörigkeit voraussetzt. Die Entscheidung
zur Bikulturalität schafft jedoch keine Zustimmung für die Mehrheitsgesellschaft, sondern schafft eine innere Zerrissenheit und fördert Exklusionsprozesse
der ethnischen Gruppen.

---

421 Schiffauer 1993: 197.

8. Schlussbetrachtung und Ausblick

Im Mittelpunkt dieser Arbeit stand die Fragestellung, wie sich Mädchen und junge Frauen der dritten Generation mit türkischem Migrationshintergrund im Spannungsfeld lebensweltlicher Sozialisationspraxen in der eigenen Familie und systemfunktionaler Handlungsanforderungen der Mehrheitsgesellschaft ihren Alltag bewältigen. Ebenfalls ist der Frage nachgegangen worden, welche sozialen und kulturellen Zusammenhänge für das eigene Rollenverständnis bedeutsam sind, wie sich das subjektive Zugehörigkeitsgefühl zeigt und wie diese Bedingungen die Lebensweltaneignung der Mädchen und jungen Frauen beeinflussen.

Eine theoretische Grundlage für diese Arbeit ist das Habituskonzept von Pierre Bourdieu, das Ungleichheit anhand von gesellschaftlichen Strukturverhältnissen rekonstruiert. Die Theorie eröffnet eine

„Perspektive für die Reintegration von Gesellschaftsanalyse und Kulturanalyse"[422].

Ebenfalls diente Bourdieus Theorie dazu, Herrschaftsbeziehungen zwischen den Geschlechtern, Generationen und sozialen Klassen herauszuarbeiten. Bourdieus Theorie macht es möglich, zwischen dem sozialen Raum und dem Raum der Lebensstile konkret zu unterscheiden, also beispielsweise, wie das Verhältnis zwischen den Kapitalsorten (ökonomisches, kulturelles und soziales Kapital) angelegt ist.

Auch wenn sich für diese Untersuchung abzeichnet, dass Mädchen und junge Frauen der dritten Generation mit türkischem Migrationshintergrund

„in ihrer Adoleszenz mit einer spezifischen Ausprägung jener Problematik konfrontiert [sind], die auch für viele ihrer einheimischen Altersgenossen charakteristisch ist"[423],

kann als Ergebnis festgehalten werden, dass die Lebenswelten in der Selbstwahrnehmung nicht als gleichwertig wahrgenommen werden. Die Mädchen und jungen Frauen sind einem ständigen Konflikt zwischen lebensweltlichen Sozialisationspraxen und systemfunktionalen Handlungsanforderungen ausgesetzt.

---

422 Diaz-Bone 2010: 20.
423 Nohl 2003: 167.

Das konflikthafte Verhältnis erklärt die Genealogie des Habitus, den die Mädchen und jungen Frauen täglich und permanent strukturieren müssen, um eine Balance zwischen den verschiedenen Alltagssituationen zu schaffen. So bilden die an sie gerichteten widersprüchlichen Anforderungen, die jeweils von der Mehrheitsgesellschaft und von den Familien ausgehen, einen hohen Belastungsfaktor im Alltag. Sie hinterfragen bestehende traditionelle und religiöse Wertorientierungen der Familien, urteilen sehr kritisch über die Rollenerwartungen und lehnen die traditionellen Geschlechterrollen ab.

Diese Erkenntnisse sind insofern überraschend, als Medien und Politik häufig ein anderes Bild von Migrantinnen mit türkischer Herkunft beschreiben.[424] Diese stereotypen Zuschreibungen konnten in keinem Interview festgestellt werden. Die traditionellen Werte und Normen verlieren in der dritten Generation zunehmend an Wirksamkeit und haben deshalb eine geringe verhaltenssteuernde Funktion im Alltagsleben der Mädchen und jungen Frauen. Ebenfalls zeigt sich in den Interviews, dass die Befragten nicht allen Lebenseinstellungen ihrer Eltern ablehnend gegenüberstehen. Diese Erkenntnis bezieht sich insbesondere auf die religiöse Orientierung, die auf keine einheitliche religiöse Sozialisation der Mädchen und jungen Frauen schließen lässt. Sie verfügen über ein unklares Verständnis von Religion und Glaubensfragen und können diese Themen nicht mit konkretem Inhalt füllen. Die Verbundenheit zum Islam orientiert sich an Alltagshandlungen und Glaubenssätzen, die weder als Abgrenzung zur Mehrheitsgesellschaft noch als Hindernis für den Integrationswillen gedeutet werden können.

Die Religion ist ein Teil ihrer Identität. Sie dient im Alltag als stützende Orientierung und ist ein Zeichen für die Verbundenheit mit der Familie und insbesondere den Freunden derselben ethnischen Herkunft. Über diese innere Verbundenheit zur Religion wird unter anderem das Zugehörigkeitsgefühl zur ethnischen Gemeinschaft entwickelt, das ihnen die Mehrheitsgesellschaft oft verwehrt.

Die Alltagserfahrungen und Wahrnehmungen, die sich unter anderem in Ausgrenzungs- und Fremdheitsgefühlen zeigen, sind ebenfalls ein hoher Belastungsfaktor für die Mädchen und jungen Frauen. Sie fühlen sich als Außenseiterinnen, da sie den gewünschten Respekt und die soziale Anerkennung von der Mehrheitsgesellschaft kaum erhalten. Unabhängig davon, wie sie sich verhalten, haftet ihnen oftmals das stereotype Bild eines armen, hilfsbedürftigen und kompetenzlosen Migrantenkindes an. Defizitär orientierte Diskussionen und die fehlende Bereitschaft „der" Mehrheitsgesellschaft, sie als gleichberechtigten Teil anzuerkennen, führen zu Fremdheitsgefühlen. Auf dieser Grundlage konstruieren sie

---

424 Vgl. Beck-Gernsheim 2007.

ein Selbstbild, das immer auf die Erwartungen der systemfunktionalen Handlungsanforderungen der Mehrheitsgesellschaft gerichtet ist. Es sind einerseits die verinnerlichten Grenzen des Habitus (z. B. Geringschätzung der eigenen kulturellen
Fähigkeiten) und andererseits die externen Strukturverhältnisse (z. B. schwieriger
Zugang zu höherer Bildung, defizitäre Zuschreibungen aufgrund des Sozialstatus),
die die Mädchen und jungen Frauen ausgrenzen und in ihren Lebenschancen
begrenzen. Barrieren führen zu einer

> „Verinnerlichung des Schicksals, das der sozialen Kategorie, der sie angehören, objektiv zuge-
> wiesen ist"[425].

Hier zeigt sich, wie sich institutionelle Benachteiligung auf die Lebenswelt auswirkt
und Machstrukturen die Transformation von Kapitalerwerb verhindern können.

Aus dieser Perspektive erscheinen jegliche Anstrengungen aus der Sicht der
Mädchen und jungen Frauen als sinnlos. Das Gefühl der Chancenlosigkeit zeigt
sich insbesondere in der institutionellen Benachteiligung im Bildungsbereich.
Die erschwerten Bedingungen im Hinblick auf den Bildungsaufstieg der Mädchen und jungen Frauen, die Strukturverhältnisse der Bildungsinstitutionen, defizitäre Zuschreibungen aufgrund des ethnischen Hintergrundes und vielfältige
Diskriminierungen im pädagogischen Alltag hindern sie daran, am gesellschaftlichen Aufstieg in gleichberechtigter Form teilzuhaben. Hier zeigt sich erneut,
dass Bourdieus Ansatz sehr gut geeignet ist, um Machtstrukturen und Wirk-
mechanismen zu erklären.

Das konflikthafte Verhältnis zwischen Lebenswelt und Institutionen zeigt
sich in der Unvereinbarkeit im Lebensalltag. Die Institutionen greifen immer mehr
in die Lebenswelt ein und beeinflussen individuelle Entscheidungen und Lebensperspektiven. Die auferlegte Anpassung kann für die Mädchen und jungen
Frauen zu einem Bruch mit der Tradition führen. Das Tragen eines Kopftuchs
kann beispielsweise zur Folge haben, dass ihnen ein Ausbildungsplatz verwei-
gert wird. Trotz guter schulischer Leistungen kann die Kopfbedeckung ein Hindernis darstellen. Das Kopftuch signalisiert eine fremde Lebenswelteinstellung,
indem ihnen die Kompetenz abgesprochen wird, erfolgreich am gesellschaftlichen Leben teilnehmen zu können.

Es ist notwendig, gesellschaftliche Stereotype immer wieder im Gesamtzusammenhang zu hinterfragen. In einen Menschen zu investieren – wie Bourdieu
sagt, mit einer Person zu bezahlen – heißt, man investiert Zeit für eine Person[426]
und sorgt für die sozialen Bedingungen der Weitergabe und des Erwerbs von

---

425 Bourdieu 2001: 32.
426 Bourdieu 2001: 114 f.

kulturellem Kapital. Wenn höhere Bildungsabschlüsse für Migranten unerreichbar bleiben, weil die Hürden unüberwindbar erscheinen, werden auch zukünftige Generationen im Gefühl des differenten Fremden verharren, dem gewisse Rechte und Chancen im gesellschaftlichen Leben verwehrt bleiben. Veränderungen können sich nur vollziehen, wenn sich die Mädchen und jungen Frauen anerkannt und als gleichberechtigte Mitglieder der Gesellschaft fühlen.

Ein Erfolg kann sich abzeichnen, wenn die Bildungsinstitutionen die Lebensbedingungen und Bedürfnisse der Migrantinnen wahrnehmen und sie für eine Partizipation am Bildungskapital fördern. Eine Unterstützung im Rahmen des Bildungsaufstiegs kann nur hilfreich sein, wenn sich die Mädchen und jungen Frauen mit den Angeboten identifizieren können und wertgeschätzt fühlen. Defizitär orientierte Schulpädagogik und stereotype Zuschreibungen, sei es in Form von Veröffentlichungen oder medialen Diskussionen, produzieren häufig das Gegenteil, nämlich das Gefühl von Unsicherheit und Ausgrenzung, Abhängigkeit und Minderwertigkeit, Rückzug und Widerstand. Diese Ungleichheit produziert sich immer wieder von Neuem, da sich die Mädchen und jungen Frauen unwissentlich vom Zugang zu sozialem und kulturellem Kapital abschneiden. Daher sollten Voraussetzungen geschaffen werden, den Zugang zu höheren Bildungsabschlüssen nicht zu erschweren. Chancengleichheit lässt sich durch Bildungsprozesse herstellen.[427] Bildung kann Perspektiven für neue Lebenswege schaffen und soziale Ungleichheit aufdecken und reduzieren.

Wenn sich die Rahmenbedingungen nach den Bedürfnissen der Mädchen und jungen Frauen richten, kann es gelingen, das Spannungsverhältnis zwischen lebensweltlichen Sozialisationspraxen und systemfunktionalen Handlungsanforderungen auszugleichen. Diese Erkenntnis zeigt sich deutlich am Beispiel der Freizeitaktivitäten. Sobald sich Mädchen und junge Frauen im sozialen Umfeld als gleichberechtigtes und respektiertes Mitglied wahrnehmen, entwickeln sie Selbstsicherheit und können unbefangen handeln. Dieses Gefühl verleiht ihnen Sicherheit und Motivation. Im Umkehrschluss tritt das Fremdheitsgefühl in den Hintergrund. Infolgedessen sind Freizeitbeschäftigungen für die Mädchen und jungen Frauen ein wichtiges Ventil, um Alltagerlebnisse in der Gruppe zu teilen und zu bearbeiten. Sie verschaffen sich damit Freiheiten, die ihnen im übrigen Alltag fehlen. Das Selbstverständnis einer ethnischen und kulturellen Vielfalt kann neue Chancen für die Teilhabe an der Gesellschaft bieten.

Folglich ist es notwendig, weitere qualitative lebensweltorientierte Studien über Mädchen und junge Frauen der dritten Generation mit türkischem Migrationshintergrund durchzuführen. Für ein erweitertes Forschungsinteresse könnte

---

427   Vgl. Bourdieu 2001: 7.

es sinnvoll sein, die Eltern der zweiten Generation parallel zu befragen, um zu erkunden, wie sie die Distanz ihrer Töchter zur türkischen Kultur und damit deren schrittweise Entfernung zur Herkunftskultur wahrnehmen und wie sie mit diesen Veränderungen umgehen. Zusätzlich könnten quantitative Längsschnitt-studien hilfreich sein, um den Werdegang der Mädchen und jungen Frauen über einen längeren Zeitraum zu begleiten. So ließe sich erforschen, wie sich das wahrgenommene Fremdheitsgefühl in der Gesellschaft und institutionelle Be-nachteiligung langfristig auf Berufswahl und sozialen Aufstieg der Mädchen und jungen Frauen auswirken.

Auf dieser Basis könnte sich ein Wandel im Selbstverständnis der Genera-tionen vollziehen und ein doppeltes Bewusstsein für die Zugehörigkeit zu Herkunftskultur und Mehrheitsgesellschaft gefördert werden. So fühlten sich Mädchen und junge Frauen nicht gezwungen, sich für eine Position im sozialen Raum entscheiden zu müssen. Vergleichbar ist die Situation der Mädchen und jungen Frauen mit der eines Kindes, das ständig gefragt wird, welchen Elternteil es am meisten liebt, die Mutter oder den Vater. Auch wenn Konflikte mit den Eltern stattfinden und zu Enttäuschungen und Frustration führen können, resultiert aus den Konflikten nicht zwangsläufig ein Bruch oder eine Abwendung von der Mutter oder vom Vater. Ähnlich geht es den Mädchen und jungen Frauen. Es bereitet ihnen unüberwindbare Schwierigkeiten, sich entscheiden zu müssen. Sie spüren die Diskrepanzen zwischen dem Habitus der Herkunft und dem der Mehrheitsgesellschaft. Jede Positionierung kann die Verleugnung der eigenen Herkunft und somit einen Verrat an der eigenen Identität bedeuten oder im anderen Fall eine Abgrenzung gegenüber der Mehrheitsgesellschaft manifes-tieren.

Das Gefühl der Zugehörigkeit sowohl zur Herkunftskultur als auch zur Mehrheitsgesellschaft ist an die Bedingung der Vereinbarkeit einer bikulturellen Identität geknüpft. Folglich steht die neue Generationenpersönlichkeit für die Vereinbarkeit und das Selbstverständnis einer autonomen Entfaltung und das Ausleben der bikulturellen Persönlichkeit, ohne einen Bruch mit der Herkunfts-kultur oder Mehrheitskultur herbeizuführen.

Literaturverzeichnis

Abels, Heinz (1998): Interaktion, Identität, Präsentation. Kleine Einführung in interpretative Theorien der Soziologie. Opladen: Westdeutscher Verlag.

Abels, Heinz; König, Alexandra (2010): Sozialisation. Soziologische Antworten auf die Frage, wie wir werden, was wir sind, wie gesellschaftliche Ordnung möglich ist und wie Theorien der Gesellschaft und der Identität ineinanderspielen. Wiesbaden: VS Verlag für Sozialwissenschaften.

Aigner, Petra (2013): Migration & Integration. In: Soziologische Revue, 36 Jg. Heft 2, S. 151–161. Oldenbourg-Verlag.

Akyün, Hatice (2011): Was ist Heimat. In: Sezgin, Hilal (Hg.): Manifest der Vielen. Deutschland erfindet sich neu. Berlin: Blumenbar.

Allemann-Ghionda, Cristina; Stanat, Petra; Göbel, Kerstin; Röhner, Charlotte (2010): Migration, Identität, Sprache und Bildungserfolg. In: Zeitschrift für Pädagogik. 55. Beiheft, S. 7–16.

Alund, Aleksandra (2003): Buch, Brot und Denkmal – „Ethnic Memory" bei jugendlichen Migrantinnen der 2. Generation. In: Apitzsch, Ursula; Jansen, Mechtild (Hg.): Migration, Biographie und Geschlechterverhältnisse. Münster: Westfälisches Dampfboot, S. 38–64.

Auernheimer, Georg (2006): Schieflagen im Bildungssystem. Die Benachteiligung der Migrantenkinder. 2., überarbeitete und erweiterte Auflage. Wiesbaden: VS Verlag für Sozialwissenschaften.

Badawia, Tarek (2002): „Der dritte Stuhl" – Eine Grounded-Theory-Studie zum kreativen Umgang bildungserfolgreicher Immigrantenjugendlicher mit kultureller Differenz. Frankfurt/Main: IKO.

Badawia, Tarek; Hamburger, Franz; Hummrich, Merle (2003): Wider die Ethnisierung einer Generation – Überlegungen zur Konzeptionsidee. In: Dies. (Hg.): Wider die Ethnisierung einer Generation. Beiträge zur qualitativen Migrationsforschung. Frankfurt/Main: IKO, S. 7–12.

Bade, Klaus (2000): Europa in Bewegung. Migration vom späten 18. Jahrhundert bis zur Gegenwart. München: C. H. Beck.

Baumgart, Franzjörg (Hg.) (2008): Theorien der Sozialisation. Erläuterungen, Texte, Arbeitsaufgaben. Mead, George Herbert. Die Entstehung des Selbst. 4., durchges. Auflage. Bad Heilbrunn: Klinkhardt, S. 126–138.

Beck-Gernsheim, Elisabeth (2007): Wir und die Anderen. Kopftuch, Zwangsheirat und andere Mißverständnisse. Frankfurt/Main: Suhrkamp.

Bednarz-Braun, Iris; Heß-Meining, Ulrike (2004): Migration, Ethnie und Geschlecht. Theorieansätze, Forschungsstand, Forschungsperspektiven. Wiesbaden: VS Verlag für Sozialwissenschaften.

Beinzger, Dagmar; Kallert, Heide; Kolmer, Christine (1995): „Ich meine, man muss kämpfen können. Gerade als Ausländerin." Ausländische Mädchen und junge Frauen in Heimen und Wohngruppen. Frankfurt/Main: IKO.

Berger, Peter L.; Luckmann, Thomas (2007): Die gesellschaftliche Konstruktion der Wirklichkeit. Eine Theorie der Wissenssoziologie. 21. Auflage. Frankfurt/Main: Fischer-Taschenbuch Verlag.

Bergmann, Jörg R. (2008): Harold Garfinkel und Harvey Sacks: In: Flick Uwe; Kardorff, Ernst von; Steinke, Ines (2008): Qualitative Forschung. Ein Handbuch. 6., durchgesehene und aktualisierte Auflage. Reinbek, Rowohlt-Taschenbuch.

Bernsdorf, Wilhelm (Hg.) (1969): Wörterbuch der Soziologie. Stuttgart: Ferdinand Enke.

Bodenburg, Inga (2000): Zur Lebensweltaneignung von Vorschulkindern in Kindertagesstätten. Eine empirische Untersuchung zu Inhalten und Methoden institutioneller Erziehung auf der Basis von Gesprächen. Frankfurt/Main et al: Peter Lang.

Bohnsack, Ralf (2008): Rekonstruktive Sozialforschung. Einführung in qualitative Methoden. 7., durchges. und aktual. Auflage. Opladen/Farmington Hills: Barbara Budrich.

Bommes, Michael (1993): Migration und Sprachverhalten: Eine ethnographisch-sprachwissenschaftliche Fallstudie. Wiesbaden.

Boos-Nünning, Ursula; Grube, Renate; Reich, Hans H. (1990): Die Türkische Migration in deutschsprachigen Büchern 1961-1984. Eine annotierte Bibliographie. Opladen: Leske+Budrich.

Boos-Nünning, Ursula; Karakasoglu, Yasemin (2006): Viele Welten leben. Zur Lebenssituation von Mädchen und jungen Frauen mit Migrationshintergrund. 2. Auflage. Münster: Waxmann.

Boos-Nünning, Ursula; Otyakmaz, Berrin Özlem (2000): Multikultiviert oder doppelt benachteiligt? Die Lebenslagen von Mädchen und jungen Frauen aus Arbeitsmigrationsfamilien in Nordrhein-Westfalen. Expertise zum 7. Kinder- und Jugendbericht der Landesregierung Nordrhein-Westfalen. Düsseldorf.

Bourdieu, Pierre (1987): Sozialer Sinn. Kritik der theoretischen Vernunft. Frankfurt/Main: Suhrkamp.

Bourdieu, Pierre (1991): Sozialer Raum und „Klassen". Leçon sur la leçon. Zwei Vorlesungen. 2. Auflage. Frankfurt/Main: Suhrkamp.

Bourdieu, Pierre (1993): Soziologische Fragen. Frankfurt/Main: Suhrkamp.

Bourdieu, Pierre (1997): Der Tote packt den Lebenden. Schriften zu Kultur und Politik 2. Hamburg: VSA.

Bourdieu, Pierre; Schwibs, Bernd (1999): Die feinen Unterschiede. Kritik der gesellschaftlichen Urteilskraft. 11. Auflage. Frankfurt/Main: Suhrkamp.

Bourdieu, Pierre (2001): Wie die Kultur zum Bauern kommt. Über Bildung, Schule und Politik. Hamburg: VSA.

Bourdieu, Pierre; Passeron, Jean-Claude (1973): Grundlagen einer Theorie der symbolischen Gewalt. Frankfurt/Main: Suhrkamp.

Bourdieu, Pierre; Passeron, Jean-Claude (2007): Die Erben. Studenten, Bildung und Kultur. Konstanz: UVK Verl.-Ges.

Bourdieu, Pierre; Schwibs, Bernd (1987): Die feinen Unterschiede. Kritik der gesellschaftlichen Urteilskraft. 4. Auflage. Frankfurt/Main: Suhrkamp (Suhrkamp-Taschenbuch Wissenschaft, 658).

Bourdieu, Pierre; Schwibs, Bernd (1995): Sozialer Raum und „Klassen". 2 Vorlesungen. 3. Auflage. Frankfurt/Main: Suhrkamp.

Bourdieu, Pierre; Seib, Günter (1993): Sozialer Sinn. Kritik der theoretischen Vernunft. 1. Auflage [Nachdruck]. Frankfurt/Main: Suhrkamp.

Bourdieu, Pierre; Steinrücke, Margareta (Hg.) (1992): Die verborgenen Mechanismen der Macht. Schriften zu Politik und Kultur 1. Hamburg: VSA-Verlag.

Bourdieu, Pierre; Steinrücke, Margareta (Hg.) (1997): Die verborgenen Mechanismen der Macht. Schriften zu Politik und Kultur 1., Hamburg: VSA-Verlag.

Bremer, Helmut (2007): Soziale Milieus, Habitus und Lernen. Zur sozialen Selektivität des Bildungswesens am Beispiel der Weiterbildung. Weinheim, München: Juventa.

Bukow, Wolf-Dieter (2003): Der Weg qualitativen Migrationsforschung in: Badawia Tarek; Hamburger, Franz; Hummrich, Merle (Hg.): Wider die Ethnisierung einer Generation. Beiträge zur qualitativen Migrationsforschung, [Tagung zur qualitativen Migrationsforschung, Mainz 2002]. Frankfurt/Main: IKO – Verl. Für Interkulturelle Kommunikation.

Bukow, Wolf-Dieter (2007): Junge Muslime in Schule und Bildung. In: Wensierski, Hans J. von; Lübcke, Claudia (Hg.): Junge Muslime in Deutschland. Lebenslagen, Aufwachsprozesse und Jugendkulturen: Opladen/Farmington Hills: Barbara Budrich, S. 213–230.

Cicourel, Aaron V. (1970): Methode und Messung in der Soziologie. Theorie. Frankfurt/Main: Suhrkamp.

Dahrendorf, Ralf (1979): Lebenschancen. Anläufe zur sozialen und politischen Theorie. Frankfurt/Main: Suhrkamp.

Deinet, Ulrich; Krisch, Richard (2002): Der sozialräumliche Blick der Jugendarbeit. Methoden und Bausteine zur Konzeptentwicklung und Qualifizierung. Opladen: Leske+Budrich.

Diaz-Bone, Rainer (2010): Kulturwelt, Diskurs und Lebensstil. Eine diskurstheoretische Erweiterung der Bourdieuschen Distinktionstheorie. 2., erweiterte Auflage. Wiesbaden: VS Verlag für Sozialwissenschaften.

Diefenbach, Heike (2008): Kinder und Jugendliche aus Migrantenfamilien im deutschen Bildungssystem. Erklärungen und empirische Befunde. 2., aktual. Auflage. Wiesbaden: VS Verlag für Sozialwissenschaften.

Döbert, Rainer (1999): Identitätsformationen und Gesellschaftsstruktur im Schatten von Globalisierungsprozessen. An der Schwelle zur multikulturellen Identität? In: Grundmann, Matthias (Hg.): Konstruktivistische Sozialisationsforschung. Lebensweltliche Erfahrungs-kontexte, individuelle Handlungskompetenzen und die Konstruktion sozialer Strukturen. Frankfurt/Main: Suhrkamp, S. 290–323.

Dollard, John; Doob, Leonhard W.; Miller, Neal E.; Mowrer, O. H.; Sears, Robert S. (1970): Frustration und Aggression. Weinheim, Berlin, Basel: Beltz.

Durkheim, Emile (1973): Erziehung, Moral und Gesellschaft. Vorlesung an der Sorbonne 1902/1903. Neuwied am Rhein und Darmstadt: Hermann Luchterhand.

Eder, Klaus; Krais, Beate (1989): Klassenlage, Lebensstil und kulturelle Praxis. Beiträge zur Auseinandersetzung mit Pierre Bourdieus Klassentheorie. 1. Auflage. Frankfurt/Main: Suhrkamp.

Ehrhardt, Klaus Jürgen (1976): Interdisziplinäre Sozialisationsforschung. Ansätze und Probleme. Stuttgart: Enke.

Engels, Dietrich (2008): Lebenslagen. In: Maelicke, Bernd (Hg.): Lexikon der Sozialwirtschaft. Baden-Baden: Nomos, S. 643–646.

Flick, Uwe (2000): Qualitative Forschung. Theorie, Methoden, Anwendung in Psychologie und Sozialwissenschaften. 5. Auflage. Reinbek bei Hamburg: Rowohlt Taschenbuch.

Flick, Uwe; Kardorff, Ernst von; Steinke, Ines (2005): Qualitative Forschung. Ein Handbuch. 4. Auflage. Reinbek bei Hamburg: Rowohlt Taschenbuch.

Flick, Uwe; Kardorff, Ernst von; Steinke, Ines (2009): Qualitative Forschung. Ein Handbuch. Vollständig überarbeitete und erweiterte Neuausgabe, 2. Auflage, Reinbek bei Hamburg: Rowohlt Taschenbuch.

Fontane, Theodor (2004): Effi Briest. Frankfurt/Main, Leipzig: Insel.

Foroutan, Naika; Schäfer, Isabel (2009): Hybride Identitäten – muslimische Migrantinnen und Migranten in Deutschland und Europa. In: APuZ – Aus Politik und Zeitgeschichte. Beilage zur Wochenzeitung Das Parlament: Lebenswelten von Migrantinnen und Migranten. (5), S. 11–18.

Frick, Jürg (2006): Ich mag dich – du nervst mich! Geschwister und ihre Bedeutung für das Leben. 2., überarb. und erg. Auflage. Bern et al: Huber.

Friedrich, Hannes (1982): In deutscher Fremde. Zur Lage unserer Gastarbeiter. Reinbek bei Hamburg: Rowohlt.

Fuchs-Heinritz, Werner; König, Alexandra (2005): Pierre Bourdieu. Konstanz: UVK Verl.-Ges.

Gapp, Patrizia (2007): Konflikte zwischen den Generationen? Familiäre Beziehungen in Migrantenfamilien. In: Weiss, Hilde (Hg.): Leben in zwei Welten. Zur sozialen Integration ausländischer Jugendlicher der zweiten Generation. Wiesbaden: VS Verlag für Sozialwissenschaften, S. 131–153.

Garfinkel, Harold (1967): Studies in Ethnomethodological. Englewood Cliffs, NJ: Prentice-Hall.

Garfinkel, Harold (1986): Ethnomethodological studies of work. London et al: Routledge and Kegan Paul.

Geiling, Heiko (2004): Klassenanalyse des Alltags – „Die feinen Unterschiede". In: Steinrücke, Margareta (Hg.): Pierre Bourdieu. Politisches Forschen, Denken und Eingreifen. Hamburg: VSA, S. 34–46.

Geisen, Thomas (2007): Gesellschaft als unsicherer Ort. Jugendliche MigrantInnen und Adoleszenz. In: Geisen, Thomas; Riegel, Christine (Hg.): Jugend, Partizipation und Migration. Wiesbaden: VS Verlag für Sozialwissenschaften, S. 29–50.

Geist, Sarah (2007): Muslimische Mädchen in Deutschland. Zwischen Neugier und Tabu. Saarbrücken: VDM Verlag Dr. Müller.

Gemende, Marion; Munsch, Chantal; Weber-Unger Rotino, Steffi (Hrsg.) (Hg.) (2007): Eva ist emanzipiert, Mehmet ist ein Macho. Migration und Geschlecht – zwischen Zuschreibung, Ausgrenzung und Lebensbewältigung. Unter Mitarbeit von Lothar Böhnisch, Heide Funk und Karl Lenz. Weinheim München: Juventa.

Geulen, Dieter (1977): Das vergesellschaftete Subjekt. Zur Grundlegung der Sozialisationstheorie. Frankfurt/Main: Suhrkamp.

Geulen, Dieter (1989): Das vergesellschaftete Subjekt. Zur Grundlegung der Sozialisationstheorie. Frankfurt/Main: Suhrkamp.

Geulen, Dieter (2005): Subjektorientierte Sozialisationstheorie. Sozialisation als Epigenese des Subjekts in Interaktion mit der gesellschaftlichen Umwelt. Weinheim München: Juventa.

Gölbol, Yeliz (2007): Lebenswelten türkischer Migrantinnen der dritten Einwanderergeneration. Eine qualitative Studie an Beispielen von Bildungsaufsteigerinnen. Herbolzheim: Centaurus.

Goffman, Erving (1973): Interaktion: Spaß am Spiel/Rollendistanz. München: R. Piper & Co.

Goffman, Erving (1973): Wir alle spielen Theater. Die Selbstdarstellung im Alltag. Ungekürzte Taschenbuchausgabe, 2. Auflage. München: R. Piper & Co.

Goffman, Erving (2010): Wir alle spielen Theater. Die Selbstdarstellung im Alltag. Ungekürzte Taschenbuchausgabe, 8. Auflage. München, Zürich: R. Piper & Co.

Gogolin, Ingrid (2003): Fähigkeitsstufen der Interkulturellen Bildung. Hamburg (Institut für Internationnal und Interkulturell Vergleichende Erziehungswissenschaft der Universität Hamburg): Mimeo.

Gomolla, Mechtild (2006): Fördern und Fordern allein genügt nicht! Mechanismen institutioneller Diskriminierung von Migrantenkindern und -jugendlichen im deutschen Schulsystem. In: Auernheimer, Georg (Hg.): Schieflagen im Bildungssystem. Die Benachteiligung der Migrantenkinder. 2. Auflage. Wiesbaden: VS Verlag für Sozialwissenschaften, S. 87–102.

Gomolla, Mechtild; Radtke, Frank-Olaf (2009): Institutionelle Diskriminierung. Die Herstellung ethnischer Differenz in der Schule. 3. Auflage. Wiesbaden: VS Verlag für Sozialwissenschaften.

Granato, Mona; Meissner, Vera (1994): Hochmotiviert und abgebremst. Junge Frauen ausländischer Herkunft in der Bundesrepublik Deutschland. Eine geschlechtsspezifische Analyse ihrer Bildungs- und Lebenssituation. Berlin: Bundesinstitut für Berufsbildung.

Grathoff, Richard (1995): Milieu und Lebenswelt. Einführung in die phänomenologische Soziologie und die sozialphänomenologische Forschung. Frankfurt/Main: Suhrkamp.

Grundmann, Matthias (1990): „Ich habe lange Jahre (...) nicht gewußt, wohin ich eigentlich gehöre". Individuelle Entwicklung und Sozialstruktur des Lebensverlaufs. Dissertation. Freie Universität Berlin.

Grundmann, Matthias (1992): Familienstruktur und Lebensverlauf. Gesellschaftliche und historische Bedingungen der individuellen Entwicklung. Frankfurt/Main: Campus.

Grundmann, Matthias (1999): Dimensionen einer konstruktivistischen Sozialisationsforschung. In: Ders. (Hg.): Konstruktivistische Sozialisationsforschung. Lebensweltliche Erfahrungskontexte, individuelle Handlungskompetenzen und die Konstruktion sozialer Strukturen. Frankfurt/Main: Suhrkamp, S. 20–24.

Grundmann, Matthias (2006): Sozialisation. Skizze einer allgemeinen Theorie. Konstanz: UVK Verl.-Ges.

Grundmann, Matthias; Dravenau, Daniel; Bittlingmayer, Uwe H.; Edelstein, Wolfgang (2006): Handlungsbefähigung und Milieu. Zur Analyse milieuspezifischer Alltagspraktiken und ihrer Ungleichheitsrelevanz. Münster.

Grundmann, Matthias; Lüscher, Kurt (2000): Sozialökologische Sozialisationsforschung. Konstanz: UVK, Univ.-Verl. Konstanz (Konstanzer Beiträge zur sozialwissenschaftlichen Forschung/Ausschuß für Forschungsfragen der Universität Konstanz.

Günther, Marga (2009): Kreativer Umgang mit familialen Ressourcen bei adoleszenten Bildungsmigrantinnen. In: King, Vera; Koller, Hans-Christoph (Hg.): Adoleszenz – Migration – Bildung. Bildungsprozesse Jugendlicher und junger Erwachsener mit Migrationshintergrund. 2., erweiterte Auflage. Wiesbaden: VS Verlag für Sozialwissenschaften, S. 121–137.

Hall, Stuart (1994): Rassismus und kulturelle Identität. Ausgewählte Schriften 2. Hamburg: Argument.

Hansen, Nina; Sassenberg, Kai: In: Petersen Lars-Eric (Hg.) (2008): Stereotype, Vorurteile und soziale Diskriminierung. Theorien, Befunde und Interventionen. 1. Auflage. Weinheim, Basel: Beltz, PVU.

Heitmeyer, Wilhelm; Imbusch, Peter (2005): Integrationspotenziale einer modernen Gesellschaft. 1. Auflage. Wiesbaden: VS Verl. für Sozialwissenschaften.

Heitmeyer, Wilhelm; Müller, Joachim; Schröder, Helmut (1997): Verlockender Fundamentalismus. Türkische Jugendliche in Deutschland. Frankfurt/Main: Suhrkamp.

Hillebrand, Mark; Krüger, Paula; Lilge, Andrea; Struve, Karen (Hg) (2006): Willkürliche Grenzen. Das Werk Pierre Bourdieus in interdisziplinärer Anwendung. Bielefeld: Transcript Verlag.

Hillmann, Karl-Heinz (1994): Wörterbuch der Soziologie. 4., überarb. und erg. Auflage. Stuttgart: Kröner.

Hitzler, Ronald; Reichertz, Jo; Schröer, Nobert (2003): Hermeneutische Wissenssoziologie. Standpunkte zur Theorie der Interpretation. Konstanz: UVK Verl.-Ges.

Hoerder, Dirk; Lucassen, Jan; Lucassen, Leo (2007): Terminologien und Konzepte in der Migrationsforschung. In: Bade, Klaus J.; Emmer, Pieter C.; Lucassen, Leo; Oltmer, Jochen (Hg.): Enzyklopädie Migration in Europa. Vom 17. Jahrhundert bis zur Gegenwart. Paderborn: Schöningh, S. 28–53.

Hummrich, Merle (2003): Generationsbeziehungen bildungserfolgreicher Migrantinnen. In: Badawia, Tarek; Hamburger, Franz; Hummrich, Merle (Hg.): Wider die Ethnisierung einer Generation. Beiträge zur qualitativen Migrationsforschung. Frankfurt/Main: IKO, S. 268–281.

Hummrich, Merle: Die Fremdheit bildungserfolgreicher Migrantinnen. In: Geisen Thomas; Riegel, Christine (Hg.) (2007): Jugend, Partizipation und Migration. Orientierungen im Kontext von Integration und Ausgrenzung. 1. Auflage. Wiesbaden: VS Verlag für Sozialwissenschaften / GWV Fachverlage.

Hunn, Karin (2005): „Nächstes Jahr kehren wir zurück ...". Die Geschichte der türkischen „Gastarbeiter" in der Bundesrepublik. Göttingen: Wallstein.

Hurrelmann, Klaus (2002): Einführung in die Sozialisationstheorie. 8., vollst. überarb. Auflage. Weinheim: Beltz.

Hurrelmann, Klaus (2007): Lebensphase Jugend. Eine Einführung in die sozialwissenschaftliche Jugendforschung. 9., aktual. Auflage. Weinheim/München: Juventa.

Hurrelmann, Klaus; Grundmann, Matthias; Walper, Sabine (Hg.) (2008): Handbuch Sozialisationsforschung. 7., vollständig überarbeitete Auflage. Weinheim, Basel: Beltz.

Iben, Gerd (1997): Integration. In: Deutscher Verein für öffentliche und private Fürsorge (Hg.): Fachlexikon der sozialen Arbeit, 4. Auflage. Frankfurt/Main: Kohlhammer. S. 492–493.

Iben, Gerd (2002): Integration. In: Deutscher Verein für öffentliche und private Fürsorge (Hg.): Fachlexikon der sozialen Arbeit, 5. Auflage. Stuttgart, Köln: Kohlhammer. S. 487–488.

Just, Wolf-Dieter (1989): Na, immer noch da? Ausländer schildern ihre Situation in den Betrieben. Auswertung einer Befragung des Kirchlichen Dienstes in der Arbeitswelt. Frankfurt/Main: Lembeck.

Kagitcibasi, Cigdem; Sunar, Diane (1997): Familie und Sozialisation in der Türkei. In: Nauck, Bernhard; Schönpflug, Ute (Hg.): Familien in verschiedenen Kulturen. Stuttgart: Enke, S. 145–161.

Kandil, Fuad (2006): Anomie. In: Schäfers, Bernhard; Johannes, Kopp (Hg.) (2006): Grundbegriffe der Soziologie. 9. grundlegend überarbeitete und aktualisierte Auflage. Wiesbaden: VS Verlag für Sozialwissenschaften, S. 22–23.

Khoury, Adel Theodor (2008): Der Ḥadith. Urkunde der islamischen Tradition. Band 1. Gütersloh: Gütersloher Verlagshaus.

Kleinert, Corinna (2004): Fremden Feindlichkeit. Einstellungen junger Deutscher zu Migranten. Wiesbaden: VS Verlag für Sozialwissenschaften.

Knoblauch, Hubert (2005): Wissenssoziologie. Konstanz: UVK Verl.-Ges.

König, Karin (1989): Tschador, Ehre und Kulturkonflikt. Veränderungsprozesse türkischer Frauen und Mädchen durch die Emigration und ihre soziokulturellen Folgen. Frankfurt/Main: IKO.

König, René (1969): Anpassung. In: Bernsdorf, Wilhelm (Hg.) (1969): Wörterbuch der Soziologie. Stuttgart: Ferdinand Enke.

Kowal, Sabine; O'Connell, Daniel (2007): Transkription Gesprächen. In: Flick, Uwe von; Kardorff, Ernst von; Steinke, Ines: Qualitative Forschung. Ein Handbuch. 6. Auflage. Reinbek bei Hamburg: Rowohlt-Taschenbuch-Verl.

Kraheck, Nicole (1997): Wer hätte das gedacht, Mädchen sind nicht gleich Mädchen. In: Ehlers, Johanna; Bentner, Ariane; Kowalczyk, Monika (Hg.): Mädchen zwischen den Kulturen. Anforderungen eine Interkulturelle Pädagogik. Frankfurt/Main: IKO, S. 87–102.

Kreppner, Kurt (1991): Sozialisation in der Familie. In: Hurrelmann, Klaus; Ulich, Dieter (Hg.): Neues Handbuch der Sozialisationsforschung. 4., völlig neubearb. Auflage. Weinheim, Basel: Beltz, S. 321–334.

Krüger, Dorothea; Potts, Lydia (1995): Aspekte generativen Wandels in der Migration: Bildung, Beruf und Familie aus der Sicht türkischer Migrantinnen der ersten Generation. In: Zeitschrift für Frauenforschung, Heft 1+2, S. 159–172.

Lamnek, Siegfried (2005): Qualitative Sozialforschung. Lehrbuch. 4., vollständig überarbeitete Auflage, Weinheim: Beltz PVU.

Leontjew, Alexej Nikolajewitsch (1980): Probleme der Entwicklung des Psychischen. 3. Auflage. Königstein/Ts.: Athenäum.

Liebig, Thomas (2009): Nachkommen von Migranten: schlechtere Perspektiven auf dem Arbeitsmarkt auch bei gleichem Bildungsniveau. In Deutschland und Österreich sind Defizite bei den Höherqualifizierten besonders ausgeprägt – in der Schweiz gelingt Arbeitsmarktintegration vergleichsweise gut. Unter Mitarbeit von Migrationsexperte und Mitautor der Studie Thomas Liebig. Hg. v. Organisation für wirtschaftliche Zusammenarbeit und Entwicklung(OECD). Paris, Berlin. Online verfügbar unter http://www.oecd.org/document/63/0,3343,de_34968570_35008930_43880255_1_1_1_1,00.html, zuletzt geprüft am 16.04.2011.

Loycke, Almut (1992): Der Gast, der bleibt. In: Dies. (Hg.): Der Gast, der bleibt. Dimensionen von Georg Simmels Analyse des Fremdseins. Frankfurt/Main, New York: Campus und Paris: Edition de la Maison des Sciences de l'Homme, S. 103–123.

Luckmann, Thomas (1992): Theorie des sozialen Handelns. Berlin; New York: de Gruyter. Sammlung Göschen; 2108.

Lütje-Klose, Birgit (2009): Prävention von Sprach- und Lernstörungen bei mehrsprachigen Kindern mit Migrationshintergrund. In: Mecheril, Paul; Dirim, Inci (Hg.): Migration und Bildung. Soziologische und erziehungswissenschaftliche Schlaglichter. Münster et al: Waxmann, S. 27–55.

Luhmann, Niklas (1980): Gesellschaftsstruktur und Semantik. Studien zur Wissenssoziologie der modernen Gesellschaft. Frankfurt/Main: Suhrkamp.

Lutz, Helma (2000): Biographisches Kapital als Ressource der Bewältigung von Migrationsprozessen. In: Gogolin Ingrid; Nauck, Bernhard (Hg.): Migration, gesellschaftliche Differenzierung und Bildung. Opladen: Leske+Budrich.

Maasen, Sabine (2009): Wissenssoziologie. 2., komplett überarbeitete Auflage Bielefeld: Transcript.

Marx, Karl; Heidenreich, Gert; Steck, Johannes; Schäfer, Lutz Magnus (2009): Das Kapital: Kritik der politischen Ökonomie. Gekürzte Lesung. Hamburg: Osterwold Audio bei Hörbuch Hamburg.

Masrar, Sineb El (2011): Muslim Girls. Wer wir sind, wie wir leben. Bonn: Lizenzausgabe für die Bundeszentrale für politische Bildung.

Mayring, Philipp (2000): Qualitative Inhaltsanalyse. Grundlagen und Techniken. 7. Auflage. Weinheim: Beltz.

Mayring, Philipp (2002): Einführung in die qualitative Sozialforschung. Eine Anleitung zu qualitativem Denken. 5. überarbeitete Auflage. Weinheim, Basel: Beltz.

Mayring, Philipp (2007): Qualitative Inhaltsanalyse. Grundlagen und Techniken. 9. Auflage. Weinheim: Beltz.

Mead, George Herbert (1934): Geist, Identität und Gesellschaft. Frankfurt/Main: Suhrkamp (1968).

Mead, George Herbert (1980): Gesammelte Aufsätze. Band 1. Frankfurt/Main: Suhrkamp.

Mead, George Herbert (2008): Die Entstehung des Selbst. In: Baumgart, Franzjörg (Hg.): Theorien der Sozialisation. Erläuterungen, Texte, Arbeitsaufgaben. 4., durchges. Auflage. Bad Heilbrunn: Klinkhardt, S. 126–138.

Mecheril, Paul (2000): Zugehörigkeitsmanagemant. Aspekte der Lebensführung von Anderen Deutschen. In: Attia, Iman; Marburger, Helga (Hg.): Alltag und Lebenswelten von Migrantenjugendlichen. Frankfurt/Main: IKO, S. 27–47.

Mecheril, Paul; Hoffarth, Britta (2009): Adoleszenz und Migration. Zur Bedeutung von Zugehörigkeiten. In: King, Vera; Koller, Hans-Christoph (Hg.): Adoleszenz – Migration – Bildung. Bildungsprozesse Jugendlicher und junger Erwachsener mit Migrationshintergrund. 2., erweiterte Auflage. Wiesbaden: Verlag für Sozialwissenschaften.

Merz-Benz, Peter-Ulrich; Wagner, Gerhard (Hg.) (2002): Der Fremde als sozialer Typus. Ein sozialpsychologischer Versuch. Klassische soziologische Texte zu einem aktuellen Phänomen. Konstanz: UVK Verl.-Ges., S. 73–92.

Morgenroth, Olaf; Merkens, Hans (1997): Wirksamkeit familialer Umwelten türkischer Migranten in Deutschland. In: Nauck, Bernhard; Schönpflug, Ute (Hg.): Familien in verschiedenen Kulturen. Stuttgart: Enke, S. 302–323.

Münch, Richard (1995): Elemente einer Theorie der Integration moderner Gesellschaften. Eine Bestandsaufnahme. In: Berliner Journal für Soziologie. Heft 1, S. 5–24.

Nauck, Bernhard; Schönpflug, Ute (Hg.) (1997): Familien in verschiedenen Kulturen. Der Mensch als soziales und personales Wesen; Bd. 13. Stuttgart: Ferdinand Enke.

Nauck, Bernhard (2004): Interkultureller Kontakt und intergenerationale Transmission in Migrantenfamilien. In: Karakasoglu, Yasemin; Lüddecke, Julian (Hg.): Migrationsforschung und Interkulturelle Pädagogik. Aktuelle Entwicklungen in Theorie, Empirie und Praxis. Münster: Waxmann, S. 229–248.

Neumann, Ursula (2009): Integrationspolitik als Rahmen für den bildungspolitischen Umgang mit Heterogenität – das Beispiel Hamburg. In: King, Vera; Koller, Hans-Christoph (Hg.): Adoleszenz – Migration – Bildung. Bildungsprozesse Jugendlicher und junger Erwachsener mit Migrationshintergrund. 2., erw. Auflage. Wiesbaden: Verlag für Sozialwissenschaften, S. 259–278.

Niedenzu, Heinz-Jürgen (2007): Konflikttheorie: Ralf Dahrendorf. In: Morel, Julius; Bauer, Eva; Meleghy, Tamas; Niedenzu, Hein-Jürgen; Preglau, Max; Staubmann, Helmut: Soziologische Theorie. Abriss der Ansätze ihrer Hauptvertreter. 8., überarbeitete Auflage München, Wien: Oldenbourg Wissenschaftsverlag.

Niehaus, Ingo (2008): Grenzgänger. Geglückte Bildungskarrieren türkischstämmiger Migrantenkinder. Marburg: Tectum.

Nökel, Sigrid (2002): Die Töchter der Gastarbeiter und der Islam. Zur Soziologie alltagsweltlicher Anerkennungspolitiken. Eine Fallstudie. Bielefeld: Transcript.

Nökel, Sigrid (2007): ,Neo-Muslimas' – Alltags- und Geschlechterpolitiken junger muslimischer Frauen zwischen Religion, Tradition und Moderne. In: Wensierski, Hans-Jürgen von; Lübcke, Claudia (Hg.): Junge Muslime in Deutschland. Lebenslagen, Aufwachsprozesse und Jugendkulturen. Opladen/Farmington Hills: Barbara Budrich, S. 135–154.

Öztürk, Halit (2007): Wege zur Integration. Lebenswelten muslimischer Jugendlicher in Deutschland. Bielefeld: Transcript.

OECD-Studie (2009): Nachkommen von Migranten: schlechtere Perspektiven auf dem Arbeitsmarkt auch bei gleichem Bildungsniveau. Hg. v. Organisation für wirtschaftliche Zusammenarbeit und Entwicklung (OECD). Paris, Berlin. Online verfügbar unter http://www.oecd.org/document/63/0,3343,de_34968570_35008930_43880255_1_1_1_1,00.html, zuletzt geprüft am 16.04.2011.

Open Society Institute (2010): Muslims in Europe. Studie in europäischen Großstädten: Muslime werden stärker diskriminiert. Hg. v. Migration-Info.de. Online verfügbar unter www.migration-info.de, zuletzt geprüft am 31.10.2012.

Orth, Gottfried; Fritz, Hilde (2007): „… und sei stolz auf das, was du bist". Muslimische Jugendliche in Schule und Gesellschaft. Stuttgart: RPE.

Otyakmaz, Berrin Özlem; Boos-Nünning, Ursula; (2000): Multikultiviert oder doppelt benachteiligt? Die Lebenslagen von Mädchen und jungen Frauen aus Arbeitsmigrationsfamilien in Nordrhein-Westfalen. Expertise zum 7. Kinder- und Jugendbericht der Landesregierung Nordrhein-Westfalen. Düsseldorf.

Otyakmaz, Berrin Özlem (1995): Auf allen Stühlen. Das Selbstverständnis junger türkischer Migrantinnen in Deutschland, Köln: Neuer ISP-Verlag.

Papilloud, Christian (2003): Bourdieu lesen. Einführung in eine Soziologie des Unterschieds. Bielefeld: Transcript.

Pfadenhauer, Michaela (1999): Rollenkompetenz. Träger, Spieler und Professionelle als Akteure für die hermeneutische Wissenssoziologie. In: Hitzler, Ronald; Reichertz, Jo; Schröer, Norbert (Hg.): Hermeneutische Wissenssoziologie. Standpunkte zur Theorie der Interpretation. Konstanz: UVK, S. 267–285.

Popitz, Heinrich (2006): Soziale Normen. Frankfurt/Main: Suhrkamp.

Preglau, Max (2007): Symbolischer Interaktionismus: George Herbert Mead. In: Morel, Julius; Bauer, Eva; Meleghy, Tamas; Niedenzu, Hein-Jürgen; Preglau, Max; Staubmann, Helmut: Soziologische Theorie. Abriss der Ansätze ihrer Hauptvertreter. 8., überarbeitete Auflage. München, Wien: Oldenbourg Wissenschaftsverlag.

Pries, Ludger (2001): Internationale Migration. Bielefeld: Transcript.

Pries, Ludger (2012): Migration und Integration in Deutschland – Lebenslügen, Stereotype und wissenschaftliche Befunde. In: Heinz, Andreas: Kluge, Ulrike (Hg.): Einwanderung – Bedrohung oder Zukunft? Mythen und Fakten zur Integration. Frankfurt/Main, New York: Campus, S. 213–230.

Reuter, Julia (2002): Ordnungen des Anderen. Zum Problem des Eigenen in der Soziologie des Fremden. Bielefeld: Transcript.

Riegel, Christine (2004): Im Kampf um Zugehörigkeit und Anerkennung. Orientierungen und Handlungsformen von jungen Migrantinnen. Eine sozio-biografische Untersuchung. Frankfurt/Main: IKO.

Riegel, Christine; Geisen, Thomas (2007): Zugehörigkeit(en) im Kontext von Jugend und Migration – eine Einführung. In: Dies. (Hg.): Jugend, Zugehörigkeit und Migration. Subjektpositionierung im Kontext von Jugendkultur, Ethnizitäts- und Geschlechterkonstruktionen. Wiesbaden: VS Verlag für Sozialwissenschaften, S. 7–23.

Rieker, Peter; Stölting, Erhard (1991): Unverständnis – Verständnis – Missverständnis. Schwierigkeiten beim Zugang junger Ausländer zur Berufsausbildung. Berlin: Freie Universität Berlin.

Riesner, Silke (1990): Junge türkische Frauen der zweiten Generation in der Bundesrepublik Deutschland. Eine Analyse von Sozialisationsbedingungen und Lebensentwürfen anhand lebensgeschichtlich orientierter Interviews. Frankfurt/Main: Verlag für Interkulturelle Kommunikation.

Röhr-Sendlmeier, Una Maria (1988): Pubertät. Bonn: Bouvier.

Rosenthal, Gabriele (2008): Interpretative Sozialforschung. Eine Einführung. 2., korrigierte Auflage. Weinheim München: Juventa.

Rumpf, Mechthild (2003). Einleitung: Islam ist eine Religion. Einsprüche gegen Kulturalisierung, Politisierung und männliche Deutungsmacht. In: Rumpf, Mechthild; Gerhard, Ute; Jansen, Mechtild M. (Hg.): Facetten islamischer Welten. Geschlechterordnungen, Frauen- und Menschenrechte in der Diskussion. Bielefeld: Transcript, S. 13–31.

Santel, Bernhard (2000): Die Lebenslage junger Migranten. Zur Problematik der „Dritten Generation". In: Friedrich-Ebert-Stiftung (Hg.): Die dritte Generation: Integriert, angepasst oder ausgegrenzt? Eine Tagung der Friedrich-Ebert-Stiftung am 3. Mai 1995 in Bochum. Bonn: FES Library, S. 7–25.

Sarrazin, Thilo (2010): Deutschland schafft sich ab. Wie wir unser Land aufs Spiel setzen. 2. Auflage. München: DVA.

Schaub, Günther (1991): Betriebliche Rekrutierungsstrategien und Selektionsmechanismen für die Ausbildung und Beschäftigung junger Ausländer. Berlin, Bonn: Bundesinstitut für Berufsbildung.

Schiffauer, Werner (1993): Die civil society und der Fremde – Grenzmarkierungen in vier politischen Kulturen. In: Balibar, Etienne; Balke, Friedrich (Hg.): Schwierige Fremdheit. Über Integration und Ausgrenzung in Einwanderungsländern. Frankfurt am Main: Fischer Taschenbuch, S. 185–199.

Schiffauer, Werner; Baumann, Gerd; Kastoryano, Riva; Vetovec, Steven (Hg.): Staat – Schule – Ethnizität. Politische Sozialisation von Immigrantenkindern in vier europäischen Ländern. Münster: Waxmann.

Schimmel, Annemarie (1999): Im Namen Allahs, des Allbarmherzigen. Der Islam. München: Dt. Taschenbuch.

Schmidt, Horst (1975): Angst und Aggression im menschlichen Sozialverhalten. Zur Analyse ihrer Beziehungen und ihren Konsequenzen für die Pädagogik. Lollar, Gießen: Achenbach.

Schmidt, Siegfried J. (2003): Über die Fabrikationen von Identität. In: Kimminich, Eva (Hg.): Kulturelle Identität. Konstruktionen und Krisen. Frankfurt/Main: Peter Lang, S. 1–19.

Schütz, Alfred (1971): Gesammelte Aufsätze. Das Problem der sozialen Wirklichkeit. Den Haag: Martinus Nijhoff.

Schütz, Alfred (2002): Der Fremde. Ein sozialpsychologischer Versuch. In: Merz-Benz, Peter-Ulrich; Wagner, Gerhard (Hg.): Der Fremde als sozialer Typus. Klassische soziologische Texte zu einem aktuellen Phänomen. Konstanz: UVK Verl.-Ges., S. 73–92.

Schütz, Alfred (1993): Der sinnhafte Aufbau der sozialen Welt. Eine Einleitung in die verstehende Soziologie. 6. Auflage. Frankfurt/Main: Suhrkamp.

Schütz, Alfred; Luckmann, Thomas (1984): Strukturen der Lebenswelt. 2. Auflage. Frankfurt/Main: Suhrkamp.

Schütz, Alfred; Parsons, Talcott (1977): Zur Theorie sozialen Handelns. Ein Briefwechsel. Frankfurt/M.: Suhrkamp.

Schwingel, Markus (2009): Pierre Bourdieu zur Einführung. 5., verb. Aufl. Hamburg: Junius Verlag.

Sen, Amartya (2007): Die Identitätsfalle. Warum es keinen Krieg der Kulturen gibt. Bonn: Lizenzausgabe für die Bundeszentrale für politische Bildung.

Sezgin, Hilal (Hg.) (2011): Deutschland schafft mich ab. In: Manifest der Vielen. Deutschland erfindet sich neu. Berlin: Blumenbar.

Simmel, Georg (1992): Exkurs über den Fremden. In: Loycke, Almut (Hg.): Der Gast, der bleibt. Dimensionen von Georg Simmels Analyse des Fremdseins. Frankfurt/Main, New York: Campus und Paris: Edition de la Maison des Sciences de l'Homme, S. 9–16.

Soeffner, Hans-Georg; Zifonun, Darius (2005): Integration – eine wissenssoziologische Skizze. In: Heitmeyer, Wilhelm; Imbusch, Peter (Hg.): Integrationspotenziale einer modernen Gesellschaft. Wiesbaden: VS Verlag für Sozialwissenschaften, S. 391–407.

Statistisches Bundesamt (2009): Mikrozensus 2007. Bevölkerung mit Migrationshintergrund. Wiesbaden (Fachserie 1 Reihe 2.2). URL: http://www.destatis.de/DE/Publikationen/Thematisch/Bevoelkerung/MigrationIntegration/Migrationshintergrund2010220077004.pdf?_blob=publikationFile. Stand: Abruf November 2012.

Swietlik, Gabriele (2000): „Als ob man zwei verschiedene Köpfe in einem hätte ..." – Religiöse Sozialisation zwischen Islam und Christentum. In: Attia, Iman; Marburger, Helga (Hg.): Alltag und Lebenswelten von Migrantenjugendlichen. Frankfurt/M.: IKO, S. 139–155.

Szydlik, Marc (2004): Zum Zusammenhang von Generation und Ungleichheit. In: ders. (Hg.): Generation und Ungleichheit. Wiesbaden: VS Verlag für Sozialwissenschaften, S. 7–24.

Topcu, Canan (2009): Meine Heimat ist Deutschland, sofern man es meine Heimat sein lässt. In: Lange, Dirk; Polat, Ayca (Hg.): Unsere Wirklichkeit ist anders. Migration und Alltag. Bonn, S. 19–29.

Trommsdorff, Gisela (1995): Sozialisation und Entwicklung von Kindern und Jugendlichen aus kulturvergleichender Sicht. In: Dies. (Hg.): Kindheit und Jugend in verschiedenen Kulturen. Entwicklung und Sozialisation in kulturvergleichender Sicht. Weinheim München: Juventa, S. 9–18.

Veith, Hermann (2008): Sozialisation. München: Reinhardt.

Weber, Cora (1989): Selbstkonzept, Identität und Integration. Eine empirische Untersuchung türkischer, griechischer und deutscher Jugendlicher in der Bundesrepublik Deutschland. Berlin: VWB.

Weingarten, Elmar; Sack, Fritz; Schenkein, Jim (1979): Ethnomethodologie Beiträge zu einer Soziologie des Alltagshandelns. Frankfurt/Main: Suhrkamp.

Wießmeier, Brigitte (Hg.) (1999): „Binational ist doch viel mehr als deutsch". Studien über Kinder aus bikulturellen Familien. Reihe: Fremde Nähe – Beiträge zur interkulturellen Diskussion. Münster: LIT.

Wensierski, Hans-Jürgen von (2007): Die islamisch-selektive Modernisierung – Zur Struktur der Jugendphase junger Muslime in Deutschland. In: Wensierski, Hans-Jürgen von; Lübcke, Claudia (Hg.): Junge Muslime in Deutschland. Lebenslagen, Aufwachsprozesse und Jugendkulturen. Opladen/Farmington Hills: Barbara Budrich, S. 55–82.

Wippermann, Carsten; Flaig, Berthold Bodo (2009): Lebenswelten von Migrantinnen und Migranten. In: APuZ – Aus Politik und Zeitgeschichte. (5/2009), S. 3–11.

Zimmermann, Peter (2003): Grundwissen Sozialisation. Einführung zur Sozialisation im Kindes- und Jugendalter. 2. Auflage. Opladen: Leske+Budrich.

Zimmermann, Peter (2006): Grundwissen Sozialisation. Einführung zur Sozialisation im Kindes- und Jugendalter. 3., überarbeitete und erweiterte Auflage. Wiesbaden: VS Verlag für Sozialwissenschaften.

Anhang

Biografische Daten zu den Interviewpartnerinnen

Name	Alter	Schulbildung	Geburtsland/ Einreisealter Mutter	Geburtsland/ Einreisealter Vater
Ceyda	14 J.	Gesamtschule, 8. Klasse	als Kleinkind	mit der Eheschließung
Defne	15 J.	Gesamtschule, macht Realschulabschluss, möchte eine Ausbildung zur Speditionskauffrau machen	als 8-Jährige	mit der Eheschließung
Aleyna	17 J.	Gewerbeschule, 7. Klasse	als Kleinkind	als Kleinkind
Miray	19 J.	Hauptschulabschluss, sucht eine Ausbildungsstelle als Friseurin	als Grundschülerin	mit der Eheschließung
Gamze	16 J.	Realschule, 10. Klasse, möchte eine Ausbildung als Bankkauffrau machen	im Grundschulalter	mit der Eheschließung
Ela	17 J.	Gymnasium, 11. Klasse, möchte Medizin studieren	als Kleinkind	mit der Eheschließung
Ebru	14 J.	Gesamtschule, 8. Klasse	mit der Eheschließung	in Deutschland geboren
Aylin	15 J.	Realschule, 9. Klasse, möchte nach dem Realschulabschluss Abitur machen	in Deutschland geboren	mit der Eheschließung
Irem	20 J.	Gymnasium, 12. Klasse, möchte Psychologie studieren	mit der Eheschließung	als Kleinkind
Dilara	16 J.	Realschule, 10. Klasse, möchte Abitur machen und studieren	als Kleinkind	als Kleinkind

Bildungsabschlüsse/ Tätigkeit Mutter	Bildungsabschlüsse/ Tätigkeit Vater	Geschwister
Realschulabschluss, Erzieherin	Realschulabschluss in der Türkei, tätig als Hilfsarbeiter	16-jährige Schwester besucht die Hauptschule, möchte eine Ausbildung zur Friseurin machen. Die 8-jährige Schwester besucht die Gesamtschule.
Hauptschulabschluss, ohne Ausbildung, tätig als Hilfsarbeiterin	Hauptschulabschluss in der Türkei, tätig als Gabelstaplerfahrer	12-jährige Schwester besucht die Oberstufe der Gesamtschule. Der 7-jährige Bruder besucht die Gesamtschule.
Hauptschulabschluss, ohne Ausbildung, Fabrikarbeiterin	ohne Schulabschluss, befindet sich zur Zeit in einer Integrationsmaßnahme	Beide Brüder, 22 und 24 Jahre, haben einen Hauptschulabschluss, ohne Ausbildung. Beide sind Arbeit suchend.
ohne Schulausbildung, Hausfrau	ohne Schulausbildung, Rentner wegen Erwerbsunfähigkeit	29-jährige Schwester ist Krankenschwester-Assistentin, lebt zu Hause. Der 25-jähriger Bruder studiert, lebt nicht mehr zu Hause. 2-jährige Schwester wird von der Mutter betreut.
ohne Schulausbildung, Hausfrau	keine Schulausbildung, Hilfsarbeiter	12-jährige Schwester und 9-jähriger Bruder besuchen ebenfalls die Realschule.
kein Schulabschluss, Hausfrau	Studium in der Türkei beendet, zur Zeit Objektleiter in einer Firma	11-jährige Schwester besucht ebenfalls das Gymnasium.
keine Schulausbildung, Hilfsarbeiterin in einer Kantine	keine Schulausbildung	10-jähriger Bruder besucht die Gesamtschule.
Hauptschulabschluss, Ausbildung als Verkäuferin	Abitur in der Türkei, arbeitet als Hilfsarbeiter in einer Firma	keine Geschwister
keine Schulausbildung, Hilfsarbeiterin, Hausfrau	Flugzeugmechaniker	6-jährige Schwester besucht die Grundschule. 15-jähriger Bruder und 18-jährige Schwester besuchen das Gymnasium.
Hauptschulabschluss, Ausbildung als Verkäuferin	Realschulabschluss, Mechaniker	10-jähriger Bruder besucht die Gesamtschule. 13-jährige Schwester besucht die Realschule.

The manufacturer's authorised representative in the EU is Springer Nature Customer Service Centre GmbH, Europaplatz 3, 69115 Heidelberg, Germany. If you have any concerns regarding our products, please contact ProductSafety@springernature.com

Printed and bound by CPI Group (UK) Ltd, Croydon, CR0 4YY

27/04/2026

02097644-0001